Gabriele Weck

Entdecke den Engel in dir

Gabriele Weck

Entdecke den Engel in dir

SILBERSCHNUR

FSC
www.fsc.org
MIX
Aus verantwortungs-
vollen Quellen
FSC® C014138

ISBN: 978-3-89845-325-7

1. Auflage 2011

Gestaltung & Satz: XPresentation, Güllesheim
Covermotiv Flügel: © AquaLilia, *http://aqualilia.deviantart.com*
Druck: Finidr, s.r.o. Cesky Tesin

Verlag »Die Silberschnur« GmbH
Steinstraße 1 · D-56593 Güllesheim · www.silberschnur.de · E-Mail: info@silberschnur.de

Inhaltsverzeichnis

Dank	7
Vorwort	9
Servus	13
Der Silberfaden der Seele	17
Die Idee	17
Der Impuls	20
Die Wanderkarte	21
Der Wanderführer	27
Das Abenteuer	34
Die Wanderung durch das Buch	46
Der Proviant	49
Die Siebenmeilenstiefel	66
Das Netz der Liebe	69
Die Landschaft	69
Die Wegweiser	73
Die Siebenmeilenstiefel	90
Der Kristallisationspunkt des Herzens	94
Das Ankommen zu Hause	94
Die Renovierung	95
Der Kompass	99
Die Siebenmeilenstiefel	111

Die sieben Einweihungspfade 116
Die Reiseberichte 116
Der Pfad des Wissens 118
Der Pfad der Schönheit 139
Der Pfad der Kraft 156
Der Pfad des Einklangs 170
Der Pfad der Kommunikation 187
Der Pfad der Partnerschaft 200
Der Pfad der Manifestation 216

Die Sternenreise 226
Die Kurzanleitung zur Erfüllung deiner Herzenswünsche 226
Die Siebenmeilenstiefel 238

Servus 244
Die Siebenmeilenstiefel 245

Über die Autorin 251

Dank

Das Schreiben an dem Buch war ein spannendes und überaus bereicherndes Abenteuer.
Danke all denen, die mich während dieses Prozesses mit ihren Anregungen, ihrer tatkräftigen Hilfe und ihrer Liebe begleitet und unterstützt haben: Danke meinem lieben Mann, meinen Kindern, meiner Mutter, meinen Mitarbeiterinnen, Freunden und Bekannten und meinen Klienten. Ich habe mich von euch allen getragen gefühlt. Danke den Mitarbeitern des Silberschnur Verlages, vor allem danke Sabine, dass du mich immer wieder bestärkt hast, so sein zu dürfen, wie ich bin, und danke Isabelle für deine Klarheit und dein Einfühlungsvermögen während des Lektorats. Und ich danke auch meiner Seele, ohne die dieses Buch nicht entstanden wäre.

Vorwort

Viele Menschen fühlen sich von Engeln angezogen. Sie wünschen sich von ihnen Trost, Beistand und Schutz. Sie stellen ihre Figuren auf, tragen sie als Schmuck, verschenken sie und lesen über sie in Büchern. Wo sich sonst die Geister scheiden, sind sich Moslems, Juden, Buddhisten und Christen einig: im Glauben an die Engel.

Was ist dran an diesen außergewöhnlichen Wesen? Wozu brauchen wir überhaupt Engel? Und was können Erlebnisse von Menschen, die schon einmal einem Engel begegnet sind, für unseren Alltag bedeuten? Um außergewöhnliche Wesen zu verstehen, braucht man eine außergewöhnliche Vorgehensweise. Dazu fand ich für dieses Buch einen neuen Weg:

Üblicherweise ist unser Alltag davon bestimmt, es allen recht zu machen: dem Partner, dem Kind, den Eltern und dem Chef. Doch sie sträuben sich dagegen. Ganz gleich, wie wir es machen, es ist ihnen nicht gut genug ... Es ist ihnen zu viel oder zu wenig. Irgendwann geben wir auf und machen gar nichts mehr. Aber das ist ihnen auch nicht recht. Und wenn wir ehrlich sind, sieht es umgekehrt auch nicht besser aus. Wir sind enttäuscht, wenn andere uns nicht das geben, was wir uns wünschen. So kommen wir nicht weiter. Es gibt Streit wegen Kleinigkeiten, Scheidung und Kündigung ... Die Situation scheint ausweglos zu sein.

Der äußere Unfrieden hat seine Entsprechung im Inneren. Eigentlich wollen wir aus vollem Herzen mit jedem Impuls die Liebe zum Ausdruck bringen, die wir sind. Wir wollen frei kommen und gehen, geben und nehmen. Was uns daran hindert, sind schmerzhafte Erfahrungen, die oft schon bis in die Kindheit zurückreichen. Dann *geben* wir uns nicht mehr ehrlich und spontan mit unseren Impulsen und scheuen uns umgekehrt auch davor, das offen *anzunehmen,* was andere uns entgegenbringen.

Beispielsweise war ich als Kind eines Morgens vom Kindergarten weggelaufen und hatte Lust, die Umgebung zu erkunden. Später als üblich kam ich zu Hause an. Ich traf auf meine besorgte Mutter und die Kindergärtnerin. Beide machten mir unmissverständlich klar, dass so etwas nicht wieder passieren dürfe. Ihre Reaktion hat mich erschreckt und mir auch in vielen ähnlichen Situationen Druck gemacht; ich durfte die Menschen mit meinen spontanen Impulsen nicht mehr in Unruhe und Sorge versetzen. Stattdessen passte ich mich an. Ich machte mir nunmehr selbst Druck, um meine ehrlichen Regungen in Schach zu halten, und bemühte mich darum, es allen recht zu machen. Damit wollte ich ihnen Sicherheit *geben* und dies umgekehrt auch von ihnen *erhalten.* Ich wollte in Zukunft Angst und Schrecken vermeiden, die ich mit meinem spontanen Impuls noch ausgelöst hatte.

Diese Vermeidung aller erschreckenden Situationen wiederholte ich immer wieder, bis es zur Gewohnheit wurde, es anderen recht zu machen und für Harmonie zu sorgen. Als Erwachsene fand mein Verstand dann auch jedes Mal gute Gründe, zu Hause zu bleiben. Dann erlaubte ich mir nicht, Impulsen nachzugeben, die dazu geführt hätten, ungefragt wegzubleiben. Es passte einfach nicht in meinen Tagesplan, von dem ich mich abhängig fühlte. Das Leben erschien mir langweilig und farblos, ich fühlte mich müde und ausgelaugt. Und je leerer ich wurde, desto weniger Kraft fand ich, einen neuen Impuls spontan in die Tat umzusetzen. Ich hatte mich in einem Labyrinth aus Absicherungen verstrickt. Den Menschen in meiner Umgebung ging es nicht viel besser. Wir beschwichtigten uns gegenseitig mit Aussagen wie: "Es ist eben so", "Man kann sowieso nichts daran ändern", "Wir können froh sein, dass es uns nicht noch schlechter geht".

Was kann helfen, um sich wieder daraus zu befreien? Was tun, wenn der Verstand jeden neuen Impuls abwehrt und mit anderen Menschen zusammen alles dafür tut, um diese Verhaltensmuster noch mehr zu verstärken? Um uns in diesem verwirrenden Labyrinth zurechtzufinden, hilft uns die Einfachheit unseres Herzens. Es ist die Liebe, die uns bedingungslos annimmt und dazu einlädt, alle unsere Anteile zu umarmen, die Wunden zu heilen und in ihrer Geborgenheit wieder in die Spontaneität unserer Handlungen zurückzufinden.

Eine solche Befreiung aus Liebe wird in der griechischen Sage erzählt im Bild vom Sieg über den Minotaurus, das ich hier auszugsweise wiedergebe: König Minos lebte auf Kreta. Dort hielt er in einem Labyrinth ein Ungeheuer namens Minotaurus. Alle neun Jahre forderte Minos sieben Jünglinge und sieben Jungfrauen von Athen ein, sie sollten dem Minotaurus als Menschenopfer dienen. Als es wieder einmal so weit war und die Jünglinge und Jungfrauen in das Labyrinth des Minotaurus gebracht wurden, erklärte sich Theseus bereit, sie zu retten. Die Tochter des Königs, Ariadne, verliebte sich in ihn und schenkte ihm den Ariadnefaden als Orientierungshilfe durch das Labyrinth. Bestärkt durch ihre Liebe besiegte Theseus den Minotaurus. Indem er entlang des Wollfadens wieder hinausfand, rettete er schließlich sich selbst sowie die sieben Jünglinge und die sieben Jungfrauen vor dem sicheren Tod.

Im übertragenen Sinne steht König Minos für unseren Verstand, der uns zwingt, es unserem Umfeld recht zu machen. Der Minotaurus, das Ungeheuer, ist das Bild für unsere Ängste, es nicht zu schaffen, unsere spontanen Regungen in Schach zu halten. Diese Ängste wollen ständig gefüttert werden - und zwar mit unseren "Jünglingen und Jungfrauen", den wechselnden Impulsen von Geben und Nehmen, von Kommen und Gehen. Theseus nun entspricht unserer Herzensstimme, die weiß, dass wir diese gegensätzlichen Bedürfnisse retten müssen, um lebendig zu bleiben.

Wie Theseus brauchen wir dazu etwas, das uns bestärkt und hilft, uns in unserem Labyrinth zu orientieren, die Angst zu besiegen und zusammen mit unseren Impulsen befreit aus dem inneren Gefängnis herauszutreten. Doch uns fehlt das Vertrauen, das Herz an die erste Stelle vor unseren Verstand zu setzen. Zu oft haben wir uns wehrlos gefühlt und wurden verletzt. - Ariadne hat Theseus keinen Druck gemacht. Sie schenkte ihm bedingungslos ihre Liebe und den Faden, mit dem er sich selbst helfen konnte. Genau das brauchen wir auch. Druck will niemand haben, er erzeugt nur Gegendruck.

Eine solche Einstellung ist genau das, was wir an den Engeln lieben: Die Engel fliegen und machen keinen Druck. Sie schenken uns in Liebe das, was uns selbst stärkt und uns Mut macht, unsere Schritte zu gehen, sie stärken unsere Seele. Die Engel bringen uns wieder in Kontakt mit unserer Seele, um aus ihr heraus mit unseren Impulsen immer wieder neu, froh und frei zwischen Geben und Nehmen wechseln zu können.

Auch für das Schreiben an diesem Buch bat ich zunächst die Engel um Führung. Wie Ariadne schenkten sie mir daraufhin in Liebe einen Faden: den Silberfaden meiner Seele. Im Vertrauen auf die Engel folgte ich während des Schreibens der Spur meiner Seele, und es kristallisierten sich nach und nach die Wunder der Engelwelt heraus.

Möge das Buch dir und deinen Zielen dienen und dich erfreuen, lieber Leser. Egal, ob du einfach nur neugierig auf die Engel bist oder deine kleinen und großen Sorgen loswerden möchtest. Während du mit den Texten arbeitest, geschieht es von selbst, dass deine Seele mit dem Silberfaden meiner Seele in Resonanz kommt und du den Silberstreif am Horizont siehst. Die Engel stehen zusammen mit deiner Seele bereit, um dir zu helfen, darauf zuzugehen.

Servus

Servus, lieber Leser. Herzlich willkommen zur Selbsteinweihung in die Engelwelt. Mit dem Impuls, dieses Buch in die Hand zu nehmen und darin zu lesen, verfolgst du das Ziel, glücklich zu sein.

Das Wort "Servus" kommt aus dem Lateinischen und heißt Diener. Es kann als Begrüßung wie auch als Abschiedsgruß verwendet werden, und ich begrüße damit dich, lieber Leser, sowie die Engel, die an diesem Buch beteiligt waren. Möge es dir und deinen Zielen dienen.

Das Buch ist in vier Bereiche gegliedert:

1. Im Kapitel ***Der Silberfaden der Seele*** geht es um den Weg zu dir selbst ... zu deiner inneren Wahrheit. Hast du schon einmal den Faden verloren? Ganz gleich, was im Leben geschieht, deine ganze Wahrheit ist das Einzige, was dich zum Ziel deiner Wünsche führt. Unabhängig davon, ob du gerade eine glückliche Paarbeziehung suchst, einen befriedigenden Beruf und materielle Sicherheit anstrebst oder endlich gesund werden willst - mit dem Silberfaden der Seele zeige ich dir diesen Weg Schritt für Schritt. Taste dich daran entlang, wenn du dich und deine Ziele aufgegeben hast, und finde damit zu dir selbst und zur Wahrheit deiner eigenen Regungen zurück.

   Wie oft habe ich schon das Aufladegerät für mein Telefon gesucht! Ähnlich geht es uns in unserem Leben. Viel Zeit verbringt man damit, sich Gedanken darüber zu machen, wie man den Spagat schaffen kann, sich einerseits abzusichern und andererseits trotzdem frei und lustvoll zu sein. Die Wahrheit ist, dass das nicht funktioniert. Du entdeckst die

Ladestation für ein glückliches, beschwingtes Leben, wenn du solche Ideen loslässt und deinem Seelenfaden folgst. Du findest dabei deinen persönlichen Einweihungspfad, um wieder an dich selbst und an deine spontanen Impulse zu glauben, die dich beglücken und zum Engel auf Erden werden lassen.

2. Anschließend erfährst du in ***Das Netz der Liebe***, wie du mit anderen Menschen, mit der ganzen Schöpfung, mit Gott und den Engeln verbunden bist von Herz zu Herz. Der Silberfaden deiner Seele ist in einem ständig wechselnden Muster verknüpft mit den Fäden anderer Wesen. Dieses lebendige Muster erzeugt die Schöpfung Gottes in jeder Situation neu. Du bist nie alleine und erhältst in jeder Sekunde deines Lebens genau die Anregung, Unterstützung und Hilfe, die du gerade brauchst. Deine Seele im Inneren genau wie die Menschen und Wesen im Außen ergänzen dich, damit du glücklich bist und deine Ziele erreichst.

3. Im Kapitel ***Der Kristallisationspunkt*** zeige ich dir, wie du deine Welt aus dem Herzen so erzeugen kannst, wie du es dir wünschst, um damit dir und der ganzen Schöpfung dein Bestes zu geben.

4. Daran schließen sich die ***sieben*** Kapitel mit den einzelnen ***Einweihungspfaden*** an. In ihnen entfalten sich die Möglichkeiten der Engelwelt, und du erlebst, wie die Engel dir helfen können, deinem Seelenfaden zu folgen - hin zu Selbstverwirklichung und der Verbindung mit dem Netz der Liebe. Lasse die Weisheit der Engelbotschaften auf dich wirken... Führe die Übungen der Einweihungsrituale durch, wann immer du Unterstützung wünschst, und erlebe das Wunder, wenn ein Engel dir plötzlich aus heiterem Himmel beisteht.

Weiterhin kannst du die Erfahrung machen, dass die Engel dich auf ihren Flügeln auf die andere Seite heben, weg von der Ausweglosigkeit und dem Leiden in deinem Labyrinth – hin zu der vergessenen Wahrheit deiner Impulse. Indem du das Festhalten an deinen Verhaltensmustern aufgibst und dem Silberfaden deiner Seele folgst, wechselst du immer wieder neu die Seite und lebst beschwingt. Du wirst selbst zum Engel auf Erden, erlebst dich als lebendigen Bestandteil des Netzes der Liebe. Deine Ziele erfüllen sich mit Leichtigkeit, und du beglückst dich selbst und andere.

Der Silberfaden der Seele

Um den eigenen Einweihungspfad in die Engelwelt zu gehen, tut es gut, wie bei einer Wanderung eine gute Ausrüstung zu haben. Diese stelle ich dir in dem Buch nach und nach vor und zeige dir anhand von Beispielen und Übungen, wie du damit umgehen kannst.

Die Idee

Aller Anfang ist eine gute Idee. Vielleicht hat man eindrucksvolle Bilder einer bestimmten Gegend in einem Buch gesehen und träumt seitdem davon, selbst einmal dort zu sein und die wunderschöne Landschaft zu erwandern.

Der Traum vom Fliegen

"In einem Traum sah ich mich im Inneren einer Kugel. Auf der Suche nach meiner Seele wollte ich einen Weg nach draußen finden. Ich hatte sehr kleine Flügel und konnte damit zu den Wänden der Kugel schweben. Dort angekommen sah ich, dass sie aus farbigen Zuckergusstüren bestanden. Ich naschte von der grünen, der blauen und der rosa Tür ... Und plötzlich bekam ich Angst, dass eine der Türen wirklich aufgehen könnte. Ich glaubte nicht daran, dass ich mich außerhalb der Sicherheit meiner Kugel mit meinen kleinen Flügeln würde halten können. Ich würde wohl unweigerlich in die Unendlichkeit des Kosmos gezogen werden. Da öffnete sich eine Tür, und ich fühlte mich sofort in Leichtigkeit emporgehoben und fand mich außerhalb der Kugel wieder. Von Engeln umgeben erkannte ich, dass meine Flügel gewachsen waren und meine Seele mit mir vereint war."

"Ich, der ***Engel der Einweihung****, begrüße dich, lieber Mensch, denn du hast mich um Hilfe gebeten.*

Deine kleinen Flügel besitzt du von Geburt an. Du bist damit als Engel auf die Erde gekommen, um den Menschen, vor allem in deiner Familie, Liebe und Leichtigkeit zu schenken. Alle deine Begegnungen waren zunächst Liebesbeziehungen, deine Kontakte mit den Menschen genauso wie mit Tieren, Pflanzen, Steinen und Gegenständen. Du hast das alles mit allen Sinnen wahrgenommen. Du stauntest und hast dich an Kleinigkeiten erfreut. Und manche Menschen in deiner Umgebung haben sich an deinen kindlichen Regungen erfreut. Doch irgendwann hörte das auf, und sie erzogen dich über viele Jahre dazu, dich an die Enge ihrer Vorstellungen und an ihren ängstlichen Rückzug in ihr Labyrinth anzupassen. Du lerntest, dich vom Verstand aus zu steuern und deine kleinen Flügel zu vergessen.

Die Kugel ist die Welt deiner bisherigen Erfahrungen und Möglichkeiten. Du hast schon viel gelernt und die Früchte geerntet. Nun bist du bereit, über deine bisherigen Begrenzungen hinauswachsen zu wollen und zum erwachsenen Engel auf Erden zu werden.

Das Wort Engel beinhaltet die Enge ... die Enge der Angst und das Festhalten an bestimmten Verhaltensmustern. Deine Kugel wird damit so manches Mal zum einengenden Labyrinth und die Zuckergusstüren zur Illusion, die dir vorgaukelt, dass alles gut ist und du dankbar sein und lernen solltest, diese Enge als erstrebenswert zu erachten.

Doch du bist dir nun bewusst, dass der Zuckerguss aus Türen besteht, die nach draußen führen und dich an deine kleinen Flügel und dein Bestreben erinnern, wahrlich fliegen zu lernen. Du willst dich aus der Enge deiner Verhaltensmuster befreien. Und du weißt, wie es geht. Denn auch, wenn deine Flügel klein sind, kennst du ihre Bedeutung.

Du bist dann beschwingt und fliegst, wenn du bedingungslos aus Liebe handelst, wenn du in Leichtigkeit wechselst zwischen gegensätzlichen Handlungen. Du tanzt den Tanz des Lebens in Formationen von Geben und Nehmen, von Kommen und Gehen. Auf diese Weise machst du dir und anderen keinen Druck, es allen recht machen zu müssen, vielmehr bringst du deine Handlungen als ein Geschenk dar. Dann erhält das Wort Enge das L der Liebe. Du wirst zum Engel, und deine Verbindungen werden wieder Liebesbeziehungen."

"Wie soll ich aus meinen Beziehungen zum Partner, zu den Eltern und Schwiegereltern, zu den Kindern, zum Chef und zu meinem lädierten Körper wieder Liebesbeziehungen machen können? Mir fehlt das Vertrauen in mich, in meinen Körper, aber auch in die anderen. Zu oft habe ich es versucht und bin doch wieder zurückgewichen in meine alten Verhaltensmuster - oder sogar daran erkrankt. Zu oft bin ich enttäuscht und verletzt worden."

"Hallo, meine liebe menschliche Verkörperung, hier spricht deine Seele*. Kein Wunder, dass du nicht mehr an die Liebe glauben kannst. Denn du hast aufgehört, an dich selbst zu glauben. Das Wort selbst kannst du gleichsetzen mit Seele. Ja, du hast aufgehört, an mich zu glauben und an mein Feuer der Begeisterung. Ich lade dich ein, die Welt immer wieder neu zu erleben, sie zusammen mit mir wie frisch verliebt zu sehen, zu hören, zu riechen, zu schmecken und zu fühlen."*

"Ich weiß nicht, ob ich das kann. Ich fühle mich gerade so müde und traurig. Außerdem habe ich viel zu tun und keine Zeit, um verliebt durch die Welt zu laufen."

"Ich fühle den Schmerz hinter deinen Worten und wie sehr dir Entspannung, Verständnis und Zärtlichkeit fehlen. Du machst dir jede Menge Druck, um deine wahren Bedürfnisse nicht spüren zu müssen. Dass du keine Zeit dafür hast, ist eine Illusion. Sobald du dich für die Wahrnehmung der Schönheit in deinem Leben öffnest, kommst du wieder in Fluss. Dann bist du befreit von dem Irrglauben, heraus aus deinem Labyrinth und angekommen in der Wahrheit, dass alle deine Begegnungen Liebesbeziehungen sind. Das ist so,

als ob du mit den Augen der Liebe deinen Akku auflädst. Sofort wird dein Leben heller, und es fließt dir neue Kraft zu. Du bist beschwingter, wacher und froher als zuvor."

Ich überreiche dir in Liebe meinen Silberfaden der Wahrheit ... der Wahrnehmung. Bitte nimm ihn auf, und finde damit deinen Pfad heraus aus deinem Leid und hinein in die Weite der Engelwelt.

Der Impuls

Zunächst einmal brauchst du einen Impuls, der dich anregt, deinen Einweihungsweg beginnen zu wollen. Was ist ein Handlungsimpuls? Er meldet sich völlig neutral, frei von Bedingungen sowie klar und friedlich über die innere Stimme deiner Seele. Er dient nicht deinem Zeitplan, macht keinerlei Druck und will dich nicht wie der Verstand von einem bestimmten Handeln überzeugen.

Natürlich brauchst du auch Planung, um zielgerichtet handeln zu können. Aber sie sollte dem Impuls folgen und nicht umgekehrt diesen verhindern, um in dem Labyrinth der Sicherheitsvorkehrungen bleiben zu können.

Der Impuls erscheint nicht dann, wenn er in deine Vorstellungen passt, sondern wenn er dich gerade anregt, mit einer neuen, ungewohnten Handlung die Seite zu wechseln. Er sagt dir beispielsweise, wann und wie du Rückzug brauchst und wann und mit welcher Handlung du dich wieder anderen zuwenden solltest. Er gibt dir genau die Anregung, die du brauchst, um ausgewogen zwischen Geben und Nehmen, zwischen Anspannung und Entspannung zu leben.

Lies in dem Buch, und bleibe dabei mit einem Teil der Aufmerksamkeit bei dir. Plötzlich wird sich der Impuls melden und dir sagen, wann du dich mit meiner Anleitung auf den Weg machen solltest.

Ein solcher Impuls ist ein Allrounder und ebnet mit einem Wisch die Wege zu allen deinen Herzenszielen. Und falls du bei einem bestimmten Thema Probleme hast, leicht und froh die Seiten des Handelns zu wechseln, lass alle Vorstellungen los und setze mutig einen neuen Impuls in die Tat um. Das ist der schnellste und einfachste Weg, um aus dem Labyrinth der Verhaltensmuster herauszufinden und glücklich zu werden.

Denn deine Impulse kommen aus der Liebe Gottes, der weiß, was dir gerade am meisten dient, um dein inneres Gefängnis verlassen zu können. Gleichzeitig gibst du allen anderen ebenfalls Anregungen, sich zu öffnen und ihre Impulse wahrzunehmen. Das ist so, als ob auf einer Straßenkreuzung die Autos ineinander verkeilt stehen und die Weiterfahrt in jegliche Richtung verhindern. Dank deines Impulses muss jemand von außen kommen, der die Wagen so dirigiert, dass sich der Stau schnellstmöglich auflöst und niemand weiteren Schaden nimmt.

Die Wanderkarte

Was aber ist, wenn deine Impulse verschüttet sind unter den sich wiederholenden Alltagshandlungen? Was, wenn sie leidvoll in dir eingeschlossen sind? Für diesen Fall gebe ich dir nun eine Orientierungshilfe, ähnlich wie eine Wanderkarte oder ein Navigationssystem, um deine Impulse wiederzufinden.

Das Gesetz der Liebe

Das Gesetz der Liebe besagt: *Was du annimmst, gibst du weiter.*

Diesem Gesetz liegt zugrunde, dass Gott die ganze Schöpfung in Liebe erschaffen hat. Damit sind alle Lebewesen und ihre Beziehungen zueinander Liebe. Unser Austausch geschieht in Liebe. Wir nehmen von anderen bedingungslos das an, was sie uns geben, und reichen es an andere weiter.

Beispielsweise triffst du in der Stadt zwei Freundinnen. Sie sitzen vor einem Café und laden dich ein dazuzukommen. Du setzt dich also, und ihr genießt das Zusammensein. Freudig beschwingt gehst du nach Hause. Als am Abend dein Mann nach Hause kommt, lädst du nun ihn ein, es sich mit dir auf dem Sofa gemütlich zu machen. Damit bist du dem Gesetz der Liebe gefolgt und hast den Impuls deiner Freundinnen angenommen und an deinen Mann weitergegeben.

Dieses Gesetz erhält noch einen Zusatz für all die Fälle, in denen du nicht spontan deinen Impulsen folgst und so irgendwann einmal in ein Labyrinth von Vorbehalten und Ängsten gerätst:

Gott hat uns mit unserem weiblichen oder männlichen Körper als ein Gefäß der Liebe erschaffen, und es gibt wohl keinen Bereich im Leben, der mehr Unsicherheit erzeugt als der Umgang mit unserer Sexualität. Viele unserer kindlich reinen Impulse, mit denen wir uns in unseren Beziehungen immer wieder neu, entspannt und offen sowie mit wachen Sinnen begegnen wollen, bleiben auf der Strecke. Sexualität wird oft reduziert auf die Lust während des körperlichen Aktes. Wenn jedoch die Lustbefriedigung vor dem liebevollen Austausch steht, leben wir nicht mehr gemäß dem Gesetz der Liebe und sind nicht mehr im Fluss. Wir machen Druck, und die Lust des einen geht auf Kosten des anderen, der leidet. Die Menschheitsgeschichte ist voll davon. Es ist erschreckend, wie viel Leiden, Intrigen, Kämpfe und Kriege daraus schon erwachsen sind.

Wenn wir jedoch die Liebe an die erste Stelle setzen, befreien wir uns von diesen Abhängigkeiten. Während wir spontan unseren Impulsen folgen, entstehen beschwingte Lebenslust und Freude nebenbei. Das hat auch Auswirkungen auf das Sexualleben. Wir sind nicht mehr so unter Druck und müssen mit dem Sex nicht das kompensieren, was wir im Alltag nicht bekommen konnten. Wir kommen wieder dahin zurück, uns mit Kinderaugen zu sehen und unsere Körper als heilige Gefäße der Liebe Gottes zu achten.

Der Zusatz zum Gesetz der Liebe gilt für Männer und Frauen: Was du von Frauen annimmst, gibst du an Männer weiter und umgekehrt: Was du von Männern annimmst, gibst du an Frauen weiter.

Denn in der Liebe sind wir gleich, und unsere Körper sind gleichermaßen heilige Gefäße der Liebe Gottes.

Natürlich mag es auch Ausnahmen von der Regel geben, auch wenn mir keine bekannt sind. Doch wenn du keinen Zugang zu deinen natürlichen Impulsen hast, lieber Leser, ist es auf jeden Fall sinnvoll, die Regel als Orientierung zu nutzen. Probiere das Gesetz der Liebe einmal aus, wenn du gerade spürst, dass du nicht im Fluss bist und mit dem Kopf gute Gründe findest, warum du jetzt nicht offen sein kannst für jemanden. Dann erlebst du vielleicht dasselbe wie Heidemarie: Du bringst manche Handlungen nicht an den Mann und drehst dich stattdessen damit im Kreis. Die Geschenke der Handlungen von Frauen willst du nicht haben und gibst sie immer wieder an diese zurück.

HEIDEMARIE

Heidemarie bat mich um Hilfe, weil sie am Ende ihrer Kräfte war. Ihre Mutter wohnte im Haus und brauchte Pflege. Immer dann, wenn sie ihr Bett richtete und sie fütterte, verlangte Heidemaries Tochter Leonie lautstark nach ihr. Heidemarie erklärte ihr dann so ruhig sie konnte, dass jetzt die Oma dran sei und sie sich bald auch um Leonie kümmern würde. Oder sie schlug ihr vor mitzuhelfen, die Oma zu versorgen. Doch Leonie gab einfach nicht auf und schrie jedes Mal weiter. In solchen Momenten konnte sie nicht mehr offen sein für Leonie und musste sich beherrschen, um nicht wütend loszuschreien. Es schien keinen Ausweg zu geben. Leonie ließ sich einfach nicht beruhigen. Ich erklärte ihr das Gesetz der Liebe mit seinem Zusatz für Situationen, in denen man nicht weiterweiß: "Was du von Frauen annimmst, gibst du an Männer weiter." Das half ihr zu verstehen, dass Leonie ihre Bedürfnisse deshalb so laut und penetrant mitteilte, weil Heidemarie mit ihren eigenen Bedürfnissen ihrem Mann gegenüber nicht im Fluss der Liebe war. Sie schloss sie in sich ein und kümmerte sich stattdessen um die Bedürfnisse der Frauen in der Familie, um die der Mutter und der Tochter. Damit gab sie deren Geschenk der Liebe immer wieder an sie zurück, statt es an ihren Mann weiterzureichen.

Sie erkannte nun ihren nächsten Schritt, nämlich das Geschenk Leonies bedingungslos anzunehmen und anzuerkennen, dass in ihr ein Schrei steckte, dem Partner die eigenen Bedürfnisse mitteilen zu wollen.
Im entspannten Zusammensein mit mir gelang es ihr, sich für dieses Thema der eigenen Bedürfnisse zu öffnen. Sie hatte sie tief in sich vergraben und auf später verschoben. Ihr Mann war auch immer sehr beschäftigt und hatte einfach zu wenig Zeit für sie. Sie spürte, wie sehr ihr Entspannung und zärtlicher Austausch mit ihm fehlten. Miteinander schlafen war etwas, was genauso schnell abgehakt wurde wie der übrige Alltag.
Nachdem ihr nun die Zusammenhänge bewusst waren, störte sie das ständige Schreien ihrer Tochter noch mehr. Sie gab sich einen Ruck und wagte es, am nächsten Abend ihr übliches Schweigen in Bezug auf die eigenen Bedürfnisse zu brechen. Als sie anfing zu reden, kamen ihr die Tränen, und weinend erklärte sie ihrem Mann, dass sie mehr Zeit und Entspannung bräuchte, um den Sex mit ihm genießen zu können.
Ihr Mann war verunsichert, aber er fühlte in seinem Herzen, dass es ihm guttat, sich offener mit Heidemarie auszutauschen. Er wollte sich darauf einlassen und bat sie, ihm zu sagen, was sie sich wünschte. So begannen die beiden, die Liebe wieder an die erste Stelle zu setzen, sich gegenseitig mehr zu achten und sich mit ihren ehrlichen Regungen vorzutasten. Nebenbei geschah es, dass Leonie zufriedener wurde und sich nicht mehr ständig in den Mittelpunkt drängte.

KLAUS

Klaus fühlte sich mit seinem Chef nicht wohl. Dieser redete zwar recht freundlich mit ihm, aber Klaus spürte, dass es nicht ehrlich gemeint war. Er kam zu mir, um mit mir einen Weg zu finden, wie er das ungute Gefühl loswerden könnte. Ich zeigte ihm das Gesetz der Liebe: "Was du von Männern annimmst, gibst du an Frauen weiter." Damit konnte er zunächst nichts anfangen. Er meinte, dass er seine Frau liebe und schätze. Beispielsweise half er ihr zu Hause, wo er nur konnte.
Wenn jemand nicht sofort das eingeschlossene Thema findet, rate ich dazu, das sexuelle Erleben anzuschauen, denn es ist der Fokus für alle möglichen Alltagsprobleme. Es geht grundsätzlich darum, wieder in den Fluss der Liebe

zurückzufinden und den eigenen Körper wie auch den anderer als Gefäß der Liebe Gottes zu achten. Die Form des Gefäßes ist unser weiblicher oder männlicher Körper, und hier laufen die Fäden unseres Erlebens zusammen.

Es war Klaus zunächst peinlich, darüber zu sprechen, aber dann erzählte er mir, dass er seine Frau in Gedanken manchmal zu seiner Sexsklavin machte. Das bereitete ihm Lust, aber er konnte sich nicht vorstellen, dass das etwas mit seinen Chef zu tun haben könnte.

Das Gesetz der Liebe funktioniert jedoch auch rückwärts, genauso wie der Fluss der Liebe in beide Richtungen verläuft. Es heißt: Was du gibst, bekommst du. Mit dem Zusatz für eingeschlossene Impulse sagt es: Was du Frauen gibst, bekommst du von Männern. Was du Männern gibst, bekommst du von Frauen. Weiterhin betrifft das Gesetz der Liebe nicht nur Handlungen, sondern auch Gedanken und Gefühle.

Jetzt verstand Klaus: Indem er schlecht über seine Frau dachte, dachte der Chef schlecht über ihn. Er wusste das nicht, fühlte sich jedoch unwohl mit ihm, weil etwas zwischen ihnen nicht stimmte. Denn wir fühlen uns dann wohl mit dem anderen, wenn wir im Fluss der Liebe sind sowie mit unseren Impulsen im Einklang mit uns selbst und anderen.

Klaus hatte sich heimlich Lust verschafft und musste sich dazu von dem ehrlichen Austausch mit seiner Frau abtrennen. Seine Lust ging auf Kosten ihrer. Sie fühlte sich mit ihm genauso unwohl wie sein Chef mit ihm.

Ich zeigte Klaus nun einen Weg, wie er aus der misslichen Lage herauskommen konnte. Ich bat ihn, seiner Frau die Wahrheit zu sagen. Vielleicht würden seine Fantasien ihr auch Spaß machen – und falls nicht, könnte er mit ihr ausprobieren, was für beide stimmte.

Ich sah ihn zwei Wochen später wieder. Es war ihm nicht leichtgefallen, mit seiner Frau zu sprechen. Sie hatte schon gespürt, dass er beim Liebemachen nicht wirklich bei ihr war, und wünschte sich schon lange mehr Aufmerksamkeit. Sie wollte, dass er mit den Fantasien aufhörte und sich ihr ganz zuwandte.

Das führte dazu, dass er Angst bekam, seine Potenz zu verlieren. Da lachte seine Frau und nahm ihn in den Arm. Es ging ihr in erster Linie gar nicht darum, sondern sie wollte mehr Zeit mit ihm in zärtlichem Austausch verbringen. Er ließ sich darauf ein und stellte fest, wie gut ihm die Entspannung tat. Freudig erzählte er mir, dass die Lust dann bei beiden ohne Anstrengung von ganz alleine kam. Klaus hatte die zärtliche, verständnisvolle Zuwendung seiner Frau angenommen und sich von ihr führen lassen zu einem neuen Umgang miteinander. Dadurch war er weniger unter Druck und ging entspannter zur Arbeit. Die Liebe, die er von seiner Frau angenommen hatte, konnte er nun weitergeben. Er war aufmerksamer dem Chef gegenüber und zeigte Verständnis für dessen Situation. Schon bald war das Verhältnis deutlich besser, und der Chef sagte ihm sogar, was für ein wertvoller Mitarbeiter er für ihn sei.

Es lohnt sich also nicht, gegen sich selbst, andere oder irgendetwas zu kämpfen. Mit all den Urteilen, die du von morgens bis abends fällst, trennst du dich ab vom Fluss der Liebe. Sie ist die Kraft, die sich in dich verströmen möchte und dir alles geben will, was du brauchst, um glücklich zu sein und deine Herzensziele zu erreichen.

Auch wenn du dich beispielsweise ärgerst über die Zurechtweisung der Schwiegermutter. Alles, was sie sagt, ist zu Recht eine Weisung.

Es ist Liebe und will sich an dich verschenken. Das Wort *annehmen* hat im Gesetz der Liebe zwei Bedeutungen. Einmal meint es, etwas vom anderen zu nehmen. Gleichzeitig kann man damit seine Vorstellung zum Ausdruck bringen, wie man eine Situation einschätzt. Dann denkst du beispielsweise über die Schwiegermutter: "Ich nehme an, dass sie gleich wiederkommt und mir sagt, was ich alles falsch gemacht habe." Dann nimmst du nicht die Liebe an, die sie mit ihrer Weisung für dich ist. Du vertraust der Liebe nicht und blockierst sie mit deiner Annahme. Du entscheidest, lieber Leser, was du annimmst und wie schön oder wie hässlich die Welt ist, in der du lebst.

Weiterhin beinhaltet das Gesetz der Liebe das Wort *geben.* Auch hier geht es um eine Doppelbedeutung. Einerseits gibst du anderen real etwas, wie zum Beispiel das Geld, das du verdienst, um die Familie zu versorgen, oder ein gutes Mittagessen, das du für sie kochst. Zum anderen heißt geben auch sich geben, nämlich sich so geben, wie man gerade mit seinen ehrlichen Impulsen ist. Dann gibst du anderen über dein Handeln Anregungen. Du zeigst ihnen die Begeisterung für dein eigenes Tun sowie die Lust und die Freude, die du dabei empfindest. Sie können Feuer fangen und mit neuem Schwung eigene Impulse finden. Du gibst ihnen mit dem, was du von dir zeigst, die notwendige Kraft, um aus ihrem Labyrinth herauszukommen.

Gott liebt dich und will, dass du dich ganz annimmst mit allen deinen Anteilen und dich als sein Gefäß in die Welt ergießt. So wandert er in dir über die Erde und unterzieht die bedingungslose Liebe, die er ist, einer Bewährungsprobe.

Der Wanderführer

Nun hast du schon die gute Idee, den Impuls und die Wanderkarte für deinen Gang auf dem Selbsteinweihungspfad erhalten. Jetzt zeige ich dir, wie deine Seele dich als dein Wanderführer auf deinem Weg begleitet.

Manchmal ist es nicht so leicht, den Widerstand gegen die Liebe aufzugeben. Dann brauchst du vielleicht neben dem Gesetz der Liebe noch zusätzliche Unterstützung, um aus deinem Labyrinth der Verhaltensmuster herauszufinden. Diesen Halt gibt dir deine Seele. Sie liebt dich bedingungslos und reicht dir ihren silbernen Faden. Du nimmst ihn auf, indem du dich dafür entscheidest, alle Gegenwehr und alle Urteile loszulassen und dich von der Wahrheit der eigenen Regungen leiten zu lassen. Deine Seele zeigt dir den Weg der Lebens-Impuls-Klärung. Entspannt erlebst du, wie sich das Gefäß der Liebe, das du bist, zunächst entleert von altem Schmerz und von Bedingungen, mit denen du dich vor neuem Leid schützen willst. Anschließend führt dich die Seele zu dem Ort, wo du dich bedingungslos und in Liebe füllst mit neuen Impulsen, mit Freude, Lust und Leichtigkeit.

Meditation Lebens-Impuls-Klärung

Lege dich auf den Rücken, und schließe die Augen. Fühle, wie dein Atem kommt und geht, wie sich Bauch und Brustraum heben im Einatem und senken im Ausatem. Mit jedem Ausatem nimmst du wahr, wie Spannung abfließt entlang der Kontaktstellen des Körpers zur Unterlage. Du entspannst dich mehr und mehr mit jedem Ausatem.

1. Eine gefühlsmäßige Störung wahrnehmen

Nun lasse vor deinem geistigen Auge eine möglichst aktuelle Situation erscheinen, die unstimmig war und die du als gefühlsmäßige Störung empfunden hast. Lasse alle Erklärungen beiseite, und gib es auf, weiterhin gegen dich, dein Gegenüber oder ein bestimmtes Handeln kämpfen zu wollen. Entscheide dich dafür, zurückkehren zu wollen in eine offene Liebesbeziehung zu dir und anderen und die Störung als Geschenk anzunehmen.

Mache dir bewusst, dass diese Situation genau so richtig ist, wie sie ist. Sie will dich dahin führen zu erschrecken, damit du innehältst in deinem gewohnheitsmäßigen Handeln.

So kannst du fühlen, dass du dich von Blockaden und altem Schmerz befreien willst. Du weißt, dass du dazu dem Gesetz der Liebe folgen möchtest, um dein Herz öffnen zu können für das Störende. Dann kann sich alles wieder zum Guten wenden. Beschließe jetzt, ob du dazu bereit bist und den Silberfaden deiner Seele aufnehmen möchtest.

HEIKE

Sie bat mich um Hilfe mit der Lebens-Impuls-Klärung, weil ihr kleiner Sohn sie nervte. Es machte sie wütend, weil er oft nichts mit sich anzufangen wusste. Dann machte sie ihm Druck; er sollte ihre Vorschläge annehmen. Darüber gerieten sie immer wieder in Streit.

Das war die Störung, die sie mit der Meditation auflösen wollte. Denn sie liebte ihren Sohn und wünschte sich einen harmonischen Umgang mit ihm.

2. Den Seelenfaden aufnehmen, indem man das Störende anbetet

Du ergreifst deinen Seelenfaden, wenn du die Störung nicht länger in irgendeiner Weise beurteilst, sondern sie mit den Augen der Seele betrachtest. Sie ist die Instanz in dir, die immer mit Gott verbunden ist und bedingungslos die Liebe lebt, die du in Wahrheit bist. Sie betet voller Freude und Dankbarkeit alles an, was dir widerfährt, auch diese Störung. Denn diese geschieht aus einem einzigen Grund: um dich in den Fluss der Liebe zurückzubringen.

Stimme dich also nun auf die Kraft der Anbetung deiner Seele ein, indem du wie beim Radio einen neuen Sender wählst. Gehe weg vom Nachrichtensender deines Verstandes, und wähle die Herzensstimme, die dich in Kontakt bringt mit den Wundern und der Schönheit des Lebens: Nimm dies wahr, indem du beispielsweise in liebevoller Hinwendung den Klängen der Natur lauschst, die Düfte in deiner Umgebung wahrnimmst, den Anblick der Farben und Formen genießt oder erlebst, wie sich etwas Bestimmtes anfühlt.

Hebe deine Stimmung an, fühle die Liebe in deinem Herzen und erlaube der Erinnerung an die Störung, einfach da zu sein, ohne sie zu bekämpfen. Bete sie vielmehr an als das Beste, was dir gerade passieren kann, um zurückzugelangen in den Fluss der Liebe.

HEIKE

Sie stimmte sich ein auf die Schönheit der Natur, indem sie aus dem Fenster schaute und es genoss, wie die Sonnenstrahlen durch einen Busch zu uns hineinschienen. Dadurch war sie friedlicher gestimmt und konnte ihr Herz dafür öffnen, dass die Störung mit ihrem Sohn ihr helfen wollte, eingeschlossenes Leid aufzulösen und glücklich zu werden.

3. Nacheinander die Gefühle wahrnehmen, die gegen sich selbst und andere gerichtet sind, und sich damit entspannen

Verweile in der Erinnerung, und nimm das damit verbundene unangenehme Gefühl wahr. Frage dich, ob du damit im Fluss der Liebe bist oder ob du kämpfst. Das erkennst du, indem du dir bewusst machst, ob du es gegen dich und andere richtest oder nicht. Beachte dabei, dass der Fluss der Liebe es nicht zulässt, nur gegen eine Seite zu kämpfen. Kein Gefühl bleibt länger als ein paar Sekunden, wenn wir es nicht festhalten. Um in Fluss zu kommen, ist es wichtig, selbst die Einsicht zu gewinnen, dass das Gefühl nur deshalb noch da ist, weil du damit gegen dich und andere eingestellt bist. Gib das Kämpfen auf, und erlaube dem Gefühl, bedingungslos in Liebe da zu sein. Entspanne dich mit ihm.

Anschließend taucht vielleicht ein weiteres Gefühl auf, mit dem du genauso verfährst wie mit dem ersten. Taste dich auf diese Weise an deinem Silberfaden entlang, und entspanne dich von einem Gefühl ins nächste. Auch wenn sie beängstigend erscheinen, entspanne dich, nimm sie bedingungslos in Liebe an, und sie werden sich lösen.

HEIKE

In der Erinnerung an die Streitsituationen mit dem Sohn fühlte sie Wut, als ihr Sohn nichts mit sich anzufangen wusste.

Indem sie nicht mehr mit dieser Wut gegen ihre eigene Ohnmacht und das Verhalten ihres Sohnes kämpfte, entspannte sie sich mit der Wut. Sie erlaubte ihr, einfach da zu sein, und es entstand kurz darauf ein anderes Gefühl. Die Traurigkeit kam hoch, dass sie ihm ihre Liebe nicht geben konnte.

Sie erkannte, dass sie mit der Traurigkeit auch gegen sich selbst kämpfte, weil sie ihre Liebe nicht geben konnte, und gegen ihren Sohn, weil sie seine Liebe nicht bedingungslos empfangen konnte.

Sie entspannte sich weiter, nahm die Traurigkeit, ohne weiter zu kämpfen, an und gelangte anschließend in die Ohnmacht, keinen Lösungsweg zu sehen. Sie erkannte, dass sie mit der Ohnmacht auch gegen sich und gegen ihren

Sohn eingestellt war, denn sie bekämpfte die Macht der Liebe, sie bekämpfte es, im Fluss zu sein.
Sie nahm die Ohnmacht bedingungslos an und entspannte sich weiter. Daraufhin entstand die Angst, zu versagen und nicht geliebt zu werden. Auch hier erkannte sie, dass sie damit sich selbst und andere sowie deren Liebe bekämpfte. Sie erinnerte sich an ihre Kindheit, in der sie oft nichts mit sich hatte anfangen können und allein herumgesessen hatte, weil die Mutter und die Mitarbeiterinnen in ihrem Geschäftshaushalt einfach keine Zeit für sie gehabt hatten.
Sie entspannte sich weiter und fühlte die Sehnsucht, geliebt zu werden. Sie verstand, dass auch die Sehnsucht noch immer ein Kampf gegen die Liebe war. Denn Sehnsucht zu empfinden bedeutet, nicht anzunehmen, dass die Liebe schon da ist.

4. Im neutralen Punkt der Leere und im Vereintsein mit der Seele ankommen

Früher oder später kommst du da an, wo du nichts mehr fühlst. Du bist gerade weder für noch gegen jemanden oder etwas eingestellt. Dein Gefühl ist neutral. Du bist in der Leere angekommen und wieder vereint mit deiner Seele.

HEIKE

Sie entspannte sich mit dem Gefühl der Sehnsucht, und plötzlich entstand Leere.

5. Sich mit der Kraft der Anbetung auf etwas einstimmen, was jetzt ganz froh machen kann. Dabei taucht der übergangene Impuls neu auf.

Beschließe, deine Situation zum Guten zu wenden. Richte dich neu aus auf die Kraft der Anbetung. Nimm deine Umgebung wahr, und lass deinen Blick auf das fallen, was dir am attraktivsten erscheint. Welche Qualität beinhaltet das Erblickte? Welchen Impuls kannst du daraus ableiten, der dich heute ganz froh machen könnte?

Du fühlst diese Attraktivität nun, weil der daraus entstandene Impuls jetzt Einklang erzeugen kann, um deine Störung aufzulösen und dich froh und frei zu machen. Diese Resonanz entsteht, da du in der Kraft der Anbetung bedingungslos im Hier und Jetzt lebst.

Du bist im Fluss der Liebe und verbunden mit der ganzen Schöpfung, auch mit der Störung. Alles dient nun dir und deinen Herzenszielen, genauso wie du allem Sein der Schöpfung dienst. Indem du die Entscheidung getroffen hast, diese Situation zum Guten wenden zu wollen, fließen dir in Liebe sofort die dazu erforderlichen Kräfte in Form des neuen Impulses zu.

HEIKE

Heike hatte die Vergangenheit hinter sich gelassen und wollte nun mit ihrer Wahrnehmung in der Gegenwart ankommen. Sie schaute entspannt die Umgebung an, und ihr Blick blieb an einer kleinen Engelfigur haften. Mit dieser verband sie das Gefühl reiner, göttlicher Liebe. Sie betete die Liebe nun an in der Gewissheit, dass sie mit dieser wahrhaftigen Wahrnehmung und aus der Leere heraus zu dem übergangenen Impuls mit ihrem Sohn finden würde, mit dem sie in der Lage wäre, die Störung aufzulösen.

6. An sich selbst glauben und an die Liebe, die man ist. Daran glauben, dass man mit dem neuen Impuls Einklang erzeugt.

Sich daran erinnern, dass sich dieser Impuls schon einmal gemeldet hatte. Du hast ihn übergangen und damit den Fluss der Liebe blockiert. Glaube an dich selbst, glaube daran, mit dieser Regung auch in der vorangegangenen Situation der Störung richtig gewesen zu sein. Du warst damit für dich und andere bedingungslos Liebe, genau die richtige Anregung, um das leidvolle Festhalten an einer Seite aufzugeben und dich wieder beschwingt, froh und frei zu fühlen.

HEIKE

Mit dem Gefühl der Anbetung war Heike wieder im Fluss der Liebe angekommen und damit auch in Kontakt mit der störenden Begegnung mit dem Sohn. Sie erinnerte sich an den Moment, bevor sie wütend geworden war. Und plötzlich wusste sie, dass sie eigentlich ihrem Sohn keinen Druck machen, sondern einfach bedingungslos in Liebe da sein wollte, ohne etwas Spezielles zu tun. Sie hatte zu ihrem übergangenen Impuls zurückgefunden und fühlte deutlich, mit diesem richtig zu sein für sich und ihren Sohn.

7. Die göttliche Führung um Unterstützung und Begleitung bitten, um in einer späteren Situation den Impuls erkennen und in die Tat umsetzen zu können.

Ein Impuls kann nur dann Einklang erzeugen, wenn du ihm spontan folgst - und zwar in dem Moment, in dem er auftaucht. Über diese Meditation hast du ihn wiedergefunden. Er wird sich irgendwann, vielleicht in einer Minute oder in den nächsten Tagen, wieder neu melden, wenn er wieder für alle Beteiligten genau passt. Bitte nun deine göttliche Führung um Unterstützung und Begleitung, beispielsweise Gott selbst oder die Engel, damit du den Impuls erkennst, wenn er wieder auftaucht, und diesen dann sofort in die Tat umsetzen kannst.

Beende die Meditation mit einem tiefen Atemzug, bedanke dich bei deiner Seele für ihren Silberfaden. Nimm die gemachte Erfahrung mit in deinen Alltag. Bleibe danach mit einem Teil der Aufmerksamkeit bei dir, um die innere Stimme zu hören. Wenn der richtige Zeitpunkt gekommen ist, wird sie dir den Impuls erneut mitteilen.

HEIKE

Heike bat anschließend Jesus Christus um Führung und Unterstützung, damit sie den Impuls erkennt, wenn er wieder auftaucht, und ihn dann auch in die Tat umsetzt.

Das Abenteuer

Mit der Idee, dem Impuls, der Wanderkarte und der Seele als Wanderführer konnte die Wanderung entlang des silbernen Seelenfadens, entlang an Heikes ehrlichen Empfindungen beginnen.

Doch das war noch nicht alles. Ihre Seele hatte sich ein besonderes Abenteuer ausgedacht. Heike sollte nicht nur sicher zum Ziel ihrer Wanderroute, sondern noch zu einem zusätzlichen Ausflugsziel gelangen ... zu etwas, wonach sie sich schon seit ihrer Kindheit gesehnt hatte. Die Seele führte Heike in eine Bewährungsprobe, um sich zu stärken, um an sich selbst zu glauben und um zum Engel auf Erden zu werden.

Zwei Wochen nach unserer Lebens-Impuls-Klärung sah ich Heike wieder. Sie war wie ausgewechselt. Strahlend erzählte sie, dass es sie nicht mehr störte, ob der Sohn nun gerade beschäftigt sei oder nicht. Zunächst war sie traurig, ihn so zu sehen. Doch dann ging von selbst tief in ihr eine Tür auf, und sie konnte staunend mit ansehen, dass er plötzlich von sich aus angefangen hatte zu spielen.

Was war geschehen? Heike war dem Silberfaden bis zum Ende gefolgt. Sie hatte sich fallen lassen. Angefangen von der Störung mit ihrem Sohn durchlebte sie in der Entspannung die Gefühle, vor denen sie gerne davongelaufen wäre, bis sie sich auflösten und Heike sich einfach nur noch leer fühlte. Anschließend fand sie, ohne etwas Bestimmtes zu tun, den Impuls, offen zu sein für ihren Sohn. Damit befreite sie sich selbst und ihren Sohn aus der bisherigen Abhängigkeit voneinander, in der sie ihm ständig Beschäftigungsangebote gemacht hatte. Heike war wie neu geboren.

Das Gesetz der Liebe erhält nun einen weiteren Zusatz: Was außen geschieht, ist ein Spiegel für das, was du innen mit dir tust.

Auch in Heike selbst gibt es eine weibliche und eine männliche Seite: Die männliche Seite beinhaltete ihren Kindheitsschmerz, der sagte: "Ich wünsche mir von dir, Mutter, dass du einfach bedingungslos offen für mich bist." Ihre weibliche Seite war bisher das gewesen, was die Mutter ihr früher gesagt hatte: "Ich habe keine Zeit, beschäftige dich selbst."

Warum ist das eine die männliche und das andere die weibliche Seite, wirst du vielleicht fragen, lieber Leser? Heike wollte als Kind, wie jedes Kind, die Beziehung ihrer Eltern heilen. Genauso wie Heike wollte auch der Vater, dass die Mutter bedingungslos offen für ihn sei, doch diese wies ihn ab, genauso wie sie es mit der Tochter tat. Heikes Schmerz war es, von der Mutter abgewiesen worden zu sein. So hielt sie sich an der Seite des geringeren Übels, ihrer Vaterseite, fest.

Die ungelöste Situation der Eltern nahm Heike als ihre männliche und weibliche Seite mit in ihr Erwachsenenleben. Ihr Sohn brachte sie mit seinem störenden Verhalten genauso wie unsere anschließende Lebens-Impuls-Klärung in Kontakt mit dem Festhalten an dieser männlichen Seite. Und aus Liebe zu ihm konnte sie nun endlich zu ihrer Frauenseite wechseln und dort den Impuls finden, ihm bedingungslos begegnen zu wollen. So heilte sie das Beziehungsmuster der Eltern in sich selbst, indem sie zurückfand zu ihrem von Kindheit an blockierten ursprünglichen weiblichen Impuls, nämlich bedingungslos offen die Liebe des Mannes empfangen zu wollen. Erst nachdem dieser Impuls von ihr als Frau mit einem Mann, sprich mit dem Sohn, gelebt war, war sie anschließend frei zu wechseln zwischen unterschiedlichen Impulsen, mit denen sie Liebe geben und nehmen konnte.

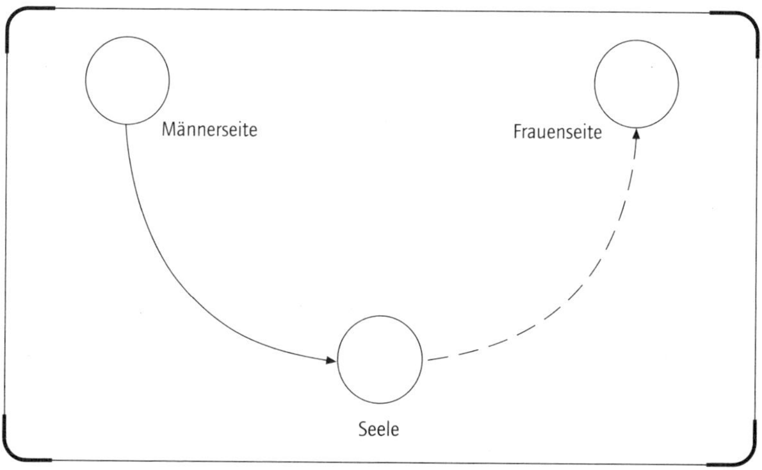

Während sie den neuen Impuls - ihrem Sohn bedingungslos zu begegnen, ohne etwas Spezielles zu tun - in die Tat umsetzte, durchlief sie die Bewährungsprobe für die Liebe.

Was beinhaltete diese Bewährungsprobe? Bestimmte Impulse haben wir früher einmal unterdrückt, weil damit Schmerz verbunden war. Dazu mussten wir uns mit unseren Urteilen innerlich von dem abgrenzen, was gemäß unserem Impuls das ausführende Organ unserer Handlung ist: unser Körper. Auf diese Weise haben wir uns mit dem Verstand über unsere Handlungsimpulse gestellt und eine Trennung zwischen Körper und Geist vollzogen.

Wenn sich nun die gleichen Impulse wieder melden, tauchen damit verbunden jedes Mal bestimmte Gefühle auf. Dann ist es uns *peinlich,* uns mit diesen Regungen zu zeigen, weil wir *denken,* andere damit zu stören. Wir glauben das aber deshalb, weil wir uns selbst damit am Festhalten unserer alten Verhaltensmuster stören. Gleichzeitig sind wir auch *traurig,* weil wir vorwegnehmen, dass wir wie früher *schmerzhaft* scheitern werden und mit unserem Impuls beim anderen nicht ankommen.

Wir glauben dann nicht an uns selbst und dass der Impuls Liebe ist. Wir wiederholen stattdessen immer wieder die gleichen Urteile und stellen uns mit dem Verstand über den Impuls und damit auch über den Körper. Dann ist der Körper traurig und leidet daran; im Extremfall kann er sogar krank werden.

Dieselben Impulse entstehen deshalb heute wieder, damit wir die Bewährungsprobe der Liebe endlich annehmen, wieder an uns selbst glauben und die Verknüpfung von Peinlichkeit, Traurigkeit und der leidvollen Erfahrung in der Vergangenheit auflösen. Es reicht nicht, sich diesen Zusammenhang bewusst zu machen. Vielmehr ist es erforderlich, die Traurigkeit und die Peinlichkeit bedingungslos anzunehmen, während wir dem gleichen Impuls folgen wie früher, als der Schmerz entstand. Das zu erkennen und zu tun, lieber Leser, bewirkt die Befreiung eines Impulses aus dem Labyrinth der Verhaltensmuster.

Üblicherweise treten wir nämlich genau dann den Rückzug an und halten uns wieder an unserem gewohnten Verhalten fest, wenn Traurigkeit und Peinlichkeit entstehen. Wir werden damit jedoch diese unangenehmen Gefühle nicht los. Wir verstärken sie vielmehr, und es wird daraus ein mulmiges Durcheinander von Angst, Einsamkeit, Resignation und Schmerz. Dann denken wir erst recht, dass der neue Impuls fehl am Platz sei und verstärken nur unser altes Verhaltensmuster. So kommen wir aber nicht von der Stelle und nähren lediglich das Ungeheuer in unserem Labyrinth.

Das ist so, als ob du mit angezogener Handbremse losfahren möchtest. Also, lieber Leser: Die Handbremse zu lösen heißt, den Impuls *zusammen* mit den unangenehmen Gefühlen zu leben - und zwar bedingungslos. Sobald du wieder neue Bedingungen aufstellst, warum du jetzt nicht traurig oder ängstlich sein darfst, bleibt der Impuls erneut stecken, und du kannst wieder von vorne anfangen.

Sobald wir es einmal schaffen, unsere Gefühle bedingungslos als Begleiter zu akzeptieren, wenn wir einen neuen Impuls leben, haben wir die Bewährungsprobe der Liebe bestanden und können künftig mit dem Herzen eines Löwen oder einer Löwin weitere Impulse aus unseren Labyrinth befreien.

Um eingeschlossene Impulse zu befreien, erhält das Gesetz der Liebe nun einen neuen Zusatz. Lieber Leser, erinnere dich dazu an die Erweiterungen zum Gesetz der Liebe, um eingeschlossene Impulse zu befreien: *Was du von Frauen annimmst, gibst du an Männer weiter, und was du von Männern annimmst, gibst du an Frauen weiter. Was außen geschieht, ist ein Spiegel für das, was du innen mit dir tust.*

Der neue Zusatz lautet:

Was du mit dem Geist annimmst, gibst du an den Körper weiter. Was du mit dem Körper annimmst, gibst du an den Geist weiter.

Um einen Impuls dauerhaft in uns einschließen zu können, müssen wir den Fluss der Liebe zwischen Mann und Frau beständig verhindern. Dazu schaffen wir Abhängigkeiten, wo es der eine dem anderen recht machen muss - bis dahin, dass sich einer ganz aufgibt, um dem anderen zu dienen. Was wir da mit anderen Menschen tun, geschieht spiegelgleich zwischen Körper und Geist.

Solange wir den Energiefluss nicht blockieren, nimmt der Körper den Impuls als kraftvolle Anregung an und gibt diese an den Geist weiter. Dieser wiederum nimmt die Anregung an, um schließlich die Handlung zu steuern. Wenn wir einen bestimmten Impuls verhindern wollen, müssen wir *die Annahmen* ändern. Dann nehmen wir mit unserem Denken an, der Impuls passe jetzt nicht, und der Körper nimmt an, damit nicht gewollt zu sein, und verbirgt den Impuls hinter Anspannung, Schmerz und Krankheit.

Also, lieber Leser, ganz gleich, was du gerade über andere denkst, was du ihnen verheimlichst oder wie du mit ihnen umgehst, dasselbe machst du mit dir. Nimm die Bewährungsprobe der Liebe an. Erkenne, dass du dein eigener Herr bist, und lass Milde walten. Statt Druck auszuüben, solltest du deinen Mitmenschen im Außen, deinem Geist im Inneren und deinem Körper erlauben, in einen entspannten Dialog mit dir zu treten, in dem du jeweils beiden gerecht werden willst. Damit gibst du dir und anderen Raum, einen neuen Impuls überhaupt wahrnehmen zu können, und du findest die Kraft, die dabei auftretenden Gefühle nicht gleich wieder zu bekämpfen.

HEIKE

Diese Probe aufs Exempel bestand Heike. Als sie ihren Impuls in die Tat umsetzte und einfach nur in Liebe offen war für ihren Sohn und ihm keine Beschäftigungsangebote unterbreitete, fühlte sie die Traurigkeit ihrer Kindheit. Hier war sie aufgefordert, sich nicht in der Illusion zu verlieren, der Sohn wäre traurig, weil sie nicht mit ihm spielte. Vielmehr war es nur wichtig, die Traurigkeit bedingungslos anzunehmen, ohne etwas Bestimmtes zu tun.

Während Heike sich ihrem Sohn also zuwandte, ohne etwas Bestimmtes zu tun, fühlte sie neben der Traurigkeit auch die Peinlichkeit, damit etwas zu tun, von dem sie glaubte, es nicht zu dürfen. Dieses Verbot spürte sie körperlich wie einen Messerstich im Bauch. Nun ging es darum, es sich bewusst zu machen, dass nicht der Sohn es ihr verbot, sondern sie selbst von ihrem Verstand aus, um sich für ihren Kindheitsschmerz nicht öffnen zu müssen. Sie widerstand dem Sog, in die alten Verhaltensmuster zurückzugleiten, dem Sohn also viel geben zu müssen, und akzeptierte die Peinlichkeit in Liebe als Begleiter ihres Impulses – genauso

wie die Traurigkeit. Der messerstichartige Schmerz verging, und sie war nun bereit, ihren Sohn loszulassen, damit er nicht von ihrer übertriebenen Fürsorge erstickt wurde und damit er eigene Impulse finden konnte.
Auf diese Weise erlaubte sie auch ihrem eigenen Körper, sich zu entspannen, und sie folgte dem Impuls, für den Sohn einfach nur offen und da zu sein.

Als sie dies so zulassen konnte, öffnete sich die Tür, und sie kam in den Fluss der Liebe. Damit war sie gleichzeitig auch offen für die Traurigkeit des Vaters, bei der Mutter nicht angekommen zu sein mit seinem ursprünglichen männlichen Impuls, der Frau bedingungslos Liebe geben zu wollen. Gleichzeitig spürte sie, wie peinlich es ihm wohl gewesen sein musste, wenn er es versuchte und dabei bei der Mutter auf Ablehnung traf.
In Liebe öffnete sie sich für den Vater wie auch für ihre eigene männliche Seite – für ihren Geist. Sie dachte nämlich bisher genauso wie der Vater, dass sie die Mutter oder auch andere Frauen störte, wenn sie deren Offenheit suchte.
Sie schenkte dem Vater wie dem Sohn von ihrer Frauenseite aus bedingungslose Zuwendung, indem sie der Traurigkeit und der Peinlichkeit erlaubte, einfach da zu sein.
Heike hatte damit ihre weibliche und männliche Seite von der Frauenseite aus zusammengeführt. Sie hatte ihren ursprünglichen sexuellen Impuls geheilt, in Liebe einfach nur da zu sein und offen die Liebe des Mannes zu empfangen. Damit war ihr weiblicher Flügel gewachsen.

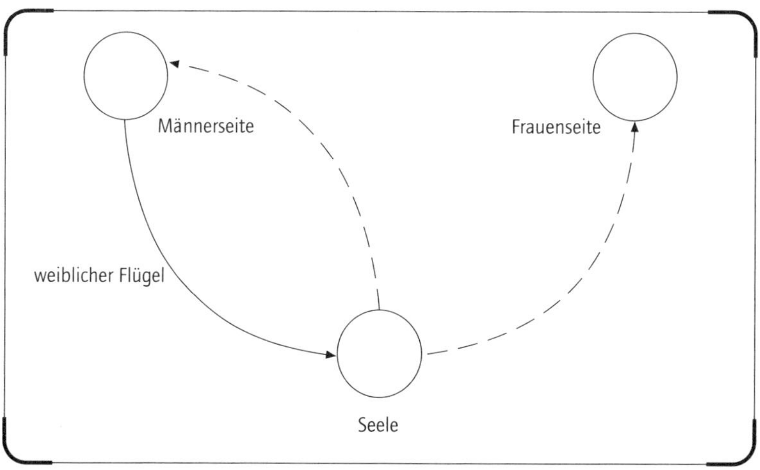

Während sie ihren Impuls, einfach nur offen für den Sohn zu sein, mit ihm lebte, fühlte sie auch die Traurigkeit der Mutter, die den Mann wie auch die Tochter hatte sich selbst überlassen müssen, weil sie keine Zeit für sie gehabt hatte. Indem Heike diese Traurigkeit ebenfalls in Liebe annahm und bedingungslos durchlebte, verging sie.
Gleichzeitig löste Heike ein zweites Mal die Abtrennung innen zwischen ihrem Körper und dem Verstand. Sie gab die Vorstellung auf, dass ihr Sohn traurig wäre und sie eine schlechte Mutter, wenn sie ihn einmal sich selbst überließ. Während Heike das peinliche Gefühl wahrnahm, das ihren neuen Impuls begleitete, sich dem Sohn zuzuwenden, ohne etwas Spezielles zu tun, kam sie hierüber auch in Kontakt mit den Gefühlen ihrer Mutter. Ohne es zu bewerten, nahm sie wahr, wie peinlich der Mutter wohl ihre eigenen Bedürfnisse nach Entspannung und bedingungslosem Dasein gewesen waren. Nun konnte Heike es sich von ihrer Männerseite, dem Geist, aus erlauben, ihren Impuls frei zu genießen.

Ihr Herz floss über vor Liebe für die Mutter und für ihre eigene weibliche Seite. Damit hatte sie sich von ihrer männlichen Seite aus bedingungslos Liebe gegeben und es ihrem Körper vom Verstand aus erlaubt, ihrem Impuls entsprechend zu handeln.
Nun konnte sie ihre weibliche und männliche Seite ein zweites Mal, dieses Mal von der Männerseite aus, zusammenführen, und ihr männlicher Flügel

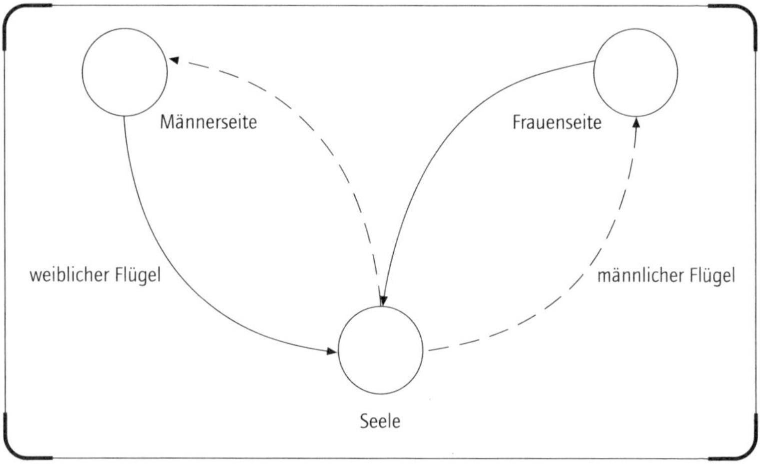

war gewachsen. Sie war nun mit ihren beiden Seiten eins und zum erwachsenen Engel auf Erden geworden.
Anschließend hatte Heike bewusst das Geschenk ihres Sohnes, nichts mit sich anfangen zu können, in Liebe angenommen. Sie achtete genau darauf, wann in ihr der Impuls entstand, einer Frau gegenüber genauso handeln zu wollen. Nach einer Woche war es so weit. Ihr Mann war mehrere Tage verreist. Heike konnte nichts mit sich anfangen und wollte gern ihre Freundin anrufen. Normalerweise überging sie dieses Bedürfnis, indem sie den Sohn beschäftigte. Denn die Freundin war immer so kurz angebunden, und Heike dachte, dass sie sie bestimmt wieder stören würde. Doch nun, da sie den Sohn loslassen konnte, spürte sie die Sehnsucht aus ihrer Kindheit wieder, endlich zur Mutter laufen zu wollen, bzw. sie wünschte sich, dass die Freundin ebenso bedingungslos offen für sie wäre wie Heike ihrem Sohn gegenüber.

Es war ihr peinlich, der Freundin die Wahrheit zu sagen. Gleichzeitig kam auch die Traurigkeit wieder hoch, wenn die Freundin in früheren Begegnungen kurz angebunden gewesen war und ihr zu verstehen gegeben hatte, dass sie störte. Doch kaum hatte sie die Peinlichkeit und Traurigkeit bedingungslos angenommen und angefangen zu sprechen, war es auch jetzt wieder so, als ob sie durch eine Tür gegangen wäre. Die Freundin war nicht nur offen für sie, sondern bewunderte sogar ihre Spontaneität, dass Heike sich einfach so mit ihrem peinlichen Impuls gezeigt hatte. Heike konnte nicht wissen, was sie damit bei ihr anregte. Aber Gott in seiner unendlichen Liebe machte der Freundin damit ebenfalls Mut, dieselbe steckengebliebene Empfindung in sich selbst zu entdecken, endlich aus der Langeweile und Einsamkeit herauszugehen und den Job anzunehmen, den ein Bekannter ihr angeboten hatte.
Heike hatte den Impuls ihres Sohnes in Liebe an die Freundin weitergegeben – und diese an den Bekannten mit dem Jobangebot. Sie waren im Fluss der Liebe angekommen, wo alle unsere Beziehungen Liebesbeziehungen sind und wir uns gegenseitig mit unseren Impulsen beschenken, ergänzen und fördern.

Heike hatte die Vorbehalte ihres Geistes aufgelöst und einen im Körper eingeschlossenen Impuls befreit. Nun war sie frei, anderen gegenüber offen zu sein, ohne etwas Bestimmtes zu tun; umgekehrt war sie auch in der Lage, dies empfangen zu dürfen. Diese Freiheit spiegelte sich auch in ihrem Inneren.

Während sie so mit anderen Menschen umging und mit ihnen im Einklang war, war auch ihr Geist offen für die Signale des Körpers, und umgekehrt war ihr Körper offen für die Anregungen des Verstandes. In diesen Momenten konnten ihre beiden Seiten sich gegenseitig ergänzen und das nehmen und geben, was sie gerade brauchten, um sich auszugleichen und ebenfalls miteinander im Einklang zu sein.

Sie war mit diesem Impuls wieder zum reinen Gefäß der Liebe Gottes geworden. Sie hatte sich gewandelt zu einem erwachsenen weiblichen Engel auf Erden, der seinen ursprünglichen weiblichen Impuls geheilt hatte und nun bedingungslos Zuwendung annahm und weitergab. Die Liebe Gottes hatte durch sie als Sein Gefäß die Bewährungsprobe bestanden.

Lieber Leser, ich habe es nun schon bei vielen Menschen miterleben dürfen, dass der Wechsel zum gegenläufigen Impuls wirklich von selbst entsteht. Nachdem der ursprüngliche sexuelle Impuls in die Tat umgesetzt ist und die bisher damit verbundenen Gefühle von Traurigkeit und Peinlichkeit durchlebt sind, erhält das Pendel deiner Lebensimpulse einen kraftvollen Anstoß. Du fühlst dich lebendiger und beschwingter mit dem, was du tun willst.

Um deinen Weg ohne Zögern gehen zu können, erhält das Gesetz der Liebe einen weiteren Zusatz:

Du wirst zum weiblichen Engel auf Erden, wenn du zuerst deinen ursprünglichen weiblichen Impuls lebst, die Liebe eines Mannes zu empfangen, und anschließend umgekehrt einer Frau Liebe gibst und dabei jeweils die Traurigkeit und Peinlichkeit bedingungslos durchlebst, an die der Impuls gebunden war.

Du wirst zum männlichen Engel auf Erden, wenn du zuerst deinen ursprünglichen männlichen Impuls lebst, einer Frau Liebe zu geben, und anschließend umgekehrt die Liebe eines Mannes empfängst und dabei jeweils die Traurigkeit und Peinlichkeit bedingungslos durchlebst, an die der Impuls gebunden war.

Danach bist du frei, deinen wechselnden Impulsen von Geben und Nehmen, Kommen und Gehen, Anspannen und Entspannen zu folgen.

Bitte, lieber Leser, mach dir immer wieder bewusst, dass dein ursprünglicher sexueller Impuls als Frau (Liebe empfangen) und als Mann (Liebe geben wollen) sowie die damit verbundene Traurigkeit und Peinlichkeit Schlüssel sind, mit denen du die Tür zur Engelwelt öffnest. Dein Gegenüber erlebt sich ebenfalls als traurig, und es ist peinlich berührt von seinen Regungen. Sobald du deinen Mut zusammennimmst und mit deinem Impuls weitergehst, machst du es dir und dem anderen leicht. Du bist plötzlich durch die Tür getreten, die Last fällt von dir ab, Traurigkeit und Peinlichkeit verfliegen und Freude kommt auf. Du hast die Bewährungsprobe der Liebe bestanden und aus deiner Beziehung zu dir selbst und zum anderen eine Liebesbeziehung gemacht.

Solange dein ursprünglicher sexueller Impuls jedoch noch in dir verborgen ist, tauchen Probleme in deinem Alltag auf, die dir Druck machen und die dir spiegeln, vor was du davonläufst. Sobald du den Impuls anpackst und in die Tat umsetzt, ist ein Knoten gelöst, und du kommst in Fluss.

Wir können nicht wissen, was jemand braucht, um seinen ursprünglichen sexuellen Impuls zu heilen und damit seine innere Männer- und Frauenseite zu vereinen.

Also, lieber Leser, stelle dir besser gar nicht erst im Kopf vor, wie du es anstellen könntest, deinen ursprünglichen sexuellen Impuls zu leben. Es geschieht von selbst, wenn du deinen ehrlichen Regungen folgst - immer entlang am Silberfaden deiner Seele. Dann kommst du automatisch und selbstverständlich bei deinen Impulsen an, sogar in der richtigen Reihenfolge.

Höre auf anzunehmen, dass andere gegen dich sind und deine Situation schwierig ist. Nimm stattdessen an, dass alles aus der Liebe Gottes für dich da ist, um deine Beziehungen in Liebesbeziehungen zu verwandeln. Trainiere das Gesetz der Liebe, indem du beobachtest, was du denkst und wie du handelst. Es reicht nicht, so zu tun, als ob man positiv denken und handeln würde. Die Wahrheit setzt sich auf jeden Fall durch.

Bemühe dich also, dich deinen negativen Gedanken und unangenehmen Gefühlen zu stellen und sie in Liebe anzunehmen. Je mehr du dich damit bedingungslos entspannst, desto mehr Liebe fließt ihnen zu, und sie lösen sich schließlich auf und machen angenehmen Gefühlen, positiven Gedanken und glücklichen Wendungen in deinem Leben Platz.

Die Seele als Heikes Wanderführer hatte ihr wirklich eine riesige Überraschung beschert. Auch deine Seele, lieber Leser, ist dazu in der Lage und wartet darauf, dass du ihren Silberfaden aufnimmst und anfängst zu gehen. Ich kenne derzeit keinen schöneren Weg, um so rasch und so leicht Verstrickungen im Leid aufzugeben, sich selbst und den anderen bedingungslos in Liebe zu würdigen und mit den eigenen Impulsen beschwingt und froh zum Engel auf Erden zu werden.

Geh mit deinen ehrlichen Regungen, so weit du willst, lieber Leser. Vielleicht reicht es dir, auf der Arbeit die eigenen Bedürfnisse an passender Stelle endlich einmal aussprechen zu können, um Druck loszuwerden und dich wieder wohl zu fühlen. Ein anderes Mal möchtest du mit der Lebens-Impuls-Klärung den Streit mit dem Nachbarn auflösen. Oder du gehst tiefer, wirst aufmerksamer dir gegenüber und setzt das Gesetz der Liebe immer öfter in deinem Alltag um. Deine Seele ist ein versierter Wanderführer, kennt den Weg zu dir selbst und führt dich über Berg und Tal. Konzentriere dich einfach darauf, deinen Regungen so ehrlich wie möglich zu folgen, dann sind alle Helfer im Himmel und auf der Erde an deiner Seite und führen dich in die Lösung deiner Probleme und in die Leichtigkeit der Engelwelt.

Zusammenfassung des Gesetzes der Liebe

1. *Was du annimmst, gibst du weiter.*

2. *Was du von Frauen annimmst, gibst du an Männer weiter. Was du von Männern annimmst, gibst du an Frauen weiter.*

Die Zusätze um Blockade aufzulösen

3. *Was außen geschieht, ist ein Spiegel für das, was du innen mit dir tust.*

4. *Was du mit dem Geist annimmst, gibst du an den Körper weiter. Was du mit dem Körper annimmst, gibst du an den Geist weiter.*

5. *Du wirst zum weiblichen Engel auf Erden, wenn du zuerst deinen ursprünglichen weiblichen Impuls lebst, die Liebe eines Mannes zu empfangen, anschließend umgekehrt einer Frau Liebe gibst und dabei jeweils die Traurigkeit und Peinlichkeit bedingungslos durchlebst, an die der Impuls gebunden war.*
   Du wirst zum männlichen Engel auf Erden, wenn du zuerst deinen ursprünglichen männlichen Impuls lebst, einer Frau Liebe zu geben, anschließend umgekehrt die Liebe eines Mannes empfängst und dabei jeweils die Traurigkeit und Peinlichkeit bedingungslos durchlebst, an die der Impuls gebunden war.
   Danach bist du frei, deinen wechselnden Impulsen wie Geben und Nehmen, Kommen und Gehen, Anspannung und Entspannung zu folgen.

Die Wanderung durch das Buch

Genauso wie du mit der Lebens-Impuls-Klärung deine Beziehungen klären kannst, so kannst du auch deine Reaktionen auf die Texte im Buch nutzen, um dich selbst besser kennenzulernen.

Lies das Buch von Anfang bis Ende oder kreuz und quer. Ganz gleich, wie du vorgehst, du kommst irgendwann an eine Stelle, die dich berührt, angenehm oder unangenehm ... Eine Stelle, die dich in freudiges Staunen versetzt - oder die dich aufregt und erschreckt.

Diese Stelle ist wichtig. Übergehe sie nicht. Höre auf, weiter zu lesen, und nutze diese Störung, um deine Alltagsprobleme aufzulösen. Führe die Lebens-Impuls-Klärung ganz oder teilweise durch, und bitte die Engel der Einweihungspfade oder den Engel des Salbeis um Hilfe.

Ein Beispiel

1. Vielleicht verstehst du einen Satz nicht, den du gerade liest. Dann halte inne, und mache dir bewusst, dass alles ein Spiegel für dich ist. Dieser Satz, den du nicht verstehst, will dir einen Anstoß geben, eine Situation in deinem Leben gerade zu rücken, wo du etwas nicht verstehst.

2. Also: Stelle fest, was du in deinem Leben gerade nicht verstehst. Aha, du kannst nicht nachvollziehen, warum dein Partner gestern so mürrisch auf dein freundliches Angebot reagiert hat, mit ihm in Urlaub fahren zu wollen?

3. Du warst sauer auf ihn, hast dich verletzt zurückgezogen und dabei die Wahrheit übergangen, dass du erschrocken warst, wie lieblos ihr miteinander umgegangen seid.

4. Wähle einen der sieben Einweihungspfade aus sowie eine der Übungen aus den Einweihungsritualen. Du entscheidest dich zum Beispiel für den Einweihungspfad der Kommunikation und darin für die Übung des Engelübersetzers.

5. Nun bittest du den Engel der Kommunikation, dir die Reaktion deines Partners zu übersetzen, damit du sie im Herzen verstehen kannst.

6. Engelenergien entstehen plötzlich. Die Antwort kommt nicht unbedingt sofort nach der Meditation, sondern sie entsteht unerwartet, wenn du gerade gar nicht daran denkst.

   So wirst du plötzlich mitten in der Nacht wach und weißt, warum er so mürrisch war. Er hat Geldsorgen, will dir jedoch nichts davon sagen, um dir irgendwie den Urlaub zu ermöglichen. Er denkt, dass du schon genug eigene Probleme hast, will dich nicht mit seinen Sorgen belästigen und verbirgt sie hinter dem Mürrischsein.

7. Sofort geht dein Herz nach außen auf für ihn - und nach innen für dich selbst. Du hast dich in deinen Engelraum ausgeweitet, wo nichts in dir kämpft und wo du fühlst, dass deine Wahrheit, mit der du dich ihm mitteilen möchtest, deine Liebe ist.

   Dies macht dir Mut, dass du mit deiner ehrlichen Reaktion richtig liegst, und du gibst das Kämpfen gegen ihn auf. Du führst die Meditation "Klimawandel" durch und fühlst, was unter dem Verletztsein auftaucht. Du spürst die Traurigkeit darüber, dass ihr eure Regungen nicht ehrlich austauschen könnt. Es geht dir doch in erster Linie gar nicht um den Urlaubsort, sondern darum, gemeinsame Zeit mit ihm zu verbringen, weil du ihn liebst. Dann entsteht von selbst die Leere und der Impuls, ihm deine ganze Wahrheit zeigen zu wollen.

Du bittest Gott um Führung, und wenn der Impuls sich wieder meldet, kannst du deinem Partner alles sagen - und nicht nur das, die Traurigkeit bricht sich von alleine Bahn, und du weinst. Damit erreichst du ihn in seinem Inneren, und er kann auch seine Gefühle zeigen, wie belastet er sich durch seine Geldsorgen fühlt. Du nimmst ihn in den Arm. Ihr könnt beide seit langem wieder einmal fühlen, dass ihr euch liebt, und die Sorgen verlieren an Macht.

Andere Störungen

- Langweilt dich ein Absatz? Dann frage dich, was dich in deinem Alltag langweilt.
- Strengt dich das Lesen an? Was strengt dich in deinem Leben an?
- Wirst du bei einem bestimmten Satz wütend oder traurig? Dann schau hin, was dich in deinem Leben wütend oder traurig macht.
- Denkst du: Das schaffe ich nie, was da beschrieben wird? Dann gibt es spiegelgleich einen Bereich in deinem Leben, in dem du gerade aufgibst, es schaffen zu können.

Das alles und noch viel mehr kann auftauchen, wenn du mit dem Buch arbeitest. Es geschieht, weil die Engel der Einweihung bereitstehen, um die Störung mit dir aufzulösen und um dich glücklich zu machen. Nicht irgendwann, sondern jetzt und hier.

Positives verstärken

Genauso können die Engel Positives, das du während des Lesens wahrnimmst, verstärken.

- Vielleicht freust du dich über einen bestimmten Absatz im Buch, oder du wunderst dich über etwas. Dann frage dich, wann das in deinem Leben so ist, und bitte einen der Engel aus den sieben Einweihungspfaden, dies zu verstärken.

- Erzeugen manche Sätze ein aufgeregtes Kribbeln in dir? Dann gibt es Parallelen in deinem Leben, die dieses Gefühl verursachen und die verstärkt werden wollen.
- Findest du dich in manchen Kapiteln wieder? Dann willst du diese Strahlkraft intensivieren.

Die Engel schenken dir genau das, was du dir wünschst und was du brauchst, um deine Schritte zu gehen – heraus aus dem Unangenehmen und hin zu dem Angenehmen. Engelhilfe entsteht plötzlich. Das kann alles sein: Plötzlich verstehst du etwas. Plötzlich taucht jemand auf, der dir hilft, deine Ziele zu erreichen. Plötzlich traust du dich, deine ehrlichen Gefühle zu zeigen. Oder es wird dir ein Impuls bewusst, den du vergessen hattest. Dieser Impuls taucht nicht alleine auf, sondern mit ihm werden dir auch der Mut und der Schwung geschenkt, ihn in die Tat umzusetzen. Die Engel sind bei dir.

Das Wunder geschieht ... Du gehst deine Schritte ... Und die anderen gehen mit dir. Du bist im Einklang mit dir und anderen, glücklich und beschwingt.

Der Proviant

Gut versorgt mit Orientierungshilfen und begleitet von deiner Seele als Führer kann jetzt die Wanderung beginnen. Nun erhältst du noch den nötigen Proviant, lieber Leser, damit du gut gestärkt voranschreitest und immer wieder eine Energiespritze erhältst, wenn du glaubst, es nicht mehr weiter zu schaffen.

Dieser Proviant besteht aus Engelgaben. In Form von Klängen, Düften und Farben wollen sie dich an die Kraft der Anbetung erinnern und dir helfen, die Landschaft mit den Augen deines Wanderführers zu sehen. Über die Wahrnehmung dieser schönen Engelgaben kommst du in Kontakt mit deiner inneren Weisheit, um dich damit zu stärken und weiterzugehen.

Alles ist beseelt und begleitet von Engeln, die sich uns bedingungslos mit ihren besonderen Kräften zeigen. Eines Tages kam ich in Kontakt mit dem Engel des Salbeis. Er teilte mir mit, dass er uns Menschen anregen möchte, uns selbst zu heilen. Über seinen würzigen Duft will er in uns einen Wissensspeicher von Erinnerungen öffnen, damit wir erkennen, dass wir selbst Engel sind und den Weg aus unserem Labyrinth und zurück in die Engelwelt kennen - entlang des Silberfadens unserer Seelen.

Die Botschaften des Engels des Salbeis zeigen dir auf, wo du gerade wie ein Biber einen Schutzwall gegen den Fluss der Liebe baust und was du tun kannst, um damit aufzuhören und dem Silberfaden deiner Seele neu zu folgen.

Der Engel des Salbeis

"Ich, der Engel des Salbeis, kenne dein Leid, lieber Mensch. Ich bin in deiner Nähe und verströme meinen Duft auf den Wiesen, auf denen du Leichtigkeit und Entspannung suchst. Atme meinen Geruch ein. Erwecke damit in dir Assoziationen von Freiheit und Reinheit, und komme in Resonanz mit der Freiheit und Reinheit in dir.

Wenn du den Faden verlierst und denkst, die Welt sei gegen dich, befindest du dich in einem Labyrinth von Verhaltensmustern, negativen Urteilen und Festlegungen. Orientiere dich an deinen ehrlichen Regungen, um einen Anfang zu finden, den Silberfaden deiner Seele wieder aufzunehmen und aus deinem Labyrinth herauszufinden.

Ich übermittle dir zwölf Botschaften. Mögest du dich mit deren Hilfe daran erinnern, wer du wirklich bist und wie du zu dir selbst zurückfinden kannst. Ich liebe dich und segne dich mit Selbstheilungskraft."

Engelbotschaft 1: Vertrauen in Gott

"Vertraue Gott, dass deine momentane Situation ein Geschenk seiner Liebe ist, um dein Labyrinth aufzugeben und glücklich zu werden."

MELANIE

Melanie hatte immer wieder unglückliche Männerbeziehungen. Entweder traf sie solche, die ihr nicht das gaben, was sie sich wünschte, oder sie zog sich erschreckt zurück, wenn ihr einer zu nahe kam und sie das Gefühl hatte, dass er zu viel machte. Sie kannte das Gesetz der Liebe und arbeitete schon eine ganze Weile an sich selbst. Doch das Thema Männer hatte sie bisher ausgespart. Nun fühlte sie sich von ihren Gefühlen so in die Enge getrieben, dass sie dem nicht mehr ausweichen konnte. Sie war nur noch nicht bereit, sich einem Mann gegenüber in ihrer ganzen Wahrheit zu offenbaren.
Sie fühlte sich völlig verzweifelt. Dann meldete sich in ihr der Impuls, sich mit ihrem Leid an Gott zu wenden. Sie wollte in seinen Armen Halt finden, um ihren eingeschlossenen Ängsten nicht länger aus dem Weg zu gehen und sie in seiner Geborgenheit zu durchleben.
Zwei Tage später rief sie mich ganz beschwingt an und erzählte mir, wie gut es ihr getan hätte, sich Gott anzuvertrauen. Nun war sie hoffnungsvoll, es bald auch mit ihrem derzeitigen Partner zu schaffen.

Lieber Leser, stelle dir die menschliche Energiebewegung wie ein Pendel vor. Melanies Pendel stand still. Dann hatte sie sich Gott anvertraut. Sobald sie dies tat, geschah es beiläufig, dass sie ihren ursprünglichen weiblichen Impuls mit Gott in die Tat umsetzte. Ihr Pendel war wieder in Bewegung, und sie konnte wechseln zwischen Geben und Nehmen. Sie fühlte sich beschwingter und fand wieder Vertrauen in ihre Handlungsmöglichkeiten.

Engelbotschaft 2: Vertrauen in die Liebe

"Erinnere dich, dass du hinter all den Festlegungen und Urteilen Liebe bist. Beschließe, dein Herz an die erste Stelle zu setzen und den Silberfaden deiner Seele aufnehmen zu wollen. Vertraue darauf, dass du damit einen Ausweg findest aus dem grauen Alltag und dem Verstricktsein in Probleme und Leid."

CELINE

Celine kam zu mir, weil sie unter verschiedenen körperlichen Problemen litt und immer schwächer wurde. Sie führte mit mir eine Lebens-Impuls-Klärung durch und fand in die Gefühle, die hinter den Krankheiten verborgen waren. Ihr Körper schrie förmlich nach Zuwendung.

Seit vielen Jahren gab es zwischen ihrem Mann und ihr keine sexuellen Kontakte mehr. Sie sagte, dass ihr Mann sich ihren Forderungen nie wirklich gewachsen fühlte. Am Anfang ihrer Beziehung machten sie noch einige Versuche, gaben diese dann aber bald ganz auf.

Immer wieder tauchten Impulse in Celine auf, das Thema mit ihrem Mann ansprechen zu wollen, doch jedes Mal schien ihr nicht der rechte Moment dazu zu sein. Sie verschob es auf später, bis sie es ganz vergaß.

Sie vertraute sich und ihren Impulsen immer weniger. Das breitete sich zunehmend auch auf andere Lebensbereiche aus. Sie wurde krank und kränker. Nichts schien zu helfen. Beruflich und privat ging es bergab.

Während der Meditation taste sie sich vorsichtig hin zu ihrem Impuls, der sie ganz froh machen könnte, und war überrascht, dass das Bedürfnis wieder auftauchte, mit ihrem Mann über ihren Stillstand im sexuellen Bereich zu sprechen. Sie war sich sehr unsicher, ob sie es nach all dem Schmerz durch die Ablehnung noch einmal riskieren wollte, sich zu öffnen, und bat die Engel um Unterstützung.

Sie machte sich bewusst, dass sie mit ihrem Impuls Liebe war und sich damit selbst und ihrem Mann das Beste gab. Kurz darauf fand das Gespräch statt. Nachdem Celine den Anfang gemacht hatte, war plötzlich auch ihr Mann bereit, ihr sein Herz auszuschütten.

Auf diese Weise kam Celine an den Punkt, den Druck, der durch ihre früheren Forderungen entstanden war, im sexuellen Bereich zurückzunehmen und ihren ursprünglichen, weiblichen Impuls in die Tat umzusetzen: bedingungslos und in Liebe ein offenes Gefäß zu sein für das, was ihr Mann ihr im Gespräch gab. Und er konnte parallel dazu nach Jahren seinen ursprünglichen männlichen Impuls umsetzen und ihr über das Aussprechen seiner bisher eingeschlossenen Regungen bedingungslos seine Wahrheit geben, die die Liebe ist. Beide waren damit Engel auf Erden geworden.

Engelbotschaft 3: Vergebung

"Nimm wahr, dass du das Verhalten anderer bekämpfst, weil du es an dir selbst nicht magst. Verzeihe ihnen und damit auch dir. Eröffne dir damit das bisher Störende als neue Handlungsmöglichkeit, und folge so dem Seelenfaden deiner Wahrheit."

MANFRED

Manfred kam zu mir, weil er nicht damit fertigwurde, dass seine Frau ihn belogen hatte. Sie hatte ihm verschwiegen, was sie mit dem Geld gekauft hatte, das sie sich ungefragt aus der Haushaltskasse genommen hatte.
Auch er entschied sich dafür, eine Lebens-Impuls-Klärung mit mir durchzuführen. Zunächst fühlte er sich ohnmächtig und wütend. Dann entspannte er sich und kam in die Resignation, er erkannte, dass das alles keinen Wert mehr hatte.
Als er mit seinen Gefühlen nicht weiterkam, bat ich ihn, das Verhalten seiner Partnerin mit dem Gesetz der Liebe als Spiegel zu sehen. Er sollte einmal schauen,

wann er in seinem Leben so etwas gemacht hatte. Plötzlich tauchte die Erinnerung auf: Er hatte in der Kindheit einmal Geld aus dem Schreibtisch des Vaters genommen, weil er Weihnachtsgeschenke basteln wollte, aber kein Geld hatte, um das Material dafür zu kaufen.

Nun konnte er seiner Frau verzeihen, dass sie nichts gesagt hatte, denn auch sie hatte mit dem Geld Geschenke für die Familie und auch für ihn kaufen wollen. Dass dies wirklich so war, konnte er sich mit dem Bild vom Fluss der Liebe klarmachen. Dieser Fluss war an einer Stelle blockiert – denn Manfred hatte es sich bis heute nicht verzeihen können, dass er in seiner Kindheit das Geld entwendet hatte. Seine Frau *schenkte* ihm diese Handlungsmöglichkeit zurück, sich selbst zu erlauben, Geld nehmen zu dürfen – und das alles, indem er über ihr Verhalten erschrak, innehielt und über die Vergebung zurückfand in den Fluss der Liebe.

Nach dem Verzeihen konnte er aufhören, gegen sie und ihr Verhalten zu kämpfen. Leere entstand, die Platz machte für einen neuen Impuls, der ihn in die Freude führen wollte. Er spürte, dass er seiner Frau nicht mehr länger Druck machen wollte, damit sie es ihm recht machte, sondern er hatte plötzlich das Bedürfnis, einen schönen, entspannten Abend mit ihr vorzubereiten. Er wollte sie seit langem wieder einmal bekochen, den Tisch schön decken und eine Kerze anzünden.

Auf diese Weise fand Manfred an seinem Seelenfaden entlang zu seinem vergessenen ursprünglichen männlichen Impuls zurück, seine Frau mit liebevoller Zuwendung beschenken zu wollen. Er wurde ein Engel auf Erden.

Engelbotschaft 4: Klärung der Gedanken

"Erkenne, dass du mit der Aneinanderreihung negativer Gedanken dein Labyrinth immer wieder neu erzeugst. Beende diesen Wiederholungszwang, lasse die Sorgen und Zwänge hinter dir und komme im Hier und Jetzt an - in der reinen Wahrnehmung dessen, was ist."

STEFAN

Stefan kam eines Tages zu mir, weil er nicht weiterwusste. Seine Bekannte wollte nicht mit ihm zusammenziehen. Wenn sie sich am Wochenende trafen,

diskutierten sie die jeweiligen Vor- und Nachteile des Zusammenziehens, und sobald Stefan unter der Woche wieder alleine war, drehte sich die Gedankenmühle nur darum, wie er die Freundin doch noch überzeugen könnte.
Ich führte ihn in die Entspannung der Lebens-Impuls-Klärung, wo er das Festhalten an dem Gedanken losließ, dass er es nicht schaffen konnte, sie für sich zu gewinnen. Er öffnete sich für seine eingeschlossenen Gefühle und durchlebte sie: die Einsamkeit, das Gefühl, verlassen worden zu sein, die Wut über das Zurückgestoßensein, dann die Leere und schließlich die Erleichterung, etwas Neues finden zu wollen, was beiden guttun könnte.
Dann entstand von selbst ein Impuls, dass er ihr nämlich am Wochenende ohne Druck liebevoll begegnen wollte, um jedes Zusammensein als etwas Besonderes zu genießen.
Indem er dem Silberfaden seiner Seele folgte und dabei seinen negativen Gedanken Einhalt gebot, gelangte er von selbst dahin, wieder ein Gefäß für die Liebe zu werden und den vergessenen ursprünglichen männlichen Impuls in die Tat umzusetzen, der Bekannten bedingungslos Liebe zu geben. Er war ein Engel auf Erden geworden.

Engelbotschaft 5: Reinigung des Energiefeldes

"Du befreist dich von Blockaden und negativen Energien im Innen wie im Außen, wenn du die Welt mit den Augen deiner Seele betrachtest. Deren Wahrnehmung beruht einzig und allein auf Anbetung. Bedingungslos erkennt sie alles an, was dir im Außen begegnet: deine Gefühle, Gedanken und Handlungsimpulse. Sie sieht sie als das Beste, was dir gerade passieren kann, um in Einklang zu kommen mit dir selbst, mit deinem Körper, mit Gott, den Menschen und der ganzen Schöpfung."

KERSTIN

Kerstin kam zu mir mit der Bitte, ihr Energiefeld zu reinigen. Ich gab ihr Geistheilung und besprach anschließend das Erlebte mit ihr.

Kerstin sah sich selbst als offenen Menschen, der immer wieder benutzt und hintergangen wurde. Sie erkannte mit mir, dass sie sich zwang, offen zu sein. Sie glaubte nicht daran, dass sie aus Liebe handelte, wenn sie Grenzen setzen und von anderen etwas verlangen würde. Sie fühlte sich von negativen Energien besetzt und hörte auch Stimmen. Diese spiegelten ihr, was ihr fehlte zum Glücklichsein, nämlich sich anderen Menschen auch einmal mit dem zuzumuten, was sie als negativ einstufte.

Mein Angebot, mit der Lebens-Impuls-Klärung einen Weg aus diesem Verhaftetsein zu finden, nahm sie noch nicht an. Sie wollte es sich in Ruhe überlegen. Aber sie wollte noch einige Male Geistheilung von mir erhalten und spürte dabei jedes Mal, dass sich ihre Stimmung hob und dies danach immer länger anhielt.

Kerstin war damals noch nicht bereit, sich einem Mann gegenüber mit ihrem ursprünglichen weiblichen Impuls zu öffnen. Im geschützten Rahmen der Geistheilung erlaubte sie es jedoch Jesus Christus, sie mit seiner bedingungslosen Liebe zu füllen.

Engelbotschaft 6: Frieden

"Wenn dich eine bestimmte Verhaltensweise bei anderen oder dir selbst stört, gib es auf, dagegen anzukämpfen, und erkenne das Störende als Geschenk der Liebe an. Es ist da, um dich anzuregen, dich aus deinem Labyrinth befreien zu wollen. Stimme dich auf die Kraft der Anbetung ein, und mache dir klar, dass du das Geschenk annehmen möchtest und bereit bist, eingeschlossenes Leid und unangenehme Gefühle zu durchleben, damit sie vergehen können und du damit Frieden findest."

CHRISTIANE

Christiane hatte Brustkrebs und kam nach der Operation und Chemotherapie zu mir, um die Angst vor weiterem Krebs aufzulösen. Wir führten eine Lebens-

Impuls-Klärung durch. Dabei kamen wir an eine Stelle in ihren Gefühlen, wo es nicht weiterging.
Sie hatte zwei erwachsene Töchter, die ihr das Leben schwermachten und sie ständig kritisierten. Die Töchter forderten ihre Wut heraus, aber Christiane schaffte es nicht, sie zu zeigen.
Ich erklärte ihr das Gesetz der Liebe, und sie verstand, dass die Mädchen ein Spiegel für sie waren, um sich darin wiederzufinden. Sie machten ihr mit ihrem Verhalten ein Geschenk, um ihre eigene Kritik hervorzulocken, die sie ihr Leben lang nicht laut geäußert hatte. Ihr Vater hat ihr von klein auf sehr viel Druck gemacht, funktionieren zu müssen, und sie oft schrecklich verprügelt. Der Schock saß in ihr fest. Sie konnte sich nicht vorstellen, jemals damit in Bewegung zu kommen.
Sie nahm das Engelraumspray des Friedens mit nach Hause und umgab sich und ihre Wohnräume mit dem Duft und der Botschaft des Salbei-Engels. Einige Monate später erschien sie wieder in meiner Praxis und erzählte, dass es irgendwann ganz leicht war. Eines Tages fühlte sie sich von ihrem Mann ungerecht behandelt. Sie sprang auf und sagte ihm weinend, dass sie das nicht länger mitmachen wolle. Sie war richtig stolz darauf, es geschafft zu haben, und erzählte, dass sich der starke Druck in ihrer Brust gelöst hätte.

Nicht immer ist es möglich, eine Lebens-Impuls-Klärung ganz durchzuführen. Manchmal ist einfach zu viel Schmerz mit einem Thema verbunden. Dann nutzt man jede Kleinigkeit von Reaktionen, Gesten, Gedanken und Gefühlen als Material, um wie ein Biber weiter am Schutzdamm gegen den Fluss der Liebe zu bauen.
Christiane konnte sich für die Engelbotschaft des Friedens öffnen und sich vom Engel des Salbeis in Liebe beschenken lassen. Ihrem Mann gegenüber fing sie an, Grenzen zu setzen, damit er sie als eigenständiges Wesen sehen und vielleicht künftig als Gefäß der Liebe würdigen kann.

Engelbotschaft 7: Gnade

"Entlang deines Seelenfadens kann eine Stelle auftauchen, die dir ausweglos und leidvoll erscheint. Dann siehst du nur die eine Seite einer Situation und blendest die andere aus. Sei dir bewusst, dass du jederzeit um Gnade bitten kannst: die Gnade, die es dir leichtmacht, die andere Seite wahrzunehmen und dich dafür zu entscheiden, dein Leid loszulassen und die Seite zu wechseln."

ANNA

Mit Anna führte ich eine Lebens-Impuls-Klärung am Telefon durch, denn sie wollte endlich frei werden von den Schuldgefühlen, die ihr alternder Vater ihr machte. Täglich warf er ihr vor, dass sie sich nicht genug um ihn kümmerte. Dabei war sie völlig überfordert und tat, was sie konnte.
Als wir die Meditation begannen und sie die Schuldgefühle spürte, verkrampfte sich sofort ihr Magen. Es ging einfach nicht, dass sie sich weiter entspannte und die darunterliegenden Gefühle wahrnehmen konnte.
Sie konnte sich jedoch öffnen für die Engelbotschaft der Gnade und ließ sie auf sich wirken. Anschließend bat sie mich um Geistheilung, und es geschah das Wunder, dass sich ihr Seelenfeuer der Begeisterung an meinem entzündete. Die Verkrampfung verwandelte sich in freudiges Kribbeln. Sofort war sie beschwingt und froh und verspürte den Impuls, im Park spazieren gehen zu wollen.
In der Geistheilung öffnete sich Anna also als das Gefäß der göttlichen Liebe für die Gnade Gottes, indem sich ihr Seelenfeuer an meinem entzündete. Wir waren beide tief dankbar dafür.

Engelbotschaft 8: Klärung der Gefühle

"Erkenne, dass du nicht von der Stelle kommst, wenn du dich und andere mit Gefühlen wie Ärger und Wut bekämpfst. Öffne dich für deine weicheren Gefühle, um diese liebevoll anzunehmen und zu durchleben. Löse den damit verbundenen Druck, und komme in Fluss."

JOHANNES

Johannes kam zu mir, um seinen riesigen Druck loszuwerden. Schon seit einem Jahr war er in Psychotherapie, und die Lebens-Impuls-Klärung sollte ihm eine neue Anregung geben, weil er nicht von der Stelle kam.

Als wir mit der Meditation begannen, half ich ihm in die Entspannung, indem er mit der Engelbotschaft "Klärung der Gefühle" umging. Es wurde ihm bewusst, dass er den Druck erst dann loswerden könnte, wenn er seine tiefer liegenden Gefühlsschichten finden würde. Er nahm zunächst die Botschaft der Gefühlsklärung in Form eines Engelraumsprays mit nach Hause und umgab sich jeden Tag mit seinem Duft.

Nach einiger Zeit kam er wieder. Die Engelbotschaft hatte ihm geholfen, Vertrauen zu gewinnen in den Weg der Meditation und in sich selbst. Er entspannte sich ein wenig und erlebte, wie peinlich es ihm war, wenn er zu viel Alkohol trank, er konnte jedoch nicht tiefer in seine Gefühle vordringen. Wir tasteten uns stattdessen an Körperempfindungen entlang, die durch den immensen Druck entstanden waren und sich in der Entspannung zeigten, als er mit mir etwas loslassen konnte. Hier und da spürte er Verkrampfung, ein Zucken oder Pulsieren.

Irgendwann waren wir auch damit in der Leere angekommen. Er richtete sich darauf aus, was in froh machen könnte, und fand den Impuls, einfach einmal etwas anderes zu machen als das Gewohnte.

Wir sprachen dann darüber, dass er in den letzten Jahren kaum seinen Impulsen gefolgt war, sondern sich diesen großen Druck machte, um jeden Tag genau nach Plan zu funktionieren. Den neuen Impuls nahm er mit in die Psychotherapie. Ich hörte später von seinem Therapeuten, dass er nun mit ihm daran arbeitete und Johannes es schon einmal geschafft hatte, etwas anders zu machen als bisher.

Indem Johannes einmal spontan etwas anderes gemacht hatte als üblich, wurde er wieder zum Gefäß für die Liebe Gottes, indem er mit seinem Impuls bedingungslos seine Wahrheit lebte, die die Liebe ist.

Engelbotschaft 9: Freude

"Folge dem Silberfaden deiner Seele, indem du
dich ausrichtest auf das, was dich ganz froh machen kann.
Sei bereit, dabei Traurigkeit und Leid zu durchleben
und dich immer mehr zu öffnen für die Freude
und Schönheit des Lebens."

ERICH

Wir führten die Lebens-Impuls-Klärung miteinander durch, weil Erich einen Weg aus seinen Körpersymptomen von Herzschwäche, Parkinson und Müdigkeit finden wollte. Er war sich bewusst, dass das Leiden an seiner Mutterbeziehung damit zu tun hatte. Er hatte schon viel an sich gearbeitet, aber er war von seiner Pubertät an impotent, und seine Frauenbeziehungen waren nie befriedigend und glücklich gewesen.

Die Störung, mit der er arbeiten wollte, war seine Beziehung zu seiner Frau. Sie kritisierte ihn ständig und verschloss ihr Herz vor ihm. Sie war damit ein Spiegelbild dessen, was er von Geburt an mit seiner Mutter erlebt hatte.

Er entspannte sich und öffnete sich für seine Gefühle. Zunächst erlebte er Ärger und Verdruss, dann Aufregung und schließlich Traurigkeit darüber, nicht geliebt zu werden.

Dann entstand die Leere und der Impuls, in den Armen seiner Frau weinen zu können. Er bat den Engel der Freude um Führung und Unterstützung, diesen Impuls in die Tat umzusetzen, wenn er auftauchte.

Es geschah direkt nach unserer Sitzung. Erich hatte im Garten gearbeitet und sich dabei körperlich überfordert. Wie üblich kritisierte ihn seine Frau. Doch dieses Mal reagierte er nicht vom Verstand her mit guten Erklärungen, sondern ließ sich in seine Traurigkeit fallen, sich mit seinem geschwächten Körper am Ende zu fühlen.

Damit hatte er es aufgegeben, Macht zu haben über seinen schwachen Körper. Indem er seine Hilflosigkeit bedingungslos annahm, musste seine Frau nicht mehr länger ohnmächtig zuschauen, wie er sich verausgabte. Sie hatte bisher keine andere Möglichkeit gesehen, ihm zu helfen, als ihn zu kritisieren. Doch nun war es anders. In dem Augenblick, in dem er seine Traurigkeit zeigte, konnte sie ihn einfach in die Arme nehmen, und er begann zu weinen ... all die Tränen die er von Geburt an in sich zurückgehalten hatte.

Damit heilte Erich sich als Gefäß der Liebe Gottes und ergoss seine Traurigkeit in Liebe sowie bedingungslos als seinen ursprünglichen männlichen Impuls in das Gefäß der Liebe, zu dem nun auch seine Frau wurde. Er war ein Engel auf Erden geworden.

Engelbotschaft 10: Engelführung

"Öffne dich für dein inneres Wissen, dass Gott dich führt und wir Engel immer bei dir sind. Auf dem Weg entlang deines Seelenfadens kannst du Themen berühren, die dir Angst machen und dir die Sicht auf den nächsten Impuls versperren. Bitte uns in solchen Momenten, dich zu beflügeln und über die Gräben deiner Angst hinwegzuheben."

MARTINA

Martina fühlte sich total unter Druck und führte mit mir die Lebens-Impuls-Klärung durch, weil sie dringend Entlastung suchte.
Sie begann die Meditation mit der Störung, dass sie sich dafür schämte, die Freundin gestern alleingelassen zu haben in ihrem Leid.
Sie fand in der Entspannung zu der Angst, sie nicht trösten zu können. Nach dieser Angst tauchte eine weitere auf, nämlich die Angst vor heftigen Reaktionen gegen sie, wenn sie der Freundin nicht genügte. Daraus entfaltete sich das Gefühl von Panik, nicht weg zu können von dieser heftigen Reaktion. Sie entspannte sich weiter und fühlte Wut auf ihre Freundin, auf sich selbst und auch auf ihren Vater. Sie verstand nicht warum und entspannte sich weiter. Da wurde ihr klar, dass sie sich ständig aufgefordert sah, es jedem recht zu machen: den Kindern, den Eltern, dem Mann und den Freunden.
Sie ließ die Botschaft der Engelführung auf sich wirken, und plötzlich fand sie sich emporgehoben. Sie konnte ihre Situation von oben betrachten und erkannte, dass sie der Freundin mehr gegeben hatte, als sie konnte, genauso wie zu Hause ihrem Mann, ihren Eltern und den Kindern. Sie spürte, dass ihr die natürliche Grenze fehlte, ein Schutzraum, ein Raum zum Auftanken.
Damit gelangte sie in die Leere und richtete sich auf einen Impuls aus, der sie ganz froh machen könnte. Sie wollte sich ausruhen, ohne gestört zu werden. Sie bat Gott und die Engel um Hilfe, dass sie es schaffen könnte, einmal ganz für sich alleine da zu sein. Die Informationen der Engelbotschaft nahm sie in Form eines Engelraumsprays mit nach Hause. Sie wollte damit dem Sog ihrer Verhaltensmuster entgegentreten und sich über den Duft des Salbeis mit der Erinnerung an den Schutz und die Führung der Engel umgeben.
Indem Martina ihrem Rechtmach-Muster Grenzen setzte, gab sie sich mehr Würde, um sich selbst in Liebe bedingungslos mit dem zu füllen, was sie gerade an Ruhe und Rückzug brauchte. Ihr großer Druck ließ es nicht zu, sich entspannt zu öffnen für das, was andere ihr geben wollten. Sie lebte also ihren ursprünglichen weiblichen Impuls alleine mit ihrer Seele und beflügelt von den Engeln. Das beflügelte sie tatsächlich und machte ihr Mut, sich langsam vorzutasten, den Druck nach und nach zu lösen und später auch einmal etwas von anderen Menschen annehmen zu können, ohne sofort wieder geben zu müssen.

Engelbotschaft 11: Impuls

"Erinnere dich daran, dass du mit deinen Impulsen richtig bist. Bringe dir und anderen damit ein Geschenk der Liebe, und erzeuge Einklang. Lebe deine Impulse in Übereinstimmung von Denken, Fühlen und Handeln. Erreiche deine Ziele so in Leichtigkeit."

CORNELIA

Cornelia kannte die Lebens-Impuls-Klärung bereits und führte sie eines Tages für sich alleine durch.

Sie litt darunter, dass ihre Freundin jeden Tag ungefragt am Telefon ihre Geschichten erzählte. Sie redete dabei schlecht von sich und anderen, und Cornelia fühlte sich jedes Mal unwohl. Sie wagte es jedoch nicht, die Freundin zu unterbrechen und dachte, dass es ein Liebesdienst sei, ihr zuzuhören.

Sie nahm dies als Störung wahr, begab sich in die Entspannung der Meditation und erlebte ihren Bauch als angespannt. Daraus entstand Wut auf die Freundin und später Wut auf sich selbst, keine Grenzen gesetzt zu haben. Dann kam Hilflosigkeit, weil sie nicht wusste, wie sie das schaffen könnte.

Schließlich fühlte sie nur noch Leere. Sie stimmte sich ein auf die Kraft der Anbetung, und ein Impuls entstand, der sie ganz froh machen könnte. Sie wollte ihre Freundin nicht einfach unterbrechen, sondern ihr die Wahrheit sagen, wie schlecht es ihr ging, wenn sie sich diesen Müll anhören musste und sie nicht unterbrechen konnte.

Sie brauchte eine Weile, um an sich selbst zu glauben sowie daran, dass sie mit diesem Impuls richtig lag für sich selbst und ihre Freundin. Sie ließ die Engelbotschaft "Impuls" auf sich wirken und bat ihre göttliche Führung um Unterstützung und Stärkung.

Schon am nächsten Tag rief die Freundin wieder an. Und Cornelia staunte selbst, mit wie viel Leichtigkeit sie die Wahrheit sagen konnte. Doch noch mehr wunderte sie sich über die Reaktion der Freundin. Sie war ihr überhaupt nicht böse, sondern bedankte sich von ganzem Herzen. Sie sagte ihr, dass sie Cornelia bewundere und dass sie das auch beherrschen wolle, nämlich mit ihrem Mann.

Cornelia war schon vorher in der Lage gewesen, ihrem ursprünglichen weiblichen Impuls zu folgen, und vertraute im nächsten Schritt auf den gegensätzlichen Impuls, dass sie nämlich in Liebe bedingungslos ihr Bestes gibt, wenn sie die Wahrheit sagt. So wurde sie zum Engel auf Erden.

Engelbotschaft 12: Entscheidung

*"Halte inne, und schau dir deine Situation an:
Vielleicht fällt es dir gerade schwer, dich für einen
bestimmten Impuls zu entscheiden oder ihn
überhaupt wahrzunehmen. Bitte deine göttliche
Führung, beispielsweise Gott, Jesus Christus
oder die Engel, dir den Impuls bewusst zu machen,
und setze ihn dann entschlossen in die Tat um."*

THOMAS

Thomas ist ein feinfühliger Mann, der sich früher jedoch selbst nicht vertraute. Oft war er von Ängsten geplagt, und Kleinigkeiten versetzten ihn in Anspannung und Schrecken.

Er wollte mit einer Lebens-Impuls-Klärung seine Angst vor Krankheit auflösen. Diese Angst wurde dadurch neu entfacht, dass einige Kollegen an einen Virusinfekt erkrankt waren, und nun fürchtete er, sich anstecken zu können.

In der Entspannung wandelte sich die Angst zunächst in Nervosität und ein Kribbeln am ganzen Körper, dann entstand Schwere, später Unsicherheit und fehlendes Selbstvertrauen. Als er sich tiefer entspannte, spürte er Wut gegen sich selbst und andere – darüber, dass er kein Selbstvertrauen hatte und immer wieder zurücksteckte.

Schon nach kurzer Zeit war er in der Leere angekommen. Und sobald er sich in der Kraft der Anbetung auf das konzentrierte, was in froh machen könnte, war das Kribbeln vom Beginn der Meditation wieder da. Er fühlte es vor allem in den Fingern. Und dann entstand der Impuls: Er wollte heute und auch an dem Tag, an dem die Krankheitsfälle auftraten, überhaupt nicht in die Firma. Stattdessen wollte er zu Hause bleiben und zärtlich mit seiner Frau und den Kindern umgehen.

Es fiel ihm schwer, an diesen Impuls zu glauben, obwohl er genau spürte, dass er damit ganz aus der Angst heraus war und in seine volle Kraft kam. Er erinnerte sich mit dem Engelraumspray des Salbei-Engels daran, dass er sich jederzeit frei für einen Impuls entscheiden kann und dass seine Impulse für ihn selbst und andere das Beste sind. Denn würde er an einem solchen Morgen zunächst zu Hause bleiben, könnte es passieren, dass der zärtliche Austausch mit der Frau ihn so stärken würde, dass er sich später nicht an seinen Kollegen anstecken würde, sondern sogar ihre Arbeit mit übernehmen könnte, wenn sie krankheitshalber ausfielen.

Thomas verstand, dass ihn seine Impulse, mit denen er Liebe und Zärtlichkeit geben wollte, aus der Angst heben konnten. Er blieb zwar der Arbeit nicht fern, als der Impuls eines Tages auftauchte, fand aber andere Situationen, in denen sich die Regung, zärtlich sein zu wollen, neu meldete. Diese Momente nahm er ernst. Indem er seine Frau und die Kinder liebevoll streichelte, stärkte er sich selbst und stärkte die Liebe, die er ist. Damit heilte er selbst seinen ursprünglichen männlichen Impuls, kam immer mehr in seine Kraft und Selbstsicherheit und wurde zum Engel auf Erden.

Lieber Leser, ich wünsche dir von Herzen, dass die Beispiele dein Interesse geweckt haben, deinen Silberfaden aufzunehmen und deinen Einweihungspfad sowie die frohe und lichte Weite der Engelwelt zu betreten. Sobald du dich von den Urteilen und Festlegungen abwendest und dich stattdessen auf die Anbetung einstimmst, bist du offen für die Engelwelt. Bitte die Engel jederzeit um Hilfe, wenn du auf deinem Pfad unangenehmen Gefühlen ausgesetzt bist, schwarz siehst und nicht weiterweißt. Sofort ist dann alles für dich da.

Ich kenne derzeit keinen schöneren Weg, um so rasch und so leicht Verstrickungen im Leid aufzugeben, sich selbst und den anderen bedingungslos in Liebe zu würdigen und mit den eigenen Impulsen beschwingt und froh zum Engel auf Erden zu werden.

Die Siebenmeilenstiefel

Am Ende eines jeden Kapitels gibt es Übungen, Meditationen, Segnungen und Merksätze, die dir den Weg zum Glücklichsein verkürzen und verschönen möchten, lieber Leser.

Christus-Meditation: Beziehungsheilung

Lieber Leser, du findest in diesem Buch einige Meditationen, die ich von Jesus Christus empfing. Sie wirken auch, wenn du nicht an ihn glaubst. In dem Fall ersetze seinen Namen einfach durch das Wort Liebe.

Beschließe, mit der nachfolgenden Meditation die Beziehung zu einem bestimmten Menschen zu heilen.

Lege dich entspannt hin, und schließe die Augen. Folge mit deiner Konzentration dem Atem, spüre, wie sich dein Bauchraum hebt mit dem Einatem und senkt mit dem Ausatem. Während du einatmest, bist du ganz bei dir selbst. Während du ausatmest, gibst du die angestaute Energie über die Kontaktstellen zur Unterlage ab in den Boden. Du entspannst dich mehr und mehr ...

Stelle dir nun vor deinem geistigen Auge den Menschen deiner Wahl vor. Er steht vor dir, und du sagst dir in Gedanken: Ich bin du ________ (Name der Person). Erlebe ihn nun so, als ob er mit deinen Augen die Welt sehen würde ... mit deinen Gedanken ... mit deinen Handlungsweisen ..., und erlebe schließlich, wie sich deine Ziele erfüllen, die du mit ihm hast.

Bleibe bedingungslos in dieser Wahrnehmung. Würdige ihn mit den Möglichkeiten deiner Handlungsweisen, und bete ihn damit an.

Finde nun etwas, was du dir als der andere schenken möchtest und was du umgekehrt empfangen willst, zum Beispiel Fürsorge, Liebe ...

Erlebe, wie ihr beiden in diesem Schenken verschmelzt ... Ich bin du ... Ich bin das All ... Ich bin ... In mir ist Ruhe ... Kraft ... Einssein ...

Bleibe noch eine Weile in dieser Wahrnehmung ... Dann strecke dich, und finde den passenden Ausatem vom Einssein, den du mitnehmen möchtest in dein Wachbewusstsein und in die Beziehung zu diesem Menschen.

Ein Segen, um dem Silberfaden der Seele zu folgen

Gott schenkt uns in jeder Begegnung einen Segen. Es ist das, was wir gerade am meisten bewundern, was wir anbeten als unsere wunderbare Ergänzung.

Ich finde nun einen speziellen Segen, um dem Silberfaden der Seele zu folgen, indem ich mich auf das konzentriere, was ich jetzt gerade besonders bewundere. Es sind die ersten reifen Erdbeeren in diesem Jahr in ihrer Frische und Süße. Dieses Erleben des Neuen macht meine Sinne hellwach und beschwingt mich.

So segne ich dich, lieber Leser, und alles Sein der Schöpfung mit dem hellwachen Erleben des Neuen, mit Beschwingtsein, mit Liebe, Frieden und Freude.

Merksatz

Ich folge dem Seelenfaden meiner Empfindungen und glaube an mich selbst, an meine Seele und an die Wahrheit meiner Gefühle und Impulse. So wie ich bin, bin ich richtig, und ich gebe damit mir und allen Wesen bedingungslos sowie in Liebe mein Bestes.
Indem ich an mich glauben kann, glaube ich auch an dich, lieber Leser. Auch du bist richtig, so wie du bist, und gibst mit deinen Regungen dir und anderen bedingungslos sowie in Liebe dein Bestes.

Setze dich vor einen Spiegel, betrachte dich und sprich dabei häufig die Affirmation:

"Ich folge dem Seelenfaden meiner Empfindungen und glaube an mich, an meine Seele und an die Wahrheit meiner Gefühle und Impulse. So wie ich bin, bin ich richtig, und ich gebe damit mir und allen Wesen in bedingungsloser Liebe mein Bestes. Damit glaube ich auch an dich ___________ (Namen einsetzen). Auch du bist richtig, so wie du bist, und gibst mit deinen Regungen dir und anderen in bedingungsloser Liebe dein Bestes."

Das Netz der Liebe

Lieber Leser, jetzt hast du das ganze Rüstzeug beisammen, um mit deiner Wanderung in die Engelwelt zu beginnen – immer entlang deines Einweihungspfades. Ich lade dich ein, dich nun darauf einzustimmen: Der Schlüssel für eine genussvolle Wanderung ist die entspannte Wahrnehmung. Es geht darum, bedingungslos die Schönheit dessen zu genießen, was du erlebst, und die Probleme für eine Weile beiseitezulegen. Voll neuer Eindrücke kehrst du später zurück in den Alltag und wunderst dich, dass sich so manches Problem zwischendurch in Wohlgefallen aufgelöst hat.

Die Landschaft

Wie bei einer schönen Wanderung betrittst du nun mit entspannter Wahrnehmung deine innere Landschaft. Wende dich dir selbst in bedingungsloser Liebe zu. Das geschieht, wenn du dich einstimmst auf die reine Wahrnehmung der Schönheit des Lebens. Schau mit den Augen deiner Seele, höre, rieche, schmecke und fühle mit ihr. Dann kommst du an in deiner vollen Kraft, die nicht durch Bedingungen und Urteile behindert wird. Das ist die Kraft der Anbetung deiner Seele.

Fange bei dir selbst an, bete dich an als das Gefäß der Liebe Gottes und als denjenigen, der mit seinen Impulsen richtig ist, der damit sich und anderen in Liebe sein Bestes gibt. Erst dann, wenn du auf diese Weise an dich glauben kannst, fällt es dir auch leichter, zu akzeptieren, dass andere dir in bedingungsloser Liebe begegnen.

Erinnere dich an das Gesetz der Liebe: "Was außen geschieht, ist ein Spiegel für das, was du innen mit dir tust." Also: Schenke dir selbst innen voller Anbetung bedingungslos Liebe, und du gibt genau das weiter an andere. Du erlebst dich und andere - gehalten und genährt in einem Netz der Liebe.

Die Liebe lebt in der Gegenwart. Sie hält nicht fest an Abhängigkeiten oder an dem, was in deiner Vergangenheit geschehen ist. Sie kümmert sich genauso wenig darum, was die Zukunft bringen kann. Vielmehr ist sie die Kraft, die deine innere und äußere Landschaft jetzt und hier erneuern und verändern kann.

Wenn du beispielsweise ein Haus bauen willst, bist du am Anfang noch froh und beschwingt, machst einen Plan, suchst dir Helfer und die Arbeit beginnt. Irgendwann wächst dir jedoch alles über den Kopf, und du denkst: "Hätte ich das doch bloß nicht angefangen." Oder du findest den Partner fürs Leben, bist über beide Ohren verliebt und spürst, dass du endlich angekommen bist. Doch bald holt euch der Alltag ein, und auch da sagt dein Kopf: "Hätte ich mich doch bloß nicht darauf eingelassen."

Lieber Leser, lass dich nicht runterziehen, wenn das Leben mit dir Achterbahn fährt. Glaube an die Liebe. Aus Liebe wolltest du das Haus bauen. Aus Liebe hast du dich für diesen Partner entschieden. Du brauchst gerade den Nervenkitzel des Achterbahnfahrens, um im Fluss der Liebe zu bleiben und eingemauerte Impulse ordentlich anzuregen, damit sie an die Oberfläche kommen können. Nicht damit du an der Partnerschaft oder am Hausbau leidest, sondern damit du alten Schmerz durchlebst, während die Liebe zum Partner dich trägt und die Vision vom fertigen Haus dich beschwingt.

Pläne sind gut und wichtig. Aber du musst nicht alles selber können. Schaffe in deinem Plan so viel Platz, wie du kannst, damit die Liebe jetzt und hier eine Chance hat, dich mit alldem zu beschenken, was du dir wünschst. Das geschieht im Netz der Liebe, und ich lade dich dazu ein, nun darin umherzuwandern:

Gott erzeugt die Schöpfung in bedingungsloser Liebe jederzeit neu - mit seinen Impulsen des Ein- und Ausatems. Dabei entsteht das Netz der Liebe als ein sich stetig veränderndes, lebendiges Gewebe. Die ganze Schöpfung ist beseelt und begleitet von Engeln, angefangen von den Elementen Feuer, Wasser, Erde und Luft, über uns Menschen, das Tier- und Pflanzenreich bis hin zu den Mineralien. Das Netz der Liebe besteht aus den silbernen Seelenfäden aller Wesen, aus den bunten Regenbogenfäden der Engel und den goldenen Gnadenfäden Gottes.

Solange wir spontan unseren Impulsen folgen, sind wir Teil dieses lebendigen Pulsierens. Unsere Silberfäden strahlen im Feuer der Begeisterung für unser Tun, und wir leben im Einklang mit uns selbst und der Schöpfung. Wir fühlen uns gehalten im Netz der Liebe und geben bedingungslos sowie in Übereinstimmung mit unseren Regungen unser Bestes. Wir ergänzen uns und fördern uns gegenseitig.

Wenn wir uns jedoch in Macht-/Ohnmachtabhängigkeiten verstricken, blockieren wir die regenerierende Erneuerung der Schöpfung, die Gott uns mit jedem seiner Impulse in Liebe geben möchte. Dann errichten wir wie ein Biber einen Schutzwall gegen den Fluss der Liebe, und unser Licht erlischt im Netz der Liebe. Wir sprechen und handeln dann nicht mehr aus dem Herzen heraus, werden nicht mehr verstanden und fühlen uns nicht gesehen. Das ist so, als ob im Dunkeln die Autos ohne Beleuchtung auf der Kreuzung ineinander fahren und nicht mehr weiterkommen. Damit erzeugen wir eigenes Leid und das anderer.

Indem wir also den Fluss der Liebe unterbrechen, setzt sich das Leiden daran fort in die Schöpfung. Alle Wesen erleben, dass sie somit weniger genährt werden und dass das Zusammenspiel der Kräfte unausgewogen ist.

Den Ausweg kennst du schon aus der Meditation "Lebens-Impuls-Klärung". Es geht darum, über die Kraft der Anbetung wieder herauszufinden aus dem Stau, zurückzukehren in die Offenheit der

Liebe. Es geht darum, deinen silbernen Seelenfaden erneut zum Strahlen zu bringen. Wie der Flügelschlag eines Schmetterlings das Wetter verändert, so änderst du die Lebensbedingungen aller Wesen, indem du dich bedingungslos begeisterst für einen neuen Impuls. Du bist wieder im Einklang mit dir und der Schöpfung. Deine Beziehungen sind intakt, und du bist wieder im Takt mit den Impulsen des Ein- und Ausatems Gottes.

Folge einfach deinen ehrlichen Regungen - immer am Silberfaden deiner Seele entlang. Dann kommst du von selbst zu den Verknüpfungsstellen im Netz der Liebe, wo dein Seelenfaden verwoben ist mit den goldenen Gnadenfäden Gottes und den Regenbogenfäden der Engel.

An den Begegnungsstellen mit Engeln geben dir diese aus ihren schillernden Regenbogenfäden genau die Farbe, die dich stärkt und die dir hilft, in Leichtigkeit weiterzugehen. Beispielsweise beflügeln sie dich mit dem Rot des Mutes und des Wissens um den Weg, mit dem Grün der Hoffnung und des Halts in der Liebe oder mit dem Gelb der klaren Entscheidung und der Kraft zu handeln.

Manche Stellen entlang deines Seelenfadens liegen ganz im Dunkeln, oder der Weg ist blockiert, weil der Schock nach einem früher erlittenen Schmerz so groß war. Dann heben dich die Engel auf ihren Flügeln darüber hinweg. Du gehst ein Stück entlang ihres Regenbogenfadens und findest dich plötzlich wieder auf deinem eigenen Silberpfad.

Wie auch immer sie dir geholfen haben, die Engel haben Farbe in dein Leben gebracht, und sie durchzieht nun deinen Silberfaden auf deinem weiteren Weg.

Irgendwann gelangst du auf deinem Seelenpfad an einem Punkt, an dem dein Silberfaden einen goldenen Gnadenfaden Gottes kreuzt. Das ist der Moment, in dem du einen Impuls spontan in die Tat umsetzt. Denn Gott schickt dir gerade jetzt diesen Impuls an eurer Kreuzungsstelle, weil er jetzt für alle Wesen genau passt, sie ergänzt und bestärkt. Eure beiden Fäden vereinen sich am Kreuzungspunkt zu einem kraftvollen Stern, der das Netz der Liebe freudig vibrieren lässt. Dieses Vibrieren erzeugt mit weiteren Verknüpfungsstellen der Impulse anderer die Töne der Schöpfungsmelodie. So erklingt auch dein Impuls im Einklang mit dir selbst und der ganzen Schöpfung.

Zusätzlich erhältst du von Gott ein Geschenk. In seiner Gnade löscht er ein ganzes Leidenspaket. Beispielsweise hast du Angst, deinem Partner ehrlich deine Bedürfnisse mitzuteilen, und tastest dich nun mit deiner Seele vor, diesen Impuls endlich umzusetzen. Unterwegs erlebst du die Angst davor und erhältst den Regenbogenfaden eines Engels, der dir Mut macht, es zu schaffen. Du gehst weiter, der Impuls taucht auf, es dem Partner jetzt zu sagen, und es ist gar nicht so schwer, wie du dachtest. Die Angst davor ist plötzlich weg - und mit dieser auch andere Ängste, wie zum Beispiel deine Höhenangst oder die Angst vor Gewitter. Ganz nebenbei vergehen auch die Bauchschmerzen, und die ganze Welt ist ein bisschen schöner und heiler geworden.

Das spornt dich an, nun mit mehr Leichtigkeit deinem Seelenfaden von einem Impuls zum nächsten zu folgen. Immer mehr Farben schenken dir die Engel unterwegs, immer mehr Leid löscht Gott in seiner Gnade an den goldenen Kreuzungspunkten deiner Impulse. Du wirst so reich beschenkt, dass dein silberner Seelenfaden in allen Regenbogenfarben erstrahlt und du selbst zum Engel auf Erden geworden bist - mit großen Flügeln. Froh und frei lebst du deine Impulse und gibst die Geschenke der Engel weiter. Jetzt bestärkst du andere Menschen auf ihrem Seelenpfad, wenn du ihnen an euren Verknüpfungsstellen im Netz der Liebe begegnest.

Die Wegweiser

Nachdem du nun die Landschaft für deine Wanderung entlang des Selbsteinweihungspfades kennengelernt hast, lieber Leser, beschreibe ich dir jetzt die Wegweiser, die dir helfen können, nicht vom Weg abzukommen und dich im Netz der Liebe gehalten zu fühlen.

Du kannst diese Wegweiser vielleicht brauchen, wenn auf deinem Weg Stolpersteine oder tiefe Gräben auftauchen und du ausweichen willst in die alten Verhaltensmuster deines Labyrinths. Sie versprechen dir Sicherheit und führen dich in Versuchung. Doch jedes Mal, wenn du es aufgibst, ehrlich deinen Regungen zu folgen, schwächst du dich selbst und nährst das Ungeheuer deiner Ängste. Und nicht nur das. Sobald du dich in dein inneres Gefängnis zurückziehst, baust du wieder wie der Biber einen Wall im Fluss der Liebe. Du blockierst damit die Liebe, die du bist, und alle Lebewesen erfahren dadurch eine Schwächung.

Also: Du gibst dir selbst, deinem Kind, wenn es in der Schule schlechte Noten schreibt, deiner kranken Mutter, eurer finanziellen Situation und der ganzen Schöpfung die heilende Kraft der Liebe zurück, wenn du den Schutzwall auflöst und entlang der Wegweiser auf deinem Silberfadenweg weitergehst.

Dazu überreichte mir der Engel der Tanne seine Botschaften: Er will dich über den Duft der Tanne an dein inneres Wissen erinnern, wie du aufgerichtet auf deinem Pfad weitergehen kannst, auch wenn du vor lauter Wald keine Bäume siehst. Oft ist man völlig durcheinander, wenn man es endlich wagt, einengende Verhaltensmuster bedingungslos aufzugeben. Dann fehlen plötzlich Orientierung und Sicherheit, die die Wiederholungen eingefahrener Handlungen im Alltag mit sich bringen. Aber genau das beinhaltet die Chance, der Liebe Raum zu geben.

Merke es dir, lieber Leser, schreibe es auf, hänge den Zettel an die Wand oder stecke ihn die Hosentasche: Die Desorientierung, die Unsicherheit und die Angst sind das Beste, was dir gerade passieren kann. Umarme sie in Liebe, sie werden sich bald auflösen in Liebe und Freude.

Gehe weiter, und nimm die Bewährungsprobe der Liebe an. Denn du bist auf jedem Schritt deines Weges herausgefordert, deine Sicherheitsbestrebungen loszulassen und ganz und gar darauf zu vertrauen, dass dir jetzt und hier im Netz der Liebe alles gegeben wird, was du brauchst, um bei dir selbst anzukommen und zum Engel auf Erden zu werden.

Unsere Impulse aus der Liebe Gottes wollen unsere weibliche und männliche Seite ausgleichen. Solange wir uns noch in unserem Labyrinth befinden, leben wir nicht nach dem Gesetz der Liebe. Dann nehmen wir die Geschenke der Frauen nicht an, um sie an Männer weiterzubeben, und umgekehrt. Wir wollen damit die eigene innere verletzte Frauen- oder Männerseite schützen und schicken die Geschenke unbeachtet an die Geber zurück.

Nimm bewusst wahr, dass du dich bedingungslos öffnen möchtest für eine bestimmte Handlung. Und wenn du das getan hast, lass deinen Mut und deinen Schwung nicht versanden, setze dich auch äußerlich in Gang und gib das Geschenk so bald wie möglich weiter.

Die hilfreichen Kreuzungspunkte mit den Seelenfäden anderer Menschen, mit den Regenbogenfäden der Engel und den goldenen Gnadenfäden Gottes sind für dich da und unterstützen dich, wann immer du willst. Stimme dich in deinen Begegnungen auf die Anbetungskraft deiner Seele ein, und du wirst sie immer leichter erkennen.

Ich zeige dir nun an einigen Beispielen meiner Klienten, wie du die Wegweiser für deinen Einweihungspfad nutzen kannst.

Der Engel der Tanne

"Ich, der Engel der Tanne, bin für dich da, um dir in der dunklen Nacht deiner Ängste und Vorbehalte Geborgenheit zu schenken. Atme meinen Duft ein, und erinnere dich an die freudige, kindliche Aufgeregtheit am Weihnachtsfest, wenn der Baum festlich geschmückt wird. Indem du meinen Geruch wahrnimmst, kommst du in Kontakt mit der erhabenen Schutzkraft und friedlichen Ruhe des Nadelwaldes.

Wenn du im Unfrieden und in Unruhe bist, hast du dich aus der Würde der Liebe wegbewegt. Ich wünsche dir, dass du dich nicht zurückziehen lässt in die alten Verhaltensmuster deines Labyrinths, sondern wieder Halt in deiner eigenen erhabenen und friedlichen Natur findest, die die Liebe ist. Mögest du dich im Netz der Liebe geschützt fühlen, in freudiger Aufgeregtheit dem Silberfaden deiner Seele folgen und das Fest der Liebe feiern mit jedem neuen Impuls. Dazu übermittle ich dir nun neun Botschaften. Ich liebe dich und segne dich mit Frieden und Freude."

Engelbotschaft 1: Sicherheit

"Wenn du es anderen recht machen willst oder umgekehrt erwartest, dass diese es dir recht machen, folgst du nicht mehr bedingungslos deinen Impulsen. Damit hast du den Halt im Netz der Liebe und die Sicherheit der eigenen Wahrheit aufgegeben. Erkenne, dass du Widerstand gegen deinen Wunsch, es allen recht zu machen, erlebst und in den Fluss der Liebe zurückkehren möchtest."

SONJA

Sonja geriet leicht unter Zeitdruck. Eines Tages wollte sie ihren Freund vom Zug abholen und bemerkte, dass sie sich zunehmend beeilte, um rechtzeitig am Bahnhof anzukommen. Mithilfe des Engelraumsprays Tanne umgab sie sich mit der Erinnerung daran, dass sie im Netz der Liebe sicher war, wenn sie ihren Impulsen im eigenen Rhythmus folgte.

Sie entspannte sich ein wenig und verlangsamte ihr Handeln. Auf diese Weise kam sie wieder in Einklang mit sich selbst und der Schöpfung. Ihr Silberfaden kreuzte sich mit dem Regenbogenfaden eines Engels im Netz der Liebe. Und dieser schenkte ihr das Blau der Hoffnung, das nun auf dem weiteren Weg ihren Seelenfaden durchwirkte. Und so kam es, dass Sonja sich durch das Blau unbewusst ruhig und sicher fühlte. Sie erlaubte es sich, fünf Minuten zu spät am Bahnhof einzutreffen, und fühlte merkwürdigerweise gleichzeitig die alte Angst, es nicht zu schaffen, und eine neue Hoffnung, dass alles gut sei. Und tatsächlich, sie kam gleichzeitig mit ihrem Freund an, denn auch der Zug hatte genau fünf Minuten Verspätung.

Unsere Impulse aus der Liebe Gottes wollen unsere weibliche und männliche Seite ausgleichen. Solange wir uns noch in unserem Labyrinth befinden, leben wir nicht nach dem Gesetz der Liebe. Dann nehmen wir die Geschenke der Frauen nicht an, um sie an Männer weiterzugeben, und umgekehrt. Wir wollen die eigene innere verletzte Frauen- oder Männerseite schützen und schicken stattdessen die Geschenke unbeachtet an die Geber zurück.

Sonjas Verhaltensmuster war es, dem Vater und dem Freund zuliebe ihre eigenen Bedürfnisse zurückzustecken. Dann gab sie der männlichen Seite mehr Gewicht als der weiblichen, und sie erlebte großen Stress, um es ihren Männern recht zu machen. Sie verwechselte Liebe mit lieb sein. Ihr Freund verstand das nicht. Er war meistens entspannt und gönnte sich Langsamkeit in seinem Handeln. Nun nahm Sonja wahr, dass es sich innen richtig anfühlte und auch in der Situation am Bahnhof in Ordnung war, langsamer auf den Freund zu reagieren und sich mehr zu entspannen.

Damit setzte Sonja ihren ursprünglichen weiblichen Impuls in die Tat um. Ihr Körper war nun nicht mehr verschlossen und angespannt, wenn sie ihrem Freund begegnete. Indem sie ihre fünf Minuten Verspätung bedingungslos annahm, nahm sie sich mit ihrem Bedürfnis nach mehr Langsamkeit an. Diesen ehrlichen Weg wollte sie in Zukunft weitergehen, nicht nur im Alltag, sondern auch in ihrem sexuellen Umgang miteinander. Damit begann sie, ihrer weiblichen Seite mehr Gewicht zu geben, ausgeglichener zu sein mit ihren beiden Seiten und in Einklang zu kommen.

Das Gesetz der Liebe besagt: *Was du von Männern annimmst, gibst du an Frauen weiter und umgekehrt.* In der Liebe ist es nicht möglich, sich über den anderen zu stellen und zu denken, man sei besser oder liebevoller als der andere. Deshalb ging Sonja in sich und machte sich bewusst, dass Frauen ihr gegenüber auch immer unter Zeitdruck waren und sich bemühten, es ihr recht zu machen. Sie verhielten sich ihr gegenüber so, wie sie sich ihrem Freund gegenüber fühlte. Sonja sagte ihnen dann immer, sie sollten sich doch nicht so viel Stress machen. Aber es half nichts. Jetzt hatte sie einen Weg der bedingungslosen Liebe gefunden, statt der guten

Ratschläge als Engel auf Erden die Entspannung und Langsamkeit an die Frauen weiterzuschenken, die sie nun endlich von ihrem Freund angenommen hatte.

Engelbotschaft 2: Entspannung

"Erkenne, dass du mit deinem Verhaltensmuster den Fluss der Liebe blockierst. Entspanne dich, und finde mit der Wahrnehmung meines Duftes zu deinem Bedürfnis nach Ruhe und Gelassenheit. Entscheide dich dafür, mit dem Gefühlsstress und dem Kreisen der Gedanken aufhören und den Widerstand gegen den Fluss der Liebe aufgeben zu wollen. Erkenne, dass du in der Ruhe die wahre Kraft findest, um von selbst in deine Wahrheit, die die Liebe ist, zu gelangen."

PAUL

Paul war ärgerlich auf sich selbst. Immer wieder geschah es, dass er seinen Druck von der Arbeit mit nach Hause nahm und mit seiner Frau stritt, obwohl er das gar nicht wollte. In solchen Momenten hatte er Schuldgefühle und dachte, er sei ein schlechter Mensch.
Mithilfe der Engelbotschaft "Entspannung" verstand er, dass er dringend Entspannung brauchte, um erleben zu können, dass er ein guter Mensch war, der aufmerksam zu seiner Frau sein wollte und einen liebevollen Austausch suchte. Er umgab sich über einen längeren Zeitraum mit dem Engelraumspray Tanne und achtete verstärkt darauf, erst gar nicht so viel Druck aufkommen zu lassen und sich früher zu entspannen.

Auf diese Weise erlebte er mehr Halt im Netz der Liebe. Nicht nur mit seiner Frau lief alles besser, sondern in vielen Alltagssituationen standen die Ampeln einfach auf Grün. Sein Seelenfaden kreuzte den anderer Menschen dort, wo sie sich nicht im Weg standen, sondern sich stattdessen gegenseitig erfreuten und stärkten. Paul war im Fluss und fühlte sich wie neugeboren.

Wenn er unter Druck war, schäumte Paul schier über und hatte zu viel auf einmal zu geben. Seine männliche Seite war gegenüber der weiblichen zu dominant. Durch die Entspannung konnte er beide Seiten ausgleichen und fand damit zurück zu seinem ursprünglichen männlichen Impuls, seiner Frau anstelle von Druck und Streit Würdigung und Liebe geben zu wollen.

Paul war deshalb so unter Druck, weil der Chef seine eigene Anspannung an ihn weitergab. Wie der Chef zu Paul war, so ging Paul mit seiner Frau am Abend um. Nachdem er nun seiner Frau Liebe geben konnte, war es für ihn anschließend wichtig, daran zu glauben, dass auch sein Chef sich ändern könne. Denn das Gesetz der Liebe besagt: *Was du Frauen gibst, bekommst du von Männern.* Solange er sich das nicht vorstellen konnte, war auch sein Chef wie bisher angespannt und unfreundlich. Sobald er aber bedingungslos daran glauben konnte, konnte er nur noch staunen, wie offen und zugewandt der Boss plötzlich war. So war Paul ein Engel auf Erden geworden.

Engelbotschaft 3: Schutz

"In der Wahrnehmung der erhabenen Schutzkraft des Nadelwaldes erinnerst du dich, dass alles, was dir widerfährt, ein Geschenk der Liebe ist, um dich zu ergänzen und zu stärken. Es ist für dich da, damit du in Leichtigkeit deine Herzensziele erreichst."

MONIKA

Monika war eine vielbeschäftigte Frau und arbeitete jeden Tag ihren Terminplan ab. Dabei gingen gerade ihre persönlichen Bedürfnisse manchmal unter. An einem solchen Tag kam ihr zusätzlich noch der Anruf einer Freundin dazwischen. Sie erzählte ihr von ihrer neuen Frisur und dass sie jetzt gleich zur Gymnastik ins Fitnessstudio ginge. Monika machte sich mit der Engelbotschaft der Tanne bewusst, dass alles, was ihr begegnete, ein Geschenk der Liebe für sie war und ihr helfen wollte, im Netz der Liebe zu innerem Einklang zu finden.

Sie verstand, dass die Anruferin ihr keine kostbare Zeit raubte, sondern sie an ihre eigenen Impulse erinnerte. Na klar, auch sie wollte eigentlich zum Friseur und mal wieder Sport machen. Noch am selben Tag legte sie eine Pause ein, um zu laufen. Damit folgte sie dem Silberfaden ihrer Seele hin zu einem Kreuzungspunkt im Netz der Liebe mit dem Regenbogenfaden eines Engels. Dieser schenkte ihr das dunkle Blau der Ruhe. Damit konnte sie es aufgeben, an diesem Abend noch weiter arbeiten zu wollen. Sie ging bald schlafen und wachte am nächsten Morgen erfrischt auf. Sie freute sich, wie leicht ihr die Arbeit anschließend von der Hand ging.

Wie auch im Beispiel von Paul, war Monikas männliche Seite gegenüber ihrer weiblichen dominanter. Indem sie das Handeln der Freundin als Geschenk annahm, entspannte sie sich so weit, dass sie sich anschließend auch für das Blau des Engels öffnen konnte. Im Alltag fiel es ihr schwer, die weibliche Seite zu zeigen. Sie erinnerte sich dunkel an Missbrauch und fühlte sich mit den Aktivitäten ihrer männlichen Seite sicherer. Indem sie ihre Schritte auf ihrem Pfad ging und dabei ehrlich zu sich selbst war, begann sie damit, ihren ursprünglichen weiblichen Impuls in die Tat umzusetzen, indem sie sich öffnete für das, was ihre Freundin und der Engel ihr in Liebe gaben.

Diesen Weg wollte sie weiterverfolgen. Denn sie verstand nun, dass ihre Welt und alle Begegnungen Liebe sein können, wenn sie es so annehmen kann. Sie blieb zögerlich und vorsichtig. Aber jedes Mal, wenn es ihr gelang, etwas von einem anderen Menschen anzunehmen, stärkte sich ihr Vertrauen in die Welt. Sie wurde weicher und empfänglicher, so dass die Engel und die Menschen ihr immer mehr geben konnten. Auf diese Weise glich sie nach und nach Körper und Geist aus. Und dies führte dazu, dass sie auch immer bedingungsloser ihre Impulse weitergeben konnte. Ihr ehrliches Handeln gab ihr die Sicherheit, trotzdem die Fäden in der Hand zu halten, auch wenn sie die frühere Kontrolle ihrer Verhaltensmuster immer öfter aufgab.

Engelbotschaft 4: Selbstsicherheit

"Manchmal wagst du es vielleicht nicht, dein Verhalten zu ändern. Dann empfindest du möglicherweise Angst oder Ohnmacht, fühlst dich bestimmten Abhängigkeiten und Süchten ausgeliefert. Du bindest dich an die Reaktionen anderer und hältst deine Impulse in Schach. Erkenne in solchen Momenten, dass du verantwortlich bist für diese Situation und sie selbst erzeugt hast. Bitte mich, den Engel der Tanne, dich zu unterstützen, um dich geradlinig aufzurichten in deine Selbstständigkeit."

RENATE

Meistens fuhr Renate zusammen mit ihrem Mann im Auto. Sie traute es sich selbst nicht zu, sich allein ans Steuer zu setzen, und verließ sich lieber auf ihn. Mit dem Engelraumspray der Tanne machte sie sich bewusst, dass sie damit immer wieder zurückwich in das Labyrinth ihrer Ängste und Abhängigkeiten vom Partner. Eines Tages wagte sie es, alleine zu fahren. Sie hatte feuchte Hände vor Angst und zittrige Knie. Doch dieses Mal wollte sie durchhalten und bat die Engel inständig um Hilfe.

Sie folgte ehrlich ihrem Impuls, fühlte einerseits Angst und andererseits den Halt im Netz der Liebe. So kam es, dass sie mit ihrem ehrlichen Umgang mit dem Impuls und ihren Ängsten im Netz der Liebe unterwegs friedlichen Autofahrern begegnete. Diese fuhren genauso langsam wie sie, und am Zielort angekommen, gewährte ihr jemand sogar die Vorfahrt. Sie gelangte zudem an eine Begegnungsstelle mit einem Engel, der ihr das Gelb der Klarheit und der Kraft mit auf den Weg gab. Renate war erleichtert und froh, sich endlich aus der erdrückenden Abhängigkeit von ihrem Mann befreit zu haben.

Renate lebte früher einseitig aus ihrer weiblichen Seite heraus. Dadurch entstanden viele Ängste. Es war so, als ob sie auf einem Bein stünde und ständig Angst hatte umzufallen. Sie konnte sich selbst mit ihrer männlichen Seite nicht den nötigen Halt geben und lehnte sich an den Mann.

Um aus der Angst herauszufinden, musste sie sich mit beiden Beinen auf den Boden stellen, indem sie sich aus der Abhängigkeit vom Partner befreite und ihrer eigenen männlichen Seite Wert gab. Sie fuhr alleine Auto und durchlebte dabei die Ängste, die sie ansonsten damit in Schach gehalten hatte, dass sie das Steuer ihrem Mann überlassen hatte.
Schließlich erlebte sie die Rücksichtnahme anderer Autofahrer. Das war für sie der Moment, in dem sie ihre weibliche und männliche Seite als ausgeglichen erlebte. Sie konnte ihren ursprünglichen weiblichen Impuls in die Tat umsetzen und bedingungslos annehmen, was die anderen Autofahrer ihr schenkten.

Das war für Renate der Anfang dafür, sich in der Beziehung zu ihrem Mann als Frau mehr zu würdigen. Damit begann sie, sich selbst Sicherheit zu geben, um sich öffnen zu können für die bedingungslose Liebe ihres Mannes und um sich wieder abgrenzen zu können, wenn sie erneut in Abhängigkeiten geraten würde.

Umgekehrt konnte sie jetzt auch ihre Tochter eher loslassen, die von ihr genauso abhängig war wie sie selbst von ihrem Mann. Wegen jeder Kleinigkeit rief sie an und wollte einen mütterlichen Rat. Renate aber war zum Engel auf Erden geworden und schenkte der Tochter ihren Mut und die Begeisterung weiter, es alleine schaffen zu können.

Engelbotschaft 5: Spannkraft

"Der kraftvolle Duft der Tanne lässt dich aufatmen, wenn du Spannungen nur schlecht aushältst und dir Harmonie über alles geht. Dann hältst du dich an einer Handlungsseite fest und verhinderst die andere. Bitte mich, den Engel der Tanne, dich über den Graben deiner Angst hinwegzuheben, damit du es wagst, gegensätzliche Impulse zu leben, wie Kommen und Gehen, Geben und Nehmen. Erinnere dich mit mir an die freudige und lustvolle Spannkraft, wenn du deinen Zielen folgst und dabei deine Impulse in die Tat umsetzt."

THORSTEN

Thorsten war oft in sich gekehrt und beteiligte sich selten an Diskussionen oder Auseinandersetzungen. Sei es in der Familie oder am Arbeitsplatz, Harmonie ging ihm über alles. Auch sein Körper wirkte eher weich und nachgiebig. Er umgab sich mit der Engelbotschaft "Spannkraft" in Form des Raumsprays Tanne, um Anschluss zu finden an sein inneres Wissen und um zu verstehen, wie er lebendiger werden könnte.

Nun bemühte er sich täglich darum, eigene Impulse überhaupt erst einmal wahrzunehmen, und er war heilfroh, als er endlich einen bemerkte. Er erkannte, dass er sie ansonsten schon sabotiert hatte, bevor er sich seine Regungen bewusst machen konnte. Er gab seiner Frau spontan einen Kuss, was er sonst nur tat, wenn er wusste, dass sie es auch wollte. Nun setzte er seinen Impuls ungefragt in die Tat um und freute sich über seinen Mut. Seine Frau unterstützte ihn sogar und meinte, dass er das ruhig öfter machen könne.

Thorsten war mit seinem Impuls, seine Frau küssen zu wollen, am Kreuzungspunkt mit dem goldenen Faden der Gnade Gottes angekommen und erlebte die vibrierende, nährende Kraft dieser Verbindung. Danach war er beschwingter und bemerkte weitere Impulse, die ihn entlang seines Silberfadens der Seele in stimmige Begegnungen mit anderen brachten. Manch einer meinte, Thorsten wäre wie ausgewechselt. Und wirklich, Gott hatte mit seinem goldenen Gnadenlicht am Kreuzungspunkt ein ganzes Paket von Hemmungen von Thorstens Silberfaden gelöscht.

Thorsten hatte seiner männlichen Seite weniger Wert gegeben als seiner weiblichen. Mit der Engelbotschaft der Spannkraft fand er zu seinem ursprünglichen männlichen Impuls, seiner Frau spontan bedingungslose Liebe geben zu wollen. Damit glich er beide Seiten aus und fand die Kraft, diesen Weg künftig weiterzugehen.

Dazu war es wichtig, sich gemäß dem Gesetz der Liebe bewusst zu machen, dass sich die Handlungen von der Frauen- zur Männerseite spiegeln und umgekehrt. Genauso wie seine Frau darauf gewartet hatte, dass er endlich einmal von sich aus aktiv wurde, so wartete Thorsten umgekehrt auf ein Zeichen der Zuwendung seitens seines Vaters. Nachdem er es gewagt hatte, seine Frau zu küssen, benötigte er seine neugewonnene Spannkraft dafür, nicht sofort wieder in die Resignation zu versinken, sondern an das Gesetz der Liebe zu glauben.

Als er dann seinen Vater besuchte, gab er alle Bedingungen aus der Vergangenheit auf und stimmte sich auf einen liebevollen Austausch ein. Er glaubte nun daran, dass sein Vater sich genauso ändern könne wie er. Thorsten fühlte sich zunächst sehr unsicher, akzeptierte dies aber als Bewährungsprobe für die Liebe. Er ging nicht wie sonst sofort zur üblichen Tagesordnung über, sondern blieb einfach in der Tür stehen. Von dort aus lächelte er seinen Vater an. Dieser winkte erst ab. Doch plötzlich sagte er: "Was soll's." Dann hatte auch er die Bewährungsprobe der Liebe bestanden und nahm vielleicht zum ersten Mal seinen Sohn freudig in den Arm. Und Thorsten war ein Engel auf Erden geworden.

Engelbotschaft 6: Strahlkraft

"Ich, der Engel der Tanne, bestärke dich mit meinen Regenbogenfarben darin, zur Wahrheit deiner Liebe und zu deinen Impulsen zu stehen. Erinnere dich mit mir an die freudige und lustvolle Spannkraft, wenn du deinen Zielen folgst und dabei deine Impulse in die Tat umsetzt. Wisse, dass du damit dein Leben und das anderer erhellst, erleichterst, aufheiterst, erleuchtest und neu belebst."

ANJA

Anja schämte sich für ihre Eltern und deren Wortwahl. Immer wieder war Alkohol im Spiel, sie stritten sich und sprachen schlecht von sich selbst und über andere. Wenn sie in ihrem Elternhaus zu Besuch war, wollte sich Anja nicht immer wieder neu in diese Verhaltensweisen hineinziehen lassen. Ihr war das Gesetz der Liebe bewusst, und sie erkannte, dass sie nicht besser war als ihre Eltern, weil sie ja auch schlecht von diesen dachte. Das wollte sie ändern.

Sie stärkte sich mit der Engelbotschaft der Strahlkraft. Zunächst trainierte sie sich mit Freunden und Fremden darin, positiv zu denken und an das Gute im Menschen zu glauben. Sie wollte nicht immer wieder abrutschen in Negativurteile über sich und andere, sondern stimmte sich darauf ein, dass jede Begegnung ein Geschenk der Liebe für sie bereithielt. Genauso wollte sie nach Möglichkeit ehrlich sein und ihren Impulsen folgen. Die Begegnungen mit anderen Menschen, mit den Regenbogenfäden der Engel und mit dem goldenen Gnadenfaden Gottes unterstützten sie so sehr, dass sie sich irgendwann auch in Kontakt mit ihren Eltern im Netz der Liebe gehalten fühlte. Manchmal erlebte sie sich mit ihnen so leicht, beschwingt und froh, dass sich auch die Eltern öffnen konnten und in ihrem Beisein positiver und entspannter waren.
Zunächst kämpften ihre weibliche und ihre männliche Seite miteinander, genauso wie es die Eltern taten. Sie konnte sich nicht entspannt öffnen, weil sie erlebte, dass ihr im Elternhaus anstelle von Liebe negative Festlegungen und Streit entgegengebracht wurden.

Über einen längeren Zeitraum übte sie sich mit anderen Menschen, den Engeln und mit Gott darin, ihrem ursprünglichen weiblichen Impuls gemäß bedingungslose Liebe anzunehmen und später auch frei zu wechseln zwischen Geben und Nehmen. Das führte dazu, dass sie sicher und ausgeglichen wurde und auch die Eltern mit ihrer positiven Kraft dazu bewegte, das Kämpfen innen und außen aufzugeben.
Anja war zum Engel auf Erden geworden, der nun auch an andere Menschen seine Regenbogenfarben weitergab – zur Stärkung ihrer Liebe und Strahlkraft.

Engelbotschaft 7: Freiheit

*"Mit meinem Tannenduft erinnere ich dich daran,
dass du frei sein und das Festhalten an einer Handlungsseite
aufgeben willst. Erlebe die Freiheit, an dich und an deine
Impulse zu glauben und diese als Geschenk der Liebe
spontan in die Tat umzusetzen."*

SEBASTIAN

Sebastian litt unter Gelenkproblemen, wollte aber den Sport nicht aufgeben. Obwohl er wusste, dass es nicht gut für ihn war, hielt er daran fest, dass er die sportliche Betätigung jeden Tag bräuchte, um gesund und stark zu sein. Doch mithilfe des Engelraumsprays der Tanne wollte er nicht in diesem Verhaltensmuster steckenbleiben, sondern im Fluss der Liebe gesund werden. Er umgab sich immer wieder mit dem Duft der Tanne und nahm die Engelbotschaft der Freiheit wahr.

Sebastian war sehr körperbewusst und spürte jede kleine Veränderung. So bemerkte er plötzlich eine zusätzliche Kraft ... etwas, das von außen zu kommen schien. Er war im Netz der Liebe in Kontakt mit einem Engel gekommen, der sein Bedürfnis kannte, loslassen zu wollen. Dieser Engel schenkte ihm das Magenta der Hingabe, und nun fiel es ihm plötzlich leicht, auf den Sport zu verzichten und sich Ruhe zu verordnen.

Sebastian hatte seiner männlichen Seite mehr Wert gegeben als seiner weiblichen. Er machte sich bewusst, dass es darum ging, innezuhalten und sich in der Hingabe an diese Situation auszugleichen. Indem er sich eine Pause gönnte, gab er die Bedingung auf, stark sein zu müssen. Er lebte dem Körper gegenüber seinen ursprünglichen männlichen Impuls, Liebe geben zu wollen, und schenkte ihm bedingungslose Zuwendung.

Mit dem Gesetz der Liebe erkannte er, dass er seiner Frau genauso wenig bedingungslos begegnet war wie seinem Körper. Das wollte er nun ändern und sich öffnen für ihre Bedürfnisse. Umgekehrt geschah es, dass es auch beruflich nicht mehr so hart zuging. Er musste nicht mehr unbedingt stark sein, um anerkannt zu werden. Als er einem Kollegen erzählte, dass er sich mit dem Sport eine Pause gönnte, kamen sie sich sogar näher, und auch der andere erzählte von seinen Sorgen. Sebastian war ein Engel auf Erden geworden.

Engelbotschaft 8: Glück

"Verbinde dich über den Tannenduft mit der Geborgenheit in der Natur und dem Netz der Liebe. Erinnere dich dabei an dein Ziel, glücklich sein zu wollen. Du kommst tief in dir in Kontakt mit dem Wissen, wie du dieses Ziel erreichen kannst. Indem du spontan deinen Impulsen folgst, bist du zum richtigen Zeitpunkt am rechten Ort und erlebst beglückenden Einklang im Innen und Außen. Während du deine Impulse spontan in die Tat umsetzt, gibst du das Geschenk der Liebe weiter und wirst selbst zum Engel auf Erden."

MECHTHILD

Mechthild war Therapeutin und hatte heilende Hände. Doch obwohl sie wunderbare Arbeit leistete, blieb der Erfolg aus. Sie verstand nicht, warum. Die Engelbotschaft des Glücks machte ihr aber bewusst, dass es nicht reichte, die Heilkraft von Gott zu erhalten. Vielmehr war es erforderlich, sich im Rhythmus der eigenen Impulse von Geben und Nehmen, Kommen und Gehen, Anspannung und Entspannung zu bewegen. Dann erst konnte der Erfolg kommen.

Mechthild nahm nun genauer wahr, wann sie einen Impuls hinauszögerte oder umgekehrt schon früher handelte, noch bevor der Impuls dazu überhaupt da war. Zunehmend erlaubte sie es sich, ihre Vorbehalte loszulassen und spontaner zu leben. Vor allem im sexuellen Umgang mit ihrem Partner gab es einiges zu tun. Dieser Bereich hinkte ihrer spirituellen Entwicklung hinterher. Sie verstand, dass sie auch den Liebesakt meditativer und feinfühliger gestalten wollte. Am Anfang war das nicht leicht, ihr Mann sträubte sich, die Sicherheit aufzugeben, die er in ihrem gewohnten sexuellen Umgang empfand. Doch sie gab nicht auf, und mit der Zeit erlebten beide das Neue in ihren körperlichen Begegnungen als tiefer gehend, nährend und lustvoll.

Das führte sehr schnell dazu, dass Mechthild überall im Leben die Türen offenstanden. Sie war angekommen im Einklang mit Gott und der Welt. Immer wieder übte sie sich darin, Bedingungen loszulassen, an denen sie sich festhalten wollte. Je leichter es ihr gelang, desto schneller geschah es, dass die Engel ihr hilfreich zur Seite eilten, stimmige Begegnungen mit anderen Menschen entstanden und ihr Gott in seiner Gnade das Schwere ihrer Vergangenheit abnahm. So wurde Mechthild zum erfolgreichen Engel auf Erden, den viele Menschen aufsuchten und schätzten.

Engelbotschaft 9: Eintracht

"Indem du mit dem Geruch der Tanne aufatmest, verbindest du dich mit ihrem geradlinigen Aufgerichtetsein. Du weißt, dass es nichts anderes zu tun gibt, als ehrlich aus dem Herzen zu leben, um einträchtig und im Frieden zu sein. Du nimmst und gibst Liebe. Als Engel auf Erden bist du im Austausch mit anderen Engeln. Du meinst es gut mit dem Leben, und das Leben meint es gut mit dir."

HARALD

Harald war bemüht, seine männliche und weibliche Seite über die Meditation auszugleichen. Doch sobald Frauen mit einer Bitte an ihn herantraten, geriet er in einen Sog, in dem die männliche Seite die Macht übernahm. Dann konnte er zum Tyrannen werden, und er drängte sich mit dem Gewünschten regelrecht auf. Das ging so weit, dass seine Frau am liebsten alles alleine machte.
Das umgekehrte Thema erlebte er mit seinem besten Freund. Er übernahm sofort das Kommando, wenn sie etwas Gemeinsames unternehmen wollten. Harald bekam dann noch nicht einmal die Chance, sein Essen im Lokal selbst zu bezahlen.

Er wählte sich das Engelraumspray "Frieden", um damit sein Bestreben zu unterstützen, in die friedliche Wahrheit der Liebe zu kommen. Irgendwann fühlte er mehr Raum, wenn andere mit ihren Bitten zu ihm kamen, und konnte diese als Geschenk annehmen, damit er den starken Druck, ganz viel tun zu müssen, bedingungslos durchleben und endlich auflösen konnte. Da war der Engel der Liebe am Werk, der Haralds Seelenfaden mit dem Grün der Liebe und der Hoffnung durchwirkte.

Das führte dazu, dass die Hilfe der Engel ihn so sehr unterstützte, dass er schließlich zu seinem ursprünglichen männlichen Impuls fand, seiner Frau und anderen Menschen, denen es vielleicht genauso schlecht ging wie ihm früher, Liebe zu geben. Das brachte Haralds männliche und weibliche Seite in die Balance und bescherte ihm den Frieden, den er sich schon so lange gewünscht hatte. Denn in der Kindheit wurde seine Ruhe immer wieder in den Grundfesten erschüttert, wenn der Vater plötzlich anfing, ihn anzuschreien und zu verprügeln.

Immer länger wurden die Zeiträume, in denen Harald nun im Frieden bleiben und aus seinem Herzen heraus auf die Erwartungen anderer eingehen konnte. Wenn er dennoch wieder zurückwich in sein Labyrinth, fand er trotzdem schon bald wieder einen Weg hinaus. Er musste gar nicht genau wissen, warum er nach Frieden suchte. Denn sobald er dem Silberfaden der Seele folgte, war er auf dem Pfad seiner eigenen Wahrheit. Er hatte das Leiden seiner Kindheit, in der er geschlagen und in der ihm gedroht worden war, in Liebe verwandelt. Er war zum Engel auf Erden geworden, der anderen Zuwendung gab, die sich selbst und ihre Sehnsucht bekämpften, die keinen Weg aus dem Labyrinth ihrer Verhaltensmuster zu finden schienen. In seiner Gegenwart kamen die Menschen nun zur Ruhe und konnten sich vertrauensvoll öffnen für die nährende Kraft der Liebe.

Lieber Leser, ich wünsche dir von Herzen, dass die Beschreibung des Netzes der Liebe, die Botschaften des Engels der Tanne und die Beispiele meiner Klienten dir das nötige Vertrauen geben, um dich bedingungslos auf die wunderschöne Landschaft der Liebe einzulassen. Mögen die folgenden Einweihungsrituale dies unterstützen.

Die Siebenmeilenstiefel

Meditation: Heilung in Gott

Lege dich entspannt hin, und schließe die Augen. Folge mit deiner Konzentration dem Atem, wie er kommt und geht ... wie sich Brust- und Bauchraum heben mit dem Einatem und senken mit dem Ausatem ... Entspanne dich mehr und mehr ... Mit jedem Einatem fließt neue, frische Energie in dich ein ... Mit jedem Ausatem gibst du Verbrauchtes ab in die Erde ...

Konzentriere dich nun auf dein Zentrum im Oberbauch, und atme dort ein und aus. Du nimmst Kontakt auf mit deinem inneren Gottsein ... Stelle dir hier das Zentrum einer Sonne vor ... deiner Gottessonne in hellstem Licht ... das Licht, das du am Verknüpfungspunkt mit Gott im Netz der Liebe erzeugst und als Engel in das Netz der Liebe strahlst ...

Beschließe nun, alles, was dir Probleme bereitet, loszulassen ... in dein inneres Gottsein. Atme eine deiner Sorgen in das Zentrum deiner Gottessonne ein, und erlebe, wie sie sich im Ausatem dort auflöst und in die Leere eingeht ... Mit dem nächsten Einatem erzeugst du daraus reines Licht, das sich als Fülle deiner Strahlkraft in das Netz der Liebe ergießt.

Lasse nun nach und nach all deine Probleme und Schmerzen sich auflösen in deiner Gottessonne. Du machst dich leer und erfährst die Fülle, die aus dem Nichts erstrahlt.

Bleibe noch eine Weile in der Wahrnehmung deiner unendlichen und ewigen Strahlkraft... Dann strecke dich, und finde den passenden Ausatem vom Einssein, den du mitnehmen möchtest in dein Wachbewusstsein.

Meditation: Meisterung des Lebens

Lieber Leser, erinnere dich einmal an alte Karl-May-Filme. Die Indianer trugen ganz besondere Namen. Sie wurden ihnen gegeben für bestimmte Taten, bei denen sie Mut bewiesen oder schwierige Situationen gemeistert hatten. Diese Namen hatten sie von da an ihr Leben lang, und die Indianer erwiesen ihnen Ehre, indem sie auf keinen Fall von deren Botschaften abwichen. Hieß ein Indianer zum Beispiel "Der schnell wie ein Vogel fliegt" oder "starker Büffel", so brachten sie diese Attribute in ihrem Leben mit ihrer ganzen Kraft und Konzentration zum Ausdruck. Fast schon stur wirkten sie dabei, wenn allem Unbill zum Trotz der "schnelle Vogel" seine Schnelligkeit zeigte und der "starke Büffel" seine Stärke.

Lieber Leser, erinnere dich nun an eine Zeit, in der du eine schwierige Situation gemeistert hast, und gib dir dafür einen treffenden Indianernamen. Lege dich nun entspannt hin, schließe die Augen und konzentriere dich auf deinen Atem. Entspanne dich, indem du mit jedem Ausatem die Stellen, wo dein Körper auf der Unterlage aufliegt, spürst. Mit jedem Einatem nimmst du neue, frische Energie in dich auf, mit jedem Ausatem gibst du die verbrauchte Kraft in die Erde ab.

Richte deine Wahrnehmung nun auf deine Empfindungen im Oberbauch. Atme dort ein und aus. Stelle dir vor, dass du dort eine Kerze anzündest. Sie ist wie ein Windlicht wohlgeborgen in einem schön geschwungenen Gefäß. So kannst du sie überallhin tragen, ohne dass sie erlischt.

Das Licht dieser Kerze ist dein Indianername ... deine besondere Qualität, mit der du schon einmal dein Leben gemeistert hast. Stelle dir nun vor deinem inneren Auge vor, wie du die Kerze mit dieser Qualität in alle deine Lebenssituationen bringst, und erlebe, was dabei geschieht.

Mache dir bewusst, dass du dich damit klärst und stärkst. Auf diese Weise kannst du schwierige Situationen vorbereiten, um auch diese mit deiner besonderen Qualität zu meistern. Gleichzeitig gibst du anderen Menschen mit deinem Licht das Angebot, mit deiner Stärke in Resonanz zu kommen, um ihre eigene zu finden. Erlebe, wie sich ihr Licht an deinem entzündet ... Sieh, wie ihre Gesichter strahlen und ihr euch in Freude umarmt.

Zum Schluss der Meditation bringst du deine leuchtende Kerze wieder zurück in dein Zentrum im Oberbauch. Lass das Licht von dort aus weiterhin deinen Indianernamen ausstrahlen, die Meisterung deines Lebens.

Nun fühle wieder den Kontakt deines Körpers zur Unterlage, atme noch dreimal tief ein und aus und nimm die Kraft der Meisterung deines Lebens mit in deinen Alltag.

Ein Segen, um dich gehalten zu fühlen im Netz der Liebe

Ich schaue mich um, was ich gerade besonders bewundere. Es ist ein Bild, auf dem zwei Glocken zu sehen sind, die mit einem weihnachtlichen Band zusammengebunden sind. Meine beiden Mitarbeiterinnen haben es bunt ausgemalt und mir in der Weihnachtszeit geschenkt, als ich gerade intensiv an dem Buch schrieb. Das Bild vermittelt mir Freude, Zusammenhalt und Einklang.

So segne ich dich, lieber Leser, und alles Sein der Schöpfung mit Zusammenhalt und Einklang, mit Liebe, Frieden und Freude.

Merksatz

Ich bin glücklich sowie im Einklang mit dir, lieber Leser, und mit allen Wesen. Im Netz der Liebe ist alles enthalten, was mich beglückt und womit ich meine Ziele erreiche.

Sage häufig Folgendes:

"Danke, liebe Seele, dass du mein Partner bist. Mit dir gemeinsam folge ich voller Begeisterung meinen Impulsen. Im Netz der Liebe erreiche ich damit meine Ziele, beglücke mich und andere."

Der Kristallisationspunkt des Herzens

Das Ankommen zu Hause

Nun ist die Wanderung zu Ende, lieber Leser. Entlang des Silberfadens deiner Seele kommst du zu Hause bei dir selbst an. Ein paar Dinge sind noch zu beachten, nämlich nichts zu vergessen und all die gemachten Eindrücke mitzunehmen und nachwirken zu lassen. Du hast viel erlebt und dir vorgenommen, dich nicht wieder gleich vom Alltag vereinnahmen zu lassen. Beachte dazu die folgenden Punkte:

Schließe zunächst einmal die Tür zu, und komme mit deinen gemachten Erfahrungen ganz zu Hause bei dir selbst, in deiner Seele an.

Schau nicht zurück, und halte nicht daran fest, dass du nun in ähnlichen Situationen wieder genauso handeln müsstest wie auf deiner Wanderung entlang deines Seelenfadens. Sonst besteht die Gefahr, dass du in einen Sog gerätst und dich sehr bald wieder am Ausgangspunkt deiner Wanderung befindest - im Labyrinth deiner alten Verhaltensmuster.

Feiere deinen Erfolg, und genieße die Dankbarkeit, die Freude und die Erleichterung, es geschafft zu haben. Du warst der Entdecker deines eigenen Weges zu dir selbst und hast dabei unbekanntes Land erforscht und begehbar gemacht.

Du hast auf deinem Weg nicht nur viele Erfahrungen gesammelt und Geschenke erhalten, sondern genauso viel an andere weitergegeben. Erinnere dich: An den Kreuzungsstellen mit den goldenen Gnadenfäden Gottes geschieht etwas Besonderes. Hier setzt du jeweils einen neuen Impuls in die Tat um, und dabei entsteht eine vibrierende, klingende Energie. Du kommst mit dieser Handlung in Einklang mit dir und allen Wesen. Dein Impuls verändert dabei die Schöpfungsmelodie, indem er sie um einen neuen Ton bereichert. Auf diese Weise hast du aus der Liebe deines Herzens am Kreuzungspunkt deines Silberfadens mit dem goldenen Faden Gottes eine neue Schöpfung gestaltet und alle Lebewesen um den besonderen Klang deiner Empfindungen und die Strahlkraft deiner Liebe bereichert.

Vielleicht kennst du das, lieber Leser, wenn man nach einem schönen Urlaub wieder zu Hause eintrifft. Man möchte die entspannte und wohlige Stimmung so lange wie möglich aufrechterhalten. Genau das solltest du nun am Ende deiner Wanderung tun: Stimme dich auf dein Herz ein und auf die Anbetungskraft deiner Seele. Lass die Vergangenheit, dein Labyrinth und deinen Selbsteinweihungspfad hinter dir, und erlebe alles, was dir begegnet, neu und rein, befreit von alten Vorurteilen - als ein Geschenk der Liebe.

Die Renovierung

Der Baumeister

Nutze die Essenz deiner Erfahrungen aus deinem Selbsteinweihungsweg. Die Anstrengungen, die du auf deiner Wanderung unternommen hast, sollen nicht umsonst gewesen sein. Jetzt, wo du deinen Weg zu Ende gegangen bist und einen Impuls ganz in die Tat umgesetzt hast, besitzt du die Kraft und den Schwung, dein Zuhause zu renovieren. Triff jetzt die Entscheidung, dein Leben so zu ändern, wie du es dir von ganzem Herzen wünschst. Erkenne, dass du dein eigener Baumeister bist und in Zukunft so handeln möchtest, dass du dich lustvoll, froh und sicher fühlst, in dir zu Hause.

Diese Renovierung findet nicht im Verstand statt, sondern dort, wo alle Fäden zusammenlaufen: in deinem Herz, dem Anfang von allem Neuen. Hier kristallisiert sich eine neue Wirklichkeit heraus und zeigt sich im Netz der Liebe als der Kreuzungspunkt von Gott, deiner Seele und dem neuen Impuls. Die Wirklichkeit der Schöpfung ist die Liebe, und unser Körper wie auch der Geist dienen nur ihr. Stellt man den Verstand jedoch an die erste Stelle, leidet der Körper, und der Geist ist überfordert. So kann man nicht wirklich etwas Neues gestalten. Denn der Verstand nutzt seine Erfahrungen aus der Vergangenheit und bezieht sie auf die Zukunft. Man erzeugt auf diese Weise immer wieder Variationen dessen, was es früher schon gab.

Wenn du dich jedoch selbst heilen und die Verletzungen der Vergangenheit hinter dir lassen willst, gelangst du rasch zum Ziel deiner Wünsche, indem du mit Kopf und Bauch deinem Herzen folgst. Üblicherweise planst du vielleicht schon im Voraus, wie du ein Ziel erreichen willst. Doch auf diese Weise können Gott, die Engel und andere Menschen dich nicht mit dem beschenken, was dich in Einklang bringt und deinen Weg überraschend neu, leicht und bunt machen kann. Gib es also auf, nach Lösungen für deine Fragen zu suchen. Öffne dich stattdessen dafür, sie zu finden. Dann finden sie dich.

Werde der Künstler deines Lebens. Erlaube dir, Visionen und Träume zu haben. Die Welt ist für dich da, und du kannst alles erreichen, was du dir von Herzen wünschst. Stelle dir eine neue Idee wie die leichte Feder eines Engelsflügels vor. Sie fliegt dir zu, damit du dich daran in deinem Herzen erfreuen kannst. Plane oder handle jetzt noch nicht zu früh. Stimme dich ein auf deine unendlichen Möglichkeiten, dein Herz als den Ort zu betrachten, an dem deine innere Renovierung und die Erfüllung deiner Herzenswünsche ihren Ausgang nehmen. Folge dazu deinem Herzen mit Kopf und Bauch. Fälle keine Urteile, die dir später wie abgesägte Bäume im Weg liegen würden. Die Schöpfung ordnet sich von selbst auf deine Idee hin. Der Impuls, demgemäß zu handeln, kommt von selbst, wenn du nämlich damit Einklang erzeugst.

Wenn dann der Zeitpunkt gekommen ist, deinen Impuls in die Tat umzusetzen, kümmere dich nur noch darum. Lass alle Gedanken und Bedingungen los, ob es gerade passen könnte, neben deinem Impuls, zum Beispiel den Freund besuchen zu wollen, noch schnell einkaufen zu gehen. So vorzugehen schwächt die vibrierende Kraft des Impulses. Sein Ton ist dann nicht mehr klar, und es entsteht eine Disharmonie in der Schöpfungsmelodie. Das Einkaufen entsteht als eigener Impuls ebenfalls von selbst, vielleicht schon gleich nach dem Besuch des Freundes, vielleicht später. Er entsteht am Kristallisationspunkt deines Herzens dann, wenn er dich bestmöglich dabei unterstützt, alle deine Ziele in Liebe zu erreichen.

Ganzer Einsatz

Bleibe am Kristallisationspunkt deiner neuen Wirklichkeit, indem du bedingungslos vorgehst. Achte darauf, dass du deine Regungen und die Reaktionen anderer im Licht der bedingungslosen Liebe siehst. Sobald du anfängst zu urteilen oder die Handlung mit anderen Zielen zu vermischen, wirst du unklar und behinderst den Fluss der Liebe. Also: Wenn sich ein neuer Impuls meldet, öffne die Tür im Herzen ganz für ihn, und folge ihm mit deiner ganzen Kraft und Hingabe aus der Liebe deines Herzens heraus. Schließe dann die Tür vor allen anderen Belangen. Nimm nichts davon mit. Auf diese Weise wirst du erleben, dass der jetzige Impuls alle deine Herzensziele bedient. Mehr Kraft und Kreativität, neue Ideen und Begegnungen entstehen, während du einfach deinem Impuls folgst.

Die Bewährungsprobe der Liebe

Akzeptiere einen neuen Impuls bedingungslos wie ein weißes, unbeschriebenes Blatt Papier. Gott spielt dir mit dem neuen Impuls einen Ball zu, um dir damit einerseits die Möglichkeit zu geben, deine Ziel zu erreichen, und um dir andererseits zu helfen, weiter zu wachsen und als sein Gefäß der Liebe eine neue Bewährungsprobe zu bestehen. Stelle dir das Blatt zu einem Fächer gefaltet vor, der sich nach und nach entfalten und all die Geschenke preisgeben will, die dir die Menschen, Gott und seine himmlischen Helfer auf dem Weg zur Zielerreichung schenken möchten.

Die Entfaltung des Blattes entspricht deiner Bewährungsprobe der Liebe. Glaube an dich, dass du mit diesem Impuls richtig bist und dir und allen Lebewesen dein Bestes gibst. Sei ganz ehrlich, wenn du dich anderen mitteilst. Du kannst nicht wissen, wozu sie vielleicht deine Freude und Lust, deine Unsicherheit, Traurigkeit oder Peinlichkeit brauchen. Mit allem kommen sie in Kontakt zu ihren eigenen inneren Regungen.

Gehe mutig weiter, und erlebe das Wunder, wenn sich deine neue Wirklichkeit herauskristallisiert. Während du deinen Impuls in die Tat umsetzt, entfaltet sich das Blatt und zeigt dir eine Regenbogenfarbe der Engel nach der anderen. Du wirst reich beschenkt mit den Farben der Engelqualitäten, die dich beflügeln und erfreuen, und mit dem, was Gott dir schenkt, indem er dich aus den Leiden deiner Vergangenheit erlöst.

Die große Freiheit

Während du auf diese Weise bedingungslos aus dem Herzen lebst, sind deine weibliche und deine männliche Seite, dein Körper und dein Geist ausgeglichen. Deinen ursprünglichen weiblichen oder männlichen Impuls hast du schon auf deinem Selbsteinweihungsweg in die Tat umgesetzt. Damit bist du zu Hause bei dir selbst angekommen und kannst nun gemäß deinen Impulsen wechseln zwischen Geben und Nehmen, Kommen und Gehen, Anspannung und Entspannung. Du bist frei von dem Druck, Lust machen zu müssen und Leid zu verhindern. Du handelst nicht mehr vom Standpunkt deiner sexuellen Bedürftigkeit aus, sondern aus der Neutralität deiner Seele ... aus der einen Form ... aus dem Gefäß der Liebe, die Mann und Frau gleichermaßen sind.

Indem du deine neugewonnene Freiheit nutzt, deine Impulse frei zu leben, dienst du gleichzeitig dir selbst, anderen Menschen, Gott und der Schöpfung. Du erzeugst im Kristallisationspunkt deines Herzens eine Welt, die dem ursprünglichen Gesetz der Liebe entspricht. Dieses gilt, wenn man bedingungslos aus dem Herzen lebt und der ursprüngliche weibliche oder männliche Impuls schon geheilt ist. Dann benötigt das Gesetz der Liebe die Zusätze - das Annehmen der Liebe von Frauen und das Weitergeben der Liebe an Männer und umgekehrt - nicht mehr.

Das Leben am Kristallisationspunkt wird einfacher, und das Gesetz der Liebe besagt nun einfach: *Was du annimmst, gibst du weiter. Was du gibst, bekommst du.* Du verschenkst dich mit deinen ehrlichen Regungen, gibst damit allen Wesen dein Bestes und erhältst es umgekehrt auch wieder zurück. Vibrierende Lust und Freude werden nicht erst gesucht, sondern entstehen in ungeahntem Ausmaß von selbst. Deine Engelsflügel sind gewachsen, und du bist zum erwachsenen weiblichen oder männlichen Engel auf Erden geworden

Und falls du doch wieder den Verstand an die erste Stelle gesetzt hast und in dem Labyrinth deiner Verhaltensmuster gelandet bist, ist das überhaupt kein Grund aufzugeben. Du kennst den Weg. Beschließe, dir eine Luftveränderung zu gönnen, mache eine Wanderung entlang des Silberfadens deiner Seele. Dabei kommst du auf andere Gedanken und wieder an in deinem Herzen ... im Kristallisationspunkt der wundervollen Wirklichkeit der Liebe.

Der Kompass

Um immer wieder nach Hause zurückzufinden, erhältst du nun einen Kompass. Er hilft dir, dich immer wieder neu auszurichten auf den Kristallisationspunkt der Liebe in deinem Herzen. Er ist ein Geschenk des Engels der Rose, der mir dazu die folgenden Botschaften überbrachte:

Der Engel der Rose

"Die Rose ist die Königin der Blumen. Sie verbindet dich über ihren intensiven Duft mit deiner großartigen Möglichkeit, aus dem Kristallisationspunkt der Liebe in deinem Herzen eine neue Wirklichkeit zu erschaffen.

Du erinnerst dich daran, dass du mit deinem Denken und Handeln Schöpfer bist und dein Leben selbst kreierst. Gleichzeitig bist du das Geschöpf Gottes, das wie die Rose nichts anderes zu tun hat, als die wunderbare Schönheit des Lebens zum Ausdruck zu bringen.

Öffne nun über das Wahrnehmen meines Duftes den Wissensspeicher deiner Erinnerungen. Denn du bist Liebe und kennst das Gesetz der Liebe. Ich liebe dich und segne dich mit Schönheit und Selbstverwirklichung."

Engelbotschaft 1: Segen

"Indem du den Rosenduft wahrnimmst, erinnerst du dich daran, dass du dein Leben selbst in der Hand hast, und beschließt, mit deinem Denken und Handeln die Welt zu kreieren, die du dir wünschst. Damit möchtest du ein Segen sein, ein Mensch der sich und andere in Liebe achtet, stärkt und beglückt."

MARIA

Maria bemühte sich, aus dem Herzen heraus zu leben. Doch ihre Vergangenheit und die Schrecken der Kriegsjahre holten sie immer wieder ein. Besonders schwierig wurde es für sie, im Herzen zu bleiben, wenn sich ein neuer Impuls meldete, mit dem sie hätte Nein sagen müssen zu den Erwartungen anderer. Dann geriet sie schnell wieder in das Labyrinth ihrer alten Verhaltensmuster, wo sie sich mit ihren Impulsen verurteilte und das machte, was die anderen wollten.

Ich zeigte ihr meine spezielle Glücksformel der Segnungen. Indem sie lernte, sich selbst mit bestimmten Qualitäten als Erste anzubeten, konnte sie gemäß dem Gesetz der Liebe anschließend den Segen weitergeben an alle Wesen. Denn die Schrecken der Kriegserlebnisse hatten Anna als das weibliche Gefäß der Liebe verkrampfen lassen. Mit der Glücksformel des Segnens nahm sie zunächst eine bestimmte Qualität als einen Segen für sich an. Beispielsweise sah sie sich in meinem Praxisraum um und fand das Bild einer Lotosblüte besonders anziehend. Sie segnete sich mit den Eigenschaften, die sie darin sah: Schönheit und friedliche Erhabenheit. Damit setzte sie ihren ursprünglichen weiblichen Impuls in die Tat um und erlaubte diesem Segen, ihr Gefäß der Liebe bedingungslos mit Schönheit und friedlicher Erhabenheit zu füllen. Das waren genau die Qualitäten, die sie zum Ausgleich brauchte für die Entwürdigungen und Entbehrungen der Kriegszeit.

Nachdem sie also auf diese Weise ihren ursprünglichen weiblichen Impuls gelebt hatte, konnte sie dazu überwechseln, den Segen weiterzugeben. Es ging dabei nicht darum, das Segnen dann vom Verstand aus zu wiederholen, um ein guter Mensch zu sein. Sondern sie achtete darauf, wann sie in die Stimmung kam, segnen zu *wollen*. Der Impuls dazu entstand dann, wenn sie gerade überaus beglückt war über ein Geschenk ... beispielsweise freute sie sich über den Segen der wunderschönen Farben eines Sonnenuntergangs. Dann war sie so beschwingt, dass sie davor gefeit war, sofort wieder Urteile zu fällen, und sie erschuf am Kristallisationspunkt des Impulses, jetzt segnen zu wollen, genau die Wirklichkeit, die sie mit ihrem Segen aussprach, die sie fühlte und vor ihrem inneren Auge sah. Dann gab sie den Segen, den sie empfangen hatte, weiter an die ganze Schöpfung und segnete sie.

Ihre Körper und ihr Geist waren dabei ausgeglichen, und Maria war im Einklang mit sich selbst und der Schöpfung. Sie war mit dem Impuls, segnen zu wollen, zu Hause am Kristallisationspunkt ihres Herzens angekommen und ein Engel auf Erden geworden.

Das war für sie genau die richtige Handlung, mit der sie sich von den Erwartungen anderer zunächst abgrenzen konnte. Denn sie spürte ganz genau, dass sie mit dem Segnen sich selbst und anderen gleichermaßen ihr Bestes bedingungslos und in Liebe gab. Im Anschluss daran übte sie sich darin, andere Impulse, mit denen sie früher zurückgewichen wäre in ihr Labyrinth, ebenfalls zu segnen. Das war für sie die Erlösung, um dauerhafter aus dem Herzen heraus leben zu können.

Engelbotschaft 2: Liebe

"Über die Süße des Rosenduftes kommst du in Resonanz mit der Liebe, die du bist. Ganz gleich, was du gerade denkst und tust, um deine Herzensstimme zu behindern, du entscheidest dich dafür, wieder zurückzukehren in die entspannte Bedingungslosigkeit der Liebe."

CHRISTIAN

Christian kam zu mir, weil er sich als selbstzerstörerisch erlebte, doch er spürte ganz genau, dass es sich richtig gut anfühlte, wenn er aus dem Herzen heraus handelte. Vor allem wenn er selbst Zärtlichkeit brauchte, meldete sich sofort eine Gegenstimme, die ihn verhöhnte und ihn auslachte. Jedes Mal geriet er so wieder in das Labyrinth seiner Entwürdigung und fand nur mühsam mit seinem ursprünglichen männlichen Impuls wieder heraus, der ihn dazu animierte, seiner Frau oder anderen weiblichen Wesen bedingungslos Liebe zu geben.

Er verstand die Welt nicht mehr. Warum konnte das nicht aufhören? Schließlich war er doch schon längst mit seinem ursprünglichen männlichen Impuls im Herzen angekommen und schenkte seiner Frau bedingungslose Zuwendung. Die negative Stimme meldete sich aus einem anderen Grund. Christian scheute sich vor dem Wechsel zum nächsten Impuls: die seit Jahren eingefrorene Beziehung zu seinem Vater ändern zu wollen. Mit seinem Pingpongspiel zwischen Labyrinth und Herz hielt er sich darin gefangen, sich Frauen gegenüber klären zu müssen.

Er beschloss, damit aufhören zu wollen und auch mit dem Vater in eine Liebesbeziehung zu finden. Dazu wählte er für sich das Engelraumspray "Rose" mit der Botschaft der Liebe und umgab sich und seine Wohnräume mit dem Duft. Immer wieder stimmte er sich darauf ein, dass er im Kristallisationspunkt seines Herzens auch mit dem Vater eine neue Wirklichkeit erschaffen könne. Er stärkte sich, indem er weiterhin seiner Frau bedingungslose Liebe schenkte und diese auch von ihr empfing.

Dabei fiel es ihm schwer, es sich zu erlauben, gleichermaßen Zuwendung zu empfangen und zu geben. Das verhalf ihm dazu, seinem Vater verzeihen zu können, dass er sich nach ihrem Streit vor acht Jahren nie mehr bei ihm gemeldet hatte. Der Vater schämte sich für seine eigenen Bedürfnisse ihm gegenüber genauso, wie er sich zuvor seiner Frau gegenüber dafür geschämt hatte. Er wartete darauf, dass sein Sohn einfach von sich aus auf ihn zugehen würde, so wie Christian umgekehrt darauf gewartet hatte, dass seine Frau sich ihm zärtlich zuwandte.

Indem Christian sich selbst mit seinem eigenen Bedürfnis nach Zuwendung annehmen konnte, blieb die innere Gegenstimme plötzlich aus, und sein Herz ging auf für den Vater. Christian brauchte die Gegenstimme nun nicht mehr. Sie war nur so lange als Anregung der Liebe da gewesen, bis er sich selbst bewusst werden konnte, wie sehr er sich und sein Bedürfnis nach Zuwendung verhöhnt und ausgelacht hatte.

Er nahm sich vor, den Kontakt zum Vater neu und ohne Bedingungen entstehen zu lassen. Sofort meldete sich der Impuls, seinen Vater anrufen zu wollen. Christian fasste sich ein Herz und sagte am Telefon lediglich: "Hallo Papa." Seine Stimme kam ganz aus seinem Herzen, und sein Vater antwortete: "Gut, dass du den ersten Schritt gemacht hast. Das hätte ich nicht geschafft."

Da Christian seinen ursprünglichen männlichen Impuls schon mit seiner Frau gelebt hatte, musste er nun nicht darauf warten, dass sein Vater ihm umgekehrt auch Liebe gab. Er hatte seine Bewährungsprobe dadurch bestanden, dass er in Liebe bedingungslos Schritt für Schritt vorwärtsging: Zunächst hatte er seine eigenen Bedürfnisse anerkannt, dann konnte er dem Vater verzeihen und schließlich auf diesen zugehen. Damit lebte er gemäß dem Gesetz der Liebe: *Was du gibst, bekommst du. Was du annimmst, gibst du weiter.* Er wurde zum Engel auf Erden.

Das Leben aus dem Herzen kann dich nicht vor unangenehmen Situationen bewahren, lieber Leser. Immer wieder bist du aufgefordert, die Bewährungsprobe der Liebe zu bestehen. Aber dieser Weg führt dich geradlinig von einem Kristallisationspunkt der Liebe zum nächsten ... zu den Kreuzungspunkten im Netz der Liebe, wo dir so viel Freude, Beschwingtheit und Unterstützung geschenkt wird, wie du nur bereit bist anzunehmen.

Engelbotschaft 3: Lebenslust

"Die Schönheit der Rose erinnert dich an die Regungen deiner Seele. Sie lässt sich anziehen von deinen Impulsen, damit du dich lebendig, beschwingt und lustvoll fühlst und die Schönheit des Lebens genießt."

PATRICIA

Patricia fand sich hässlich, obwohl ihr Mann ihr immer wieder sagte, wie schön sie sei. Mit der Engelbotschaft der Seelenkraft erkannte Patricia, dass sie sich dann hässlich fand, wenn sie schlecht von sich und anderen dachte. Stand sie aber voller Begeisterung zu ihren Impulsen, dachte sie nicht mehr daran, wie sie aussah. Wenn sie dann zufällig in den Spiegel schaute, staunte sie, wie schön und attraktiv sie war. Dann strahlte das Feuer ihrer Seele nach außen. Ihre Augen funkelten, und der ganze Körper wirkte lebendig.

Patricia achtete nun in der Folge genau darauf, nicht mehr schlecht von sich und anderen zu denken. Stattdessen wollte sie Schritt für Schritt einfach ihren Impulsen folgen und damit das Feuer ihrer Begeisterung schüren. Das erlosch nämlich jedes Mal, wenn andere davon nicht so angetan waren wie sie selbst.

Und sie nahm damit das Geschenk ihres Mannes an, der immer wieder von ihr und ihrem Aussehen begeistert war, und gab es nun immer öfter über ihre Lebendigkeit und die funkelnden Augen an andere weiter. Damit war sie ein Engel auf Erden geworden.

Manche Impulse entstehen nur deshalb, damit wir lernen, sie bedingungslos anzunehmen und wieder loszulassen. Lieber Leser, du kannst nicht wissen, warum jemand zum Beispiel dein tolles Angebot zum Abendessen nicht annehmen kann. Vielleicht hat er früh seine Mutter verloren und würde dadurch wieder an seinen Schmerz erinnert werden. Bleib dir einfach bedingungslos treu. Wenn du beim anderen mit deinen Handlungen ankommst, freue dich darüber - und falls nicht, lass einfach alle Bedingungen los, und wende dich mit deiner ganzen Inbrunst dem nächsten Impuls zu. Der Impuls zum Abendessen wird irgendwann wieder auftauchen, wenn er erneut Einklang bewirken möchte.

Engelbotschaft 4: Leichtigkeit

"Der intensive Duft der Rose lässt dich innehalten, wenn du in den Wiederholungen deiner Alltagshandlungen gefangen bist. Du erinnerst dich daran, dass du dich aufrichten möchtest, um stark und geradlinig wie die Rose neu auf die Welt zuzugehen und deinem nächsten Impuls zu vertrauen."

SIMON

Als Simon zu mir in die Praxis kam, wirkte er mit Anfang vierzig wie ein alter Mann. Er war selbstständig und hatte beruflich große finanzielle Verluste erlitten. Das hatte ihm einen riesigen Schock versetzt, und sein Herz fühlte sich an wie zugeschnürt. Mit der täglichen Wiederholung gleicher Handlungen wollte er sich Halt geben, verlor dabei aber auch seine Lebenslust und den Mut, Neues zu wagen.

Über den Duft des Engels der Rose erinnerte er sich an früher, als er noch lebendiger und spontaner gewesen war. Neben dem Engelraumspray der Leichtigkeit gab ich ihm auch eine Serie von Lebens-Impuls-Massagen. Dabei handelt es sich um eine sehr sanfte Fußreflexzonenmassage, die mir eines Tages der Engel der Anbetung übermittelt hat. Ich massiere dabei die Reflexpunkte einzelner Sinnesorgane in Verbindung mit bestimmten inneren Organen und sende dem Betroffenen über die Füße jeweils eine besondere Engelenergie.

Das führte Simon in die Entspannung und in die Ordnung seiner Gefühle. Er erkannte, dass das berufliche Desaster auf seiner Männerseite das gewesen war, was er umgekehrt mit seiner Frau erlebte, aber nicht wagte auszusprechen. Mittlerweile hatte er den Einbruch im Beruf als Geschenk angenommen, um mit seiner Frau endlich den Schnitt zu machen, der für beide schon lange anstand.

Mit der ständigen Wiederholung von Handlungen wollte Simon die Trennung von seiner Frau vermeiden. Die Beziehung zu beenden, war für ihn nun der Impuls, mit dem er bedingungslos aus Liebe handelte. Er gab sich und seine Frau damit frei. Wenn er ehrlich war, hatte er von Anfang an gewusst, dass es schiefgehen würde. Er war da irgendwie reingerutscht und konnte anschließend nicht mehr Nein sagen.

Nach und nach fing er sich wieder, bis er irgendwann freudig zu mir kam und mir erzählte, dass er es geschafft hatte, sich von seiner Frau zu trennen. Danach fühlte er sich befreit, war wieder im Fluss der Liebe angekommen und traf schon bald auf die Frau seines Herzens. Er wirkte wieder jünger und beschwingter und war zuversichtlich, dass er auch mit seinem Geschäft wieder auf die Beine kommen würde.

Das Engelraumspray Rose war noch eine Weile sein Begleiter. Er machte sich damit bewusst, dass er mit der neuen Freundin nicht wieder in den Alltagstrott und die zwanghaften Wiederholungen zurückfallen wollte wie früher. Er traf damit auf die Richtige, denn sie hatten sich am Kreuzungspunkt ihrer Seelenfäden im Netz der Liebe getroffen, um sich gegenseitig darin zu bestärken, unabhängig vom anderen den eigenen Impulsen zu folgen. Sie hatte wie er schon eine Ehe hinter sich, und beide wollten dasselbe Ziel erreichen: aus dem Kristallisationspunkt ihres Herzens frei und glücklich werden und sich als Engel auf Erden begegnen.

Engelbotschaft 5: Licht

"Die klare Schönheit der Rose erinnert dich daran, dass du aus dem Schatten negativer Glaubenssätze heraustreten möchtest in das Licht deiner Strahlkraft. Du willst an dich selbst glauben, dass du so, wie du bist, richtig bist, und aus der Liebe und der Wahrheit heraus leben."

HELGA

Helga war eine ältere Dame, die viele Kurse im Bereich Spiritualität besuchte und sich damit jung hielt. Sie war ein offener, herzlicher Mensch, der andere spontan in den Arm nahm, der lachen und weinen konnte. Nur mit ihrem Mann kam sie nicht von der Stelle. Er hatte ganz andere Interessen als sie und konnte nichts damit anfangen, wenn sie mit ihm über ihr Innenleben und ihre Erfahrungen in den Kursen sprechen wollte. Sie war jedes Mal tief verletzt und zog sich wie ein kleines Mädchen enttäuscht zurück.

Helga liebte ihren Mann und wünschte sich, ihn so sein lassen zu können, wie er war. Sie ließ die Lichtbotschaft des Engels der Rose auf sich wirken und erkannte, dass es einen negativen Glaubenssatz gab, der sie seit ihrer Kindheit verfolgte. Er hieß: "Wenn ich voller Freude spontan auf meinen Vater zulaufe, bin ich ihm zu viel und werde wieder weggeschickt."

Diesen Satz wollte sie nun auflösen, und sie wollte genauer werden mit ihren Impulsen ihrem Mann gegenüber. Sie umgab sich mit dem Engelraumspray des Lichts und fühlte, dass sie in der Gegenwart ihres Mannes besser durchatmen konnte. Sie gab sich nun selbst mehr Wert, wenn sie ihm etwas von ihren Erfahrungen erzählen wollte.

Plötzlich erinnerte sie sich, dass es ihr am letzten Wochenende in einem Seminar umgekehrt genauso ergangen war wie ihrem Mann mit ihr. Eine jüngere Frau hatte von ihren wunderbaren Erfahrungen während einer Meditation berichtet. Helga jedoch hatte Schmerzen gehabt und konnte sich kaum entspannen. Es war ihr einfach zu viel gewesen, dass die andere so fröhlich gewesen war. Ja, jetzt konnte sie ihren Mann verstehen und ihm verzeihen, dass er ihr nicht zuhören wollte. Es ging ihm schlecht, und ihre Fröhlichkeit war ihm zu viel.

Diese Erkenntnis half ihr sehr. Als es wieder einmal so weit war, dass sie zu ihrem Mann lief und impulsiv anfing zu erzählen, fiel sie nicht mehr in die tiefe Enttäuschung, als er abweisend reagierte. Ihr Herz war offen für ihn, und sie fühlte seine Not. Sie konnte einfach innehalten und still neben ihm sitzen. Irgendwann hatte sie das Bedürfnis, seine Hand zu halten. Und er meinte: "Ich hab's doch gar nicht so gemeint."

Helga war glücklich, dass sie ihr Herz in dieser Situation nicht mehr vor ihrem Mann verschloss, sondern bedingungslos annahm, was geschah, und einen Impuls nach dem anderen umsetzte. Sie hatte diese Bewährungsprobe der Liebe bestanden und war ein Engel auf Erden geworden.

Engelbotschaft 6: Erneuerung

"Der Rosenduft bringt dich in Kontakt mit der Erkenntnis, dass du ein Thema klären möchtest, bei dem du vielleicht nicht weiterweißt. Das Wissen steigt in dir auf, dass du dazu deine Beziehungen klären möchtest. Bitte mich, den Engel der Rose, dich zu beflügeln, um zurückzukehren zu einem achtsamen und liebevollen Umgang mit anderen und dir selbst."

ALEX

Alex war ein junger Mann, der manchmal alleine zu mir kam, ein anderes Mal mit seiner Freundin und einmal auch mit dem Vater. Ihm war bewusst, dass es darum ging, zur männlichen wie zur weiblichen Seite hin im Fluss zu sein, und er wollte mit mir jedes Mal das klären, was seine Beziehungen gerade blockierte.

Er hatte gelernt, Ja zu sagen – Ja zu sich selbst und Ja zu den Menschen, denen er begegnete. Mit dem Rosen-Raumspray der Erneuerung wollte er den Prozess beschleunigen, wieder Ja sagen zu können, wenn er an etwas festhielt. Das geschah vor allem dann, wenn seine Freundin nicht an sich selbst glauben konnte und ihre eigenen Impulse boykottierte. Das hielt er kaum aus. Dann fing er einen Streit mit ihr an, weil es ihn nervte und er sie herausfordern wollte. Sie ging aber nicht darauf ein, fühlte sich hilflos und fing an zu weinen.

Umgekehrt tat er sich mit seinen Vater schwer. Da gab Alex oft auf und fühlte, wie seine Kraft versiegte, noch bevor er dem Vater gegenüber seinen Standpunkt äußern konnte.

Alex machte sich bewusst, dass jede Störung ein Geschenk für ihn war, um zu erkennen, dass er gerade nicht im Fluss der Liebe war. Er hatte mit Druck versucht, seine Freundin dazu zu bringen, sich zu öffnen. An dieser Stelle war er nun bereit aufzugeben. Dann sagte er Ja zur Störung, akzeptierte, dass beide sich gerade vor einem inneren Schmerz schützten und sich nicht öffnen konnten.

Er fühlte es in seinem Herzen und musste keine neuen Urteile bilden, warum es dazu gekommen war. Damit hätte er nur einen zusätzlichen Schutzwall gegen den Fluss der Liebe gebaut. Er ließ einfach alles los, was war, und öffnete sich bedingungslos für all das, was ihm im Innen und Außen begegnete. Auf diese Weise gelangte er in Leichtigkeit zu Verknüpfungspunkten im Netz der Liebe, wo ihm Menschen oder Engel begegneten, die den Weg zu seinen Zielen unterstützen wollten. Auch hier verurteilte er nichts und sagte Ja zu den Geschenken, die ihm durch Hinweise im Handeln anderer, durch deren gefühlsmäßige Anregungen und durch die Farben der Engelfäden gegeben wurden. Sofort spürte er dann einen neuen Impuls – und sagte Ja dazu.

Auf diese Weise löste sich Alex aus dem Druck, seine Freundin ändern zu müssen. Er verstand, dass es vollauf genügte, Ja zu sagen zu seinen Liebesbeziehungen: zum Vater, zur Freundin, zu sich selbst und seinen Impulsen, zu

Gott, zu den Engeln und zu allen Wesen der Schöpfung. Er war ein Engel auf Erden geworden.

Natürlich war Alex dadurch nicht gefeit, immer wieder in das Labyrinth seiner Verhaltensmuster zu geraten. Aber er musste nicht mehr lange darin ausharren. Es genügte, Ja zur Liebe zu sagen, um den Weg zurück zu sich selbst – entlang seines Silberfadens der Seele – zu gehen und aus dem Kristallisationspunkt seines Herzens neu die Wirklichkeit seiner Beziehungen zu erschaffen, die er sich wünschte: Begegnungen freier und froher Menschen, die sich in bedingungsloser Liebe treffen, gegenseitig achten und ergänzen.

Lieber Leser, ich wünsche dir diese Kraft der Erneuerung und die Erfahrung, dass du dein Leben selbst in der Hand hast. Auch wenn du gerade Streit mit deinem Partner hast oder krank bist und glaubst, dass alles aus sei: Lass die Situation los, und öffne dich neu für den nächsten Impuls. Nichts ist zu klein oder zu unwichtig, als dass es nicht dein Leben ändern könnte. Vielleicht hast du den Impuls, Erdbeertorte essen zu wollen. Tu es, und erschaffe damit am Kristallisationspunkt deines Herzens die Wirklichkeit, die du dir wünschst. Das ist die Bewährungsprobe der Liebe. Du kannst nicht vorher wissen, was geschieht. Hinterher magst du vielleicht erkennen, dass genau das Torteessen die Erneuerung bewirkt hat. Bedingungslos hast du sie genossen, weil du Erdbeertorte ganz einfach liebst. Du hast damit von dir, deinem Partner oder deinem kranken Körper den Erwartungsdruck genommen und das Feuer der Begeisterung deiner Seele neu entfacht. Erinnere dich an das Gesetz der Liebe, lieber Leser: *Was du der Erdbeertorte gibst, bekommst du von deinem Partner oder von deinem Körper. Was du von der Erdbeertorte annimmst, gibst du an deinen Körper oder an deinen Partner weiter.*

Die Siebenmeilenstiefel

Das Sternentor

Lege dich bequem auf den Rücken, und schließe die Augen. Fühle den Kontakt deines Körpers zur Auflagefläche. Mit jedem Einatem nimmst du neue, frische Energie in dich auf. Mit jedem Ausatem gibst du die verbrauchte Kraft an den Kontaktstellen in die Erde ab ...

Nun konzentriere dich auf dein Herzchakra auf der Höhe des Brustbeins. Stelle dir vor, wie von hier aus die Strahlen deines Engelsterns, der du bist, sich in alle Richtungen erstrecken. Atme in deinem Herzen ein und aus, und bleibe eine Weile in der Wahrnehmung deines Sterns ... Breite dich mit ihm immer weiter aus ... Strecke mit deinen Strahlen die Fühler aus, und berühre die Welt um dich herum ... die Menschen ... die Dinge ... die Landschaften ... bis du ins Universum reichst ...

Jetzt konzentriere dich mit deiner ganzen Kraft auf den Mittelpunkt deines Sterns ... auf die Mitte deines Herzens. Atme dort ein und aus ... und erlebe, wie dein offenes Lichttor in der Mitte des Herzens in hellstem weißem Licht erstrahlt ...

Dein Sternentor ist geöffnet ... von dem aus du nun mit allen Wesen in der gleichen Sprache kommunizierst ... in der Sprache der Liebe. Erlebe, wie aus diesem Tor die einzelnen Strahlen deines Sterns als starke Lichtkanäle leuchten. Sieh nacheinander, wie du mit den Menschen in deinem Umfeld durch diese Kanäle verbunden bist - von Herz zu Herz. Erlebe, wie du mit ihnen klar und wahrhaftig in Liebe kommunizierst.

Genieße diese klare, strahlende Verbindung ... Regeneriere und erneuere dich in der Kraft der Liebe ... Jetzt und hier ist alles gut ...

Du erhältst die Anregung der höchsten Kraft, die die Liebe in Wahrheit ist, und gibst sie an alle Wesen weiter.

Beschließe nun, in dein Wachbewusstsein zurückzukehren, und bitte dein Herzchakra, sich so weit zu schließen, wie es jetzt für dich gut ist.

Meditation: Selbstheilung

Lege dich entspannt hin, und schließe die Augen. Folge mit deiner Konzentration dem Atem, wie er kommt und geht ... wie sich Brust- und Bauchraum heben mit dem Einatem und senken mit dem Ausatem ... Entspanne dich mehr und mehr ... Mit jedem Einatem fließt neue, frische Energie in dich ein ... Mit jedem Ausatem gibst du Verbrauchtes in die Erde ab ...

Nun konzentriere dich mit deinem nächsten Ausatem auf eine Schmerzstelle in deinem Körper oder auf ein unangenehmes Gefühl. Atme dort ein und aus. Mache dir bewusst, dass Selbstheilung Einklang deiner vier Bereiche Körper, Seele, Geist und Gott bedeutet. Nun nimm Kontakt mit deiner Seele auf, und bitte sie, das Netz der Liebe so für dich zu ordnen, dass es deiner Selbstheilung dient.

Konzentriere dich nun wieder auf das Sternentor in deinem Herzchakra, auf den Kristallisationspunkt der Schöpfung, an dem dich deine Seele mit dem Netz der Liebe verknüpft. Stelle dir nun vor, wie sie von hier aus das Feuer ihrer Begeisterung für deine Impulse in das Netz der Liebe sendet und alles in dem Feuer verbrennt, was nicht Liebe ist ... was dich hindert, gesund und glücklich zu sein.

Bitte nun Erzengel Michael darum, dir diese verbrannte Energie bereinigt als seine Schutzkraft zurückzugeben ... und erlebe, wie er diese wie weiße Watte um dich legt. Ohne Druck ummantelt er dich mit seinen Flügeln, damit du dir selbst treu bleibst.

Sieh dich jetzt in der Gegenwart selbst im Netz der Liebe erstrahlen ... wie du deine Ziele erreichst ... wie du gesund und glücklich bist.

In der Liebe existiert alles im Hier und Jetzt. Auch unangenehme und schmerzhafte Situationen in deiner Vergangenheit wurden von deiner Seele verbrannt. Sieh dich jetzt selbst in einer vergangenen Situation neu ... so, wie du es dir wünschst ... und erlebe deine geklärte Vergangenheit.

Anschließend erlebst du deine strahlende Zukunft. Schau dir selbst zu, es ist genauso, wie du dir deine Zukunft wünschst. Du hast am Kristallisationspunkt im Netz der Liebe zusammen mit deiner Seele eine neue Schöpfung für dich erzeugt.

Atme noch eine Weile an der Stelle deines unangenehmen Gefühls oder deines körperlichen Schmerzes ein und aus. Nimm deine Empfindungen wahr. Vielleicht erlebst du dabei, wie sich etwas in dir ordnet und verändert. Glaube an deine Seele sowie daran, dass sie alle Kraft zur Verfügung hat, um dich zu erneuern. Bedanke dich bei ihr.

Atme dreimal tief ein und aus, fühle den Kontakt deines Körpers zur Unterlage und nimm die Kraft aus dem Netz der Liebe mit in den Alltag.

Lieber Leser, diese Meditation kannst du immer wieder durchführen, wenn du deinen Akku aufladen und dich an den Fluss der Liebe anschließen möchtest.

Ein Segen, um aus dem Kristallisationspunkt des Herzens zu leben

Gerade habe ich mit anderen zusammen ein bekanntes Lied gesungen, das das Leben aus dem Kristallisationspunkt auf herzergreifende Weise beschreibt. So segne ich dich, lieber Leser, und alle Wesen mit herzergreifenden Begegnungen und Impulsen, mit Einklang in Liebe, Frieden und Freude.

Hier ist der Liedtext:

Geh aus mein Herz

Geh aus mein Herz, und suche Freud
In dieser schönen Sommerzeit
An deines Gottes Gaben;
Schau an der schönen Gärten Zier,
Und siehe wie sie mir und dir
Sich ausgeschmücket haben.

Die Bäume stehen voller Laub,
Das Erdreich decket seinen Staub
Mit einem grünen Kleide;
Narzissen und die Tulipan,
Die ziehen sich viel schöner an
Als Salomonis Seide.

Die Lerche schwingt sich in die Luft,
Das Täublein fliegt auf seiner Kluft
Und macht sich in die Wälder;
Die hochbegabte Nachtigall
Ergötzt und füllt mit ihrem Schall
Berg, Hügel, Tal und Felder.

Ich selber kann und mag nicht ruhn,
Des großen Gottes großes Tun
Erweckt mir alle Sinnen.
Ich singe mit, wenn alles singt,
Und lasse, was dem Höchsten klingt,
Aus meinem Herzen rinnen.

Mach in mir deinem Geiste Raum,
Dass ich dir werd ein guter Baum,
Und lass mich Wurzeln treiben;
Verleihe, dass zu deinem Ruhm
Ich deines Gartens schöne Blum
Und Pflanze möge bleiben.

Erwähle mich zum Paradeis,
Und lass mich bis zur letzten Reis
An Leib und Seele grünen;
So will ich dir und deiner Ehr
Allein und sonsten keinem mehr
Hier und dort ewig dienen.

Paul Gerhard, 1656

Merksatz

Ich bewundere dich in deiner Einzigartigkeit, lieber Leser. Du bist ein wunderbarer Engelstern. Gemeinsam bilden wir ein glitzerndes und strahlendes Sternenmeer, und unsere Seelenmelodien ertönen im Schöpfungsorchester.

Sage dir immer wieder den Satz: Ich folge jetzt und hier spontan meinem neuen Impuls und meistere die Situation. Damit bringe ich mein Leben und das anderer zum Strahlen.

Mach weiter so, lieber Leser. Taste dich vor, und lebe deine Wahrheit. Dann geht das Licht von selbst an.

Die sieben Einweihungspfade

Die Reiseberichte

Jetzt kennst du deinen Wanderweg, die Landschaft, das Ziel und die Hilfsmittel, die deinen Weg erleichtern können, lieber Leser.

Mit den folgenden Reiseberichten meiner Interviewpartner möchte ich dich daran erinnern, dass du deinen Weg schon immer gekannt hast, ihn schon gegangen bist und ihn lediglich immer wieder neu aufgibst und vergisst. Mögen die Wege meiner Interviewpartner und mein eigener dich dazu anregen, zu dir selbst und zu deinen wunderbaren Fähigkeiten zu stehen, um ein Engel auf Erden zu sein.

Wir wissen alle, wie es geht. Aber wir wissen auch alle, wie wir uns vor unserer eigenen Größe und der des anderen verbergen können. Wir wollen niemandem wehtun und zögern damit nur die Erlösung von eingeschlossenem Leid hinaus.

In der Vorarbeit zu diesem Buch führte ich viele Interviews mit Menschen, die schon einmal in irgendeiner Form eine Engelerfahrung gemacht hatten. Es waren ganz unterschiedliche Erlebnisse, und ich ließ mich von meiner Seele leiten, welche Interviews ich aufschreiben und in welcher Reihenfolge ich sie bearbeiten sollte.

Ich wollte die Engelerfahrungen möglichst vorurteilsfrei auf mich wirken lassen. Dazu schrieb ich die Worte der einzelnen Interviewpartner originalgetreu nieder und stimmte mich auf die

Kraft der Anbetung meiner Seele ein. Während ich die Texte mit wachen Sinnen auf mich wirken ließ, nahm ich wahr, dass in den Erzählungen ein bestimmtes Wort jeweils häufiger vorkam, und plötzlich erkannte ich den Engel darin. Ich öffnete mich für ihn und hörte ihm zu.

Auf diese Weise entstanden die nachfolgenden Reiseberichte. Zuerst erzählen die Interviewpartner die Engelerfahrung aus ihrer Sicht und erläutern, wie die Engel ihnen geholfen haben, aus ihrer Not und ihren Problemen herauszufinden. Dann antworten die jeweiligen Engel und zeigen den Teil auf, den wir Menschen gerne vergessen, nämlich unsere eigene Größe und Fähigkeit, zum Engel auf Erden zu werden.

Anschließend schenkt der Engel des Lavendels dir mit seinen Botschaften eine Erinnerung, damit du die schönen und befreienden Erlebnisse auf deinen Wanderungen entlang des Silberfadens deiner Seele nicht vergisst und damit du dich aufrichtest in deine Größe.

Nun folgen die Siebenmeilenstiefel. Das sind Übungen, Meditationen, Segnungen und Merksätze, die dich einladen, dein Leben froh und beschwingt zu genießen und dich als Engel auf Erden zu erleben.

Der Pfad des Wissens

Unerfüllter Kinderwunsch

PETRA

"Mit der ganzen Geschichte unseres Kinderwunsches, haben wir, mein Mann und ich, uns am Boden gefühlt. Die künstliche Befruchtung war unsere letzte Hoffnung. Dabei sollten die Eizellen zur Befruchtung entnommen werden.

Mir ist es ganz schwergefallen, mich auf die Therapie einzulassen unter dem Gesichtspunkt, dass ich eine OP haben werde. Ich hatte noch nie eine Narkose bekommen. Ich wusste nicht, *was auf mich zukommt ... (weint) Wache ich wieder auf? Was passiert mit mir? ... Ich gebe mich da den Ärzten in die Hand und* weiß nicht, *was dabei geschieht. Und natürlich war da auch die große Hoffnung.*

Man hat mich vor die Wahl gestellt, mir eine Narkose zu geben und den Eingriff schmerzfrei zu erleben – oder ohne Narkose und mit Schmerzen. Ich wollte natürlich keine Schmerzen haben.

Ich wollte nicht noch mehr Schmerz spüren, weil ich ja irgendwo schon genug Schmerz in mir habe ... und es mir ohnehin schon schwergefallen ist, mich darauf einzulassen. Und dann habe ich mich auch für die Narkose entschieden. Aber immer mit der Angst: Ich wache nicht mehr auf... Ich hatte Panik. Ich wusste gar nicht, *wie ich das rüberbringen soll ... Jeder hat mich belächelt: "Ach was, das musst du." Für mich war das aber ganz schlimm, und am Tag davor bin ich schier in Panik ausgebrochen.*

Und da kam es mir urplötzlich: Ich habe einmal vor längerer Zeit ein Engelamulett von dir bekommen. Beim Abstauben lag es plötzlich vor mir ... Ich habe da auch nicht gewusst, *warum es nicht in meiner Schatulle war, aber es lag dann vor mir, und* ich wusste: *Den muss ich mitnehmen, den Engel. Und da kam es mir urplötzlich: Du hast doch auch einen Schutzengel! Der passt auf dich auf... Ich habe dann für mich gebetet und gefühlt, ja, er ist für dich da. Und auch kurz davor noch habe ich zur Narkoseärztin gesagt: Ich brauche noch einen Moment... Und sie hat es verstanden. Nach fünf Minuten kam sie wieder herein,* dann bin ich eingeschlafen. Und als ich wieder aufgewacht bin, war mein Mann bei mir und hat meine Hand gehalten. Aber ich habe gewusst, da ist noch jemand, der für mich da ist, der mich hält, und ich brauche keine Angst zu haben.

Das war für mich das Schlüsselerlebnis, dass ich wirklich einen Schutzengel habe. Auch wenn die Therapie damals nicht zum Erfolg geführt hat, ich bin da ... Und das hat einen Sinn, auch wenn ich jetzt nur teilweise weiß, wofür das gut ist. Ich hatte mich ja mit der ganzen Therapie von Anfang an sehr unwohl gefühlt.

Für mich war es ganz schlimm, irgendwo in so einem Zwischenraum zu sein ... Soll ich diese Methode noch einmal probieren mit der künstlichen Befruchtung? Soll ich die Befruchtung mit Fremdspermien versuchen? Oder soll ich das Ganze sein lassen?

Das war für mich eine ganz neue Erfahrung, in dem Zwischenraum, dem schwammigen Bereich ohne klare Entscheidung zu stehen. Da hatte ich nie hingewollt. Ich habe in meinem Leben immer versucht, die Situation, in der ich stand oder in die ich wollte, sofort und ganz zu klären. Aber ich wusste: Dieser schwammige Bereich, da muss ich jetzt durch, den muss ich für mich zulassen. Und irgendwie habe ich dann danach begriffen: Dieser Bereich, wo ich nicht weiterwusste und nicht weiterweiß, ist besser für mich, als wenn ich mich von mir selbst, von meinen Wünschen, von meinem Denken oder von außen durch andere drängen lasse.

Mein Mann und ich hatten uns unendlich viel Druck gemacht ... Das hat uns nicht gutgetan, weder körperlich noch unserer Beziehung. Doch dieser schwammige Bereich tut nun uns beiden gut ... Wir können es nicht auf einmal, aber immer mehr. Wir lösen uns immer mehr voneinander, denn wir waren zum Teil wie zusammengeklebt ... Jetzt sind wir mehr in dem Bereich, wo wir uns gegenseitig unsere Freiheit lassen.

Es tut uns gut, diesen Bereich mehr anzunehmen und zuzulassen, zu sagen, wir genießen jetzt diese Zeit, und wir machen, was wir wollen, und wenn es *passiert, dass ich schwanger werde, sind wir überglücklich... Und geschieht es nicht, haben wir trotzdem eine schöne Zeit miteinander. Mir tut diese Zeit des Zulassens so gut... Ich fühle mich gerade sehr gut damit. Das ist für mich eine ganz neue Erfahrung... Das, was jetzt geschieht, geschieht, und ich fühle mich damit am wohlsten.*

Mit dieser Therapie, die immer nur wieder neue Hoffnung geschürt hat, habe ich mir total schwergetan ... und habe immer für mich selbst festgestellt, dass es mir nicht guttut. Von Anfang an habe ich das erlebt, und dann immer wieder, wenn ich zur Therapie gefahren bin. Der Arzt konnte auch gar nicht verstehen, warum die Hormontherapie bei mir nicht wirkt, und hat nach Gründen gesucht sowie vermutet, dass ich vielleicht schon in den Wechseljahren sei.

Aber wenn ich ganz ehrlich bin, habe ich tief in mir von Anfang an gewusst, *dass das Ganze nichts bringt ... Das ist mir jetzt klar geworden, und damit tue ich mir so gut. Und ich fühle mich damit auch so gut! Wir können die Gemeinschaft genießen, wie auch das Auseinandergehen. Das ist jetzt eine Erfahrung, wie wir sie noch nie hatten. Ich hatte tief in mir gefühlt, dass das, was ich tue, richtig ist und ich es einmal zulassen muss ... Aber es ist jemand da, der mich hält und mir Sicherheit gibt.*

Jetzt kann ich offen und besser mit der Situation umgehen und kann den Schritt teilweise verstehen. *Ich wusste am Anfang gar nicht, was ich dir sagen soll ... und dann kam es urplötzlich und immer mehr aus mir heraus. Mir hat es ja immer wehgetan, wenn ich jemanden mit einem Baby gesehen habe. Ich* erkenne *jetzt, wie sehr mir das alles geholfen hat, wie sehr ich mich selbst festige und wie ich mehr Lebensmut bekomme. Ich freue mich im Inneren darüber ...*

Mein Leben war ja nur noch auf dieses Ziel, den Kinderwunsch umzusetzen, fixiert. Wir haben keine Beziehung mehr gehabt, wir haben gar nichts mehr gehabt ... bis ich an den Punkt kam, mich wieder zu besinnen. Ich bete ja sehr viel, um davon loszukommen, dass ich da festhalte. Auch die Engel haben mir viel geholfen, und da hat es irgendwann in mir geklingelt. *Ich bin wieder offener geworden und habe wieder Ziele. Ich kann offener über den Schmerz mit dem Kinderwunsch reden, und ich habe wieder Ziele mit meinem Mann: Wir wollen wieder in Urlaub fahren, wir haben wieder gemeinsame Ziele ..."*

Der Engel des Wissens

"Ich bin der Beschützer deiner Strahlkraft, eine wunderbare Frau zu sein, die ihre göttlichen Impulse zum Ausdruck bringen will. So war es dein Wunsch, ein Kind auf natürliche Weise in Liebe zu empfangen, und du folgtest deinen Impulsen, euch körperlich zu lieben. Als du nach einiger Zeit noch immer kinderlos geblieben bist, hast du dich von deinem natürlichen Bestreben entfernt, indem du deine Wahrheit verdreht und deinen Handlungsspielraum immer enger gemacht hast. Du hast nicht mehr an dich geglaubt und hast dich genötigt gesehen, eine künstliche Befruchtung bejahen zu müssen. Mit dem Müssen hast du dich, deine Strahlkraft und deinen eigenen schöpferischen Impuls aufgegeben. Du hast ihn vergessen und bist in die Illusion geraten, dass es dein Wille sei, den Ratschlägen anderer zu folgen.

Gleichzeitig hast du jedoch gespürt, dass es für dich so nicht stimmte, und du hast deine Fühlwahrheit bekämpft. Du hast dich unter Druck gesetzt, bis du **nicht mehr ein noch aus wusstest**. Du hast dich im Kreis gedreht.

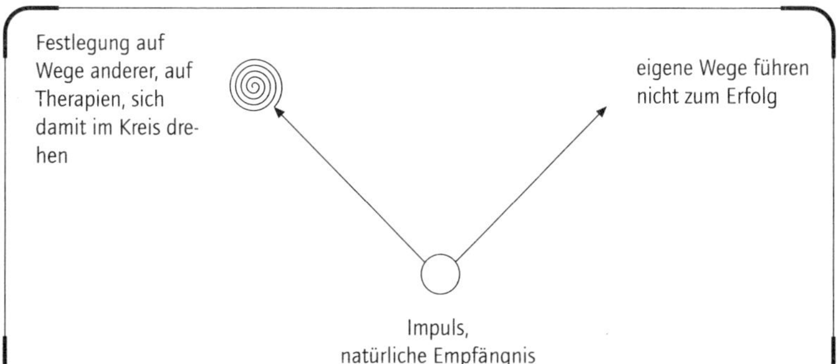

In dieser Situation tauchte das Engelamulett auf, und es wurde plötzlich alles anders. Du hast darin einen Schlüssel gefunden, der die Tür zu mir öffnete. Du hast dich an mich erinnert und mich um Hilfe gebeten.

Du hast mich als eine Kraft außerhalb von dir gebraucht, weil du in deinem Fixiertsein darauf, wie sich der Kinderwunsch erfüllen sollte, keinen Zugang mehr zu deiner eigenen Quelle hattest ... zur **Quelle des Wissens**, der Kreativität, der Kraft und des Willens. In mir ist dies alles gespeichert, und es beschützt dich davor, von dir und deinem Impuls abzudriften.

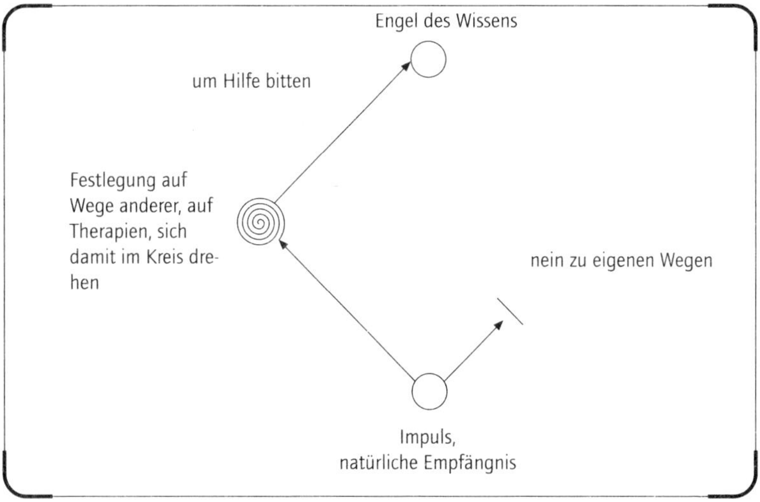

Du hattest dich von dem Einzigen abgetrennt, was dir Klarheit und Freude in deinem Leben hätte geben können: vom **Wissen** darüber, welche Impulse du leben wolltest. Du hattest vergessen, wohin du den Schlüssel zur Tür deiner inneren Räume gelegt hattest, in denen du lebendig sein kannst.

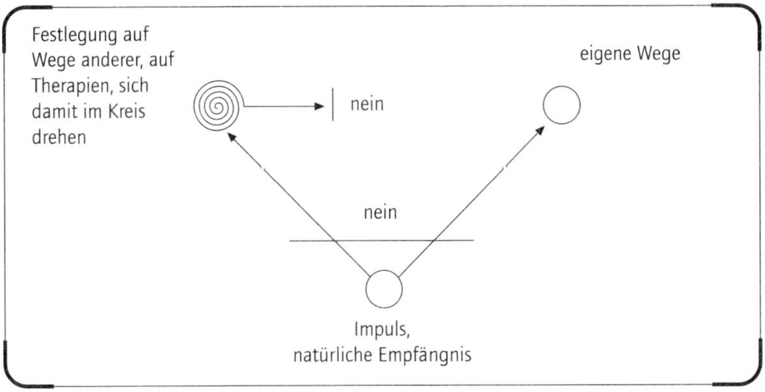

Die Situation des unerfüllten Kinderwunsches geschah als deine göttliche Führung, die du aus deinem Inneren heraus für dich gewünscht hast, um in Bewegung zu kommen mit all deinen Impulsen. Dein Bedürfnis nach einem Kind war groß genug, um dir den Ansporn dazu zu geben. Denn du warst herausgefordert, die vermeintliche Sicherheit aufzugeben, die du dir mit raschen Entscheidungen in deinem Alltag erhalten wolltest ... mit denen du über dein **Wissen** um deine wahrhaftigen Impulse hinweggegangen bist.

Im **Wissen** darum, wie sehr du dich danach gesehnt hast zu leben, habe ich dich in meine Engelsflügel eingehüllt und den für dich beängstigend leeren Raum mit meiner Strahlkraft erfüllt. Du hast dich von der Seite des Festhaltens auf die Seite des Loslassens tragen lassen. In meiner Energie hast du plötzlich erkannt, dass alles gut ist, wie es ist. Du hast dich wieder selbst fragen wollen, was für dich gerade richtig ist und was nicht. Dir wurde klar, dass es einen Sinn hat, dass es dich gibt.

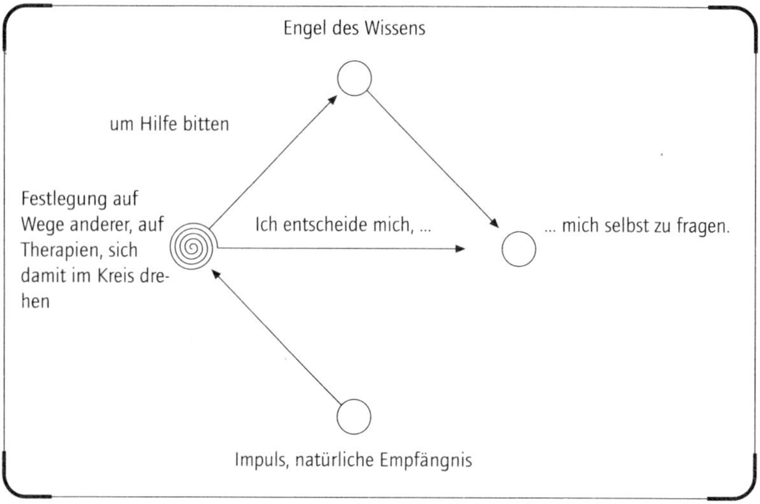

Die vergangenen Jahre waren schwer für dich ... beschwert durch das Festgelegtsein auf das eine Ziel, ein Kind zu empfangen. Das Thema ist noch immer das Gleiche. Dein Kinderwunsch hat sich nicht erfüllt, und dennoch erlebst du die Situation nun anders, in Leichtigkeit, als ein Geschenk. Du lebst wieder. Du hast das Alte losgelassen und bist nun bereit, die leise Stimme deiner Seele zu hören und neue Impulse anzunehmen. Damit hast du den Schlüssel

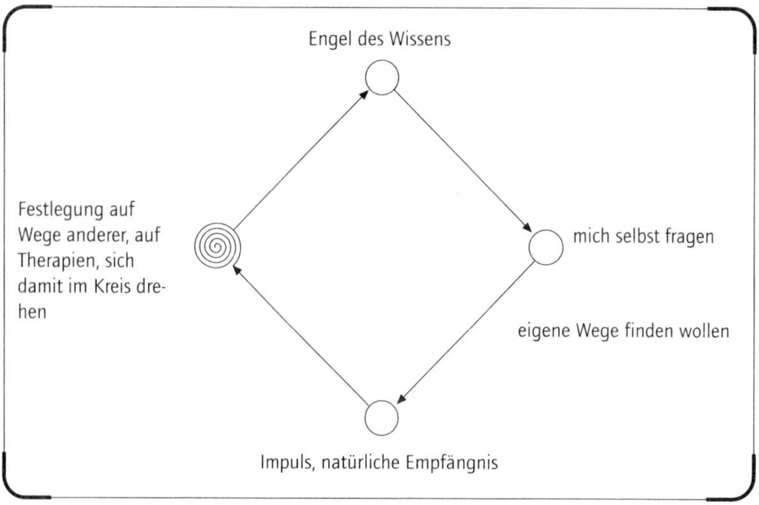

zur Tür eines neuen Lebensraumes gefunden - nicht nur für dich, sondern auch für deinen Partner und für euer gemeinsames Leben.

In meiner **Kraft des Wissens** um deine Impulse begegnest du deinem Mann neu. Du zeigst dich wieder als die wunderbare Frau, die du bist - voller Strahlkraft und Freude, mit der du deine göttlichen Impulse lebst. Du hast die Tür zu deinem Entscheidungsraum geöffnet und so die Trennung von deinen Impulsen der Lebendigkeit aufgegeben. Über dieses Raumschaffen hast du dich in meinen Engelraum ausgeweitet, wo es dir möglich ist, je nach Impuls andere oder dich selbst zu fragen. Damit bist du der **Engel des Wissens** geworden, der andere mit seiner Strahlkraft berührt, schützt und führt.

Dein Ablassen von dem Weg der künstlichen Befruchtung war auch ein Anstoß für deinen Mann, aus sich selbst heraus ebenso seine göttlichen Impulse zu leben wie du. Genauso inspirierst du die Leser dieses Buches, wieder auf sich selbst zu hören und sich an ihr **Wissen** über die eigenen Impulse zu erinnern. Indem du deinen Regungen folgst, geleitest du andere Menschen dahin, die Schlüssel zu finden, mit denen sie Türen zu neuen Lebensräumen aufschließen können.

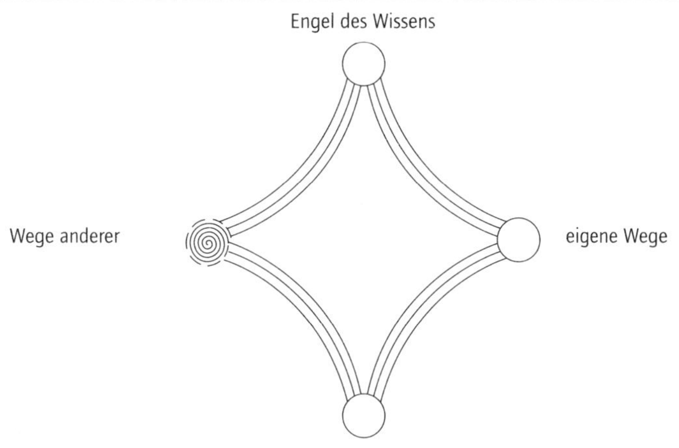

Du bist der lebendige Engel des Wissens auf Erden.

Aus eurem freien Willen findet ihr nun in eurer Mann-Frau-Beziehung eigene Wege, die Liebe, die Freude und den Frieden zu leben, frei aufeinander zu und wieder wegzugehen ... immer wieder neu, wie bei einem Tanz. Miteinander staunend erkundt ihr wie die Kinder neue Räume. Indem ihr so neue Impulse bewegt, erzeugt ihr auf eine für euch früher nicht denkbare Weise immer wieder neues Leben, neue Engel und neuen Lebensraum. Umfangen von meinen Engelsflügeln fühlt ihr die glückliche Resonanz, wenn ihr in euren eigenen Wegen mit denen anderer übereinstimmt ... dort, wo Geben auch Nehmen ist. Gleichzeitig nehmt ihr Impulse wahr, mit denen ihr zueinander wollt und mit denen ihr wieder auseinandergeht und euch anderen Zielen zuwendet. Ihr bewegt euch leicht und froh im Tanz der Schönheit des Lebens ... im Schutze von Erzengel Michael und in der Kraft der Wiederauferstehung von Erzengel Gabriel.

Deine Bitte um meine Hilfe hat sich erfüllt. Du bist zu mir, in deine Mitte zurückgekehrt. Halleluja."

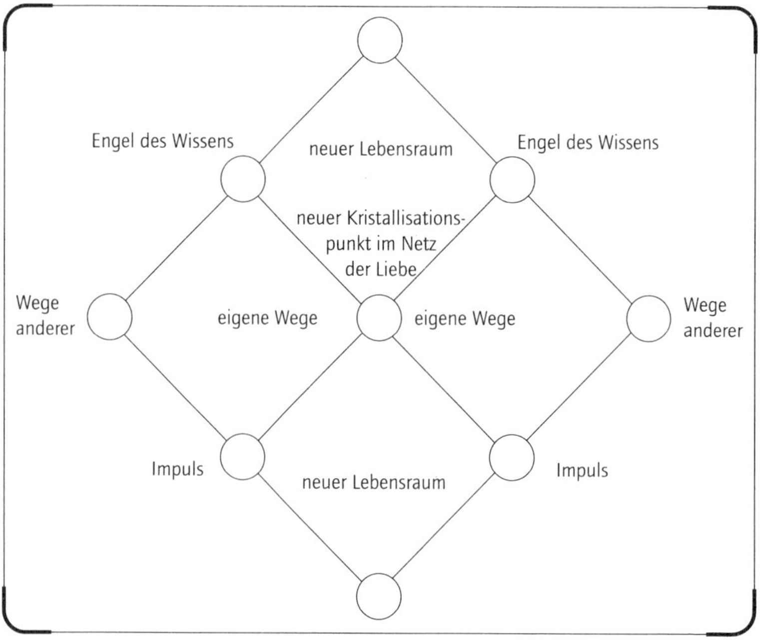

Reiseerinnerungen

Lieber Leser, erinnere dich an das **Gesetz der Liebe:** *Was du annimmst, gibst du weiter. Was du gibst, bekommst du.* Nun erhält es eine Erweiterung: ***Was du mit deinen Impulsen von Gott annimmst, gibst du an die Menschen weiter. Was du von den Menschen annimmst, gibst du an Gott weiter.***

Deine Energiezentren, die Chakren, sind dafür die Durchgangsstationen. Sie sind das Spiegelbild deines Kristallisationspunktes der Liebe, wo im Netz der Liebe dein Seelenfaden den goldenen Gnadenfaden Gottes in dem Moment kreuzt, in dem ein neuer Impuls auftaucht.

Während du einem neuen Impuls bedingungslos folgst, fließt die Liebe Gottes durch deine Chakren. Diese Kraft stärkt Körper und Geist. Sie gibt dir genau den Schwung, die Lust und die Freude, die du brauchst, um deinen Impuls ganz in die Tat umzusetzen, dabei die Bewährungsprobe der Liebe zu bestehen und in dein volles Potenzial hineinzuwachsen.

Die einzelnen Chakren sind untereinander verbunden. Sie leiten die Energie spiralförmig durch deinen Körper, von einem Chakra zum nächsten, ausgehend von ihrem göttlichen Ursprung durch dich hindurch bis in die Erde: "Bitte, Gott, stärke mich in deiner Gnade, während ich dem Impuls folge." Nach erfolgter Tat gibst du die Energie umgekehrt wieder an Gott zurück: "Danke für deine Gnade, die du mir geschenkt hast. Sie hat mich darin bestärkt, mich selbst mit meinem Impuls als Geschenk in Liebe zu verschenken."

Wenn du also offen im Fluss der Liebe bist, sind parallel dazu auch deine Chakren offen. Die Energie fließt ungehindert über deine Impulse von Gott zu dir und über das Netz der Liebe hin zu allen Wesen der Schöpfung. Genauso kehrt der Energiefluss wieder zu Gott zurück. Du bist eins mit Gott und der Welt, lustvoll, freudig und im Einklang. Dein Seelenfeuer entzündet sich an der Begeisterung für Gott, für die Liebe und für deinen Impuls, und du animierst andere, ebenfalls ganz sie selbst zu sein.

Blockierst du jedoch deine Impulse und hältst an einer bestimmten Handlungsweise fest, ist der Energiefluss durch deine Chakren und weiter in das Netz der Liebe gehemmt. Du erlebst Disharmonie in deinen Beziehungen, fühlst dich schwerfällig und unwohl.

Ich habe es in der Aura des Menschen sehen dürfen, wie dies entsteht. Wir verengen unsere Chakren und behindern so den vollen Kraftfluss der Liebe Gottes. Statt uns ganz auf ihn und die Begeisterung für unsere Impulse auszurichten, verbrauchen wir unsere Kraft dazu, sinnbildlich Enterhaken von unseren Gedanken aus zu denen anderer Menschen auszuwerfen. Wir wollen diese damit genauso wie uns selbst daran hindern, mit ihrem Denken neue Impulse zu erlauben. Unser inneres Feuer der Begeisterung brennt auf Sparflamme.

Wenn du also gesund und glücklich werden willst, lieber Leser, öffne dich wieder für den vollen Kraftdurchfluss der Liebe Gottes, und begeistere dich für dich selbst und deine Impulse. Damit schürst du dein Seelenfeuer, erzeugst Selbstheilungskraft und Einklang mit dir und der Welt.

Der Engel des Lavendels

Der Engel des Lavendels möchte uns mit seinen Botschaften darauf aufmerksam machen, wie wir uns mit den Themen einzelner Chakren ausgleichen und in den vollen Kraftfluss der Liebe zwischen Gott und der Welt zurückkehren können, um damit zum Engel auf Erden zu werden.

In jedem der sieben Einweihungspfade wirst du eine dieser Botschaften finden. Du kannst sie wie eine Zusammenfassung der Erfahrungen deiner Wanderung mit der Seele betrachten und als Merksätze für deine innere Renovierung nutzen.

"Der Geruch des Lavendels vermittelt Reinheit, Harmonie und Frieden. Er bringt dich in Resonanz mit der Harmonie in dir. Sie entsteht, wenn du dich leicht zwischen gegensätzlichen Handlungen bewegst, wie Geben und Nehmen, Kommen und Gehen, Anspannen und Entspannen.

Diese Harmonie zwischen deiner männlichen und weiblichen Seite spiegelt sich in deinen Energiezentren, den Chakren, wider. Ich, der Engel des Lavendels, füge diese Gegensätze mit meinen Flügeln harmonisch zusammen. Indem du meinen Duft wahrnimmst, erinnerst du dich daran, dass du selbst zum Engel auf Erden wirst, wenn du das Festhalten an einem bestimmten Verhalten aufgibst und beschwingt beide Seiten lebst. Ich liebe dich und segne dich mit Beschwingtheit und Leichtigkeit."

Engelbotschaft 1: Wissen - Wurzelchakra

"Komme über den Duft des Lavendels tief in dir in Kontakt mit dem Wissen darüber, wie du deine Impulse erkennen und ihnen folgen kannst. Du bist im Frieden mit dir und schöpfst aus der Quelle deiner Lebenskraft."

Wenn du mit deinem Handeln nicht weiterkommst und gegen Wände rennst, gib es auf.

Falls du nicht aufgeben kannst, führe die Meditation Lebens-Impuls-Klärung durch, entspanne dich und lass los.

Aus der Leere taucht ein neuer Impuls auf.

Möglicherweise erinnerst du dich daran, dass dieser Impuls sich schon früher immer wieder gemeldet hat.

Du weißt, dass er richtig ist, dass du damit dir und anderen dein Bestes gibst, dass du damit in Einklang kommst und deine Ziele erreichst.

Stehe zu deiner Größe, setze den Impuls jetzt in die Tat um und fühle dich sofort wieder angeschlossen an die Quelle deiner Lebenskraft.

Die Siebenmeilenstiefel

Der Engelnavigator

Der Engelnavigator funktioniert wie ein Navigationssystem im Auto. Du gibst lediglich das Ziel vor.

Du schaltest ihn ein, indem du Gott oder einen Engel um eine spezielle Hilfe bittest. Es genügt aber auch, den Engel einfach anzurufen oder seinen Namen zu denken bzw. zu sagen. Beispielsweise kannst du sagen: “Michael” oder “Michael hilf mir, dass das Gespräch mit dem Chef angenehm verläuft”.

Woher weiß der Engel, was du willst, wenn du lediglich seinen Namen sagst? Ganz einfach: Irgendwann einmal hast du dir ein bestimmtes Ziel gewünscht und dein Engelnavi hat die entsprechenden Daten gespeichert.

Manchmal tritt ein Engel auch unerwartet auf den Plan. Auch in diesem Falle hast du vergessen, welche Ziele du schon einmal einprogrammiert hattest. Der Engel erkennt, dass du ganz in der Nähe bist, und bietet dir an, einen kleinen Schlenker zu machen und ganz nebenbei ein vergessenes Ziel zu erreichen. Das erlebst du dann als Wunder und fühlst dich reich beschenkt.

Und wenn ein Engel plötzlich erscheint, um jemanden aus einer lebensbedrohlichen Situation zu retten, dann unterstützt er mit seiner ganzen Kraft den Impuls dieses Menschen, weiterleben oder gesund werden zu wollen.

Am besten ist es, lieber Leser, wenn du den Engelnavigator spielerisch ausprobierst mit kleinen, überschaubaren Zielen. So lernst du, mit ihm umzugehen und seine Sprache zu verstehen. Programmiere ihn, und überlasse ihm die Führung. Wie das Navi im Auto wird er dir sagen, wo und wann du vom gewohnten Weg abbiegen solltest, um zum Ziel zu gelangen.

Ein Beispiel: Zwischen dir und deinem Partner herrscht dicke Luft. Wenn ihr euch begegnet, beobachtest du ihn, wie wohl gerade seine Laune ist. Du versuchst, an seiner Mimik abzulesen, ob er offen für dich ist oder nicht. Ein Wort oder eine missverstandene Geste genügt, und ihr zieht euch in euer Schneckenhaus zurück.

Heute möchtest du mit Hilfe des Engelnavigators eine friedliche Situation mit ihm erschaffen.

1. **Ziel eingeben:** Ich will heute Abend offen auf meinen Partner zugehen.

2. **Standort bestimmen:** Ich erkenne mein übliches Verhalten, mit dem ich mich auf einer Seite der Polarität festhalte. Ich will, dass mein Partner den ersten Schritt macht, und ich warte ab, was geschieht. Wenn er abends nach Hause kommt, beobachte ich ihn aus den Augenwinkeln, während ich meiner Hausarbeit nachgehe. Daraus ziehe ich meine Schlüsse, wie er wohl drauf sein mag. Noch bevor wir miteinander gesprochen haben, habe ich mich so in mich verkrochen und mich auf eine bestimmte Reaktionsweise festgelegt.

3. **Den Engelnavigator einschalten:** Ich entscheide mich dafür, den Engel des Wissens um Hilfe zu bitten und begrüße ihn.

Denn sobald ich ihn um Hilfe bitte, ist er schon in mein Energiefeld eingetreten.

4. **Mit der Reise beginnen:** Ich übergebe dem Engel die Führung und mache mich bereit, mein Verhalten aufzugeben, wenn der Engelnavi eine Wegänderung ansagt.

5. **Nach innen hören:** Die Engelansage geschieht plötzlich, wenn ich mich nicht mehr nach außen orientiere, sondern in mein Inneres hineinspüre. Dort ist es eng und unangenehm, während ich an das bevorstehende Zusammentreffen mit meinem Partner denke. Plötzlich wird es in meinem Herzen etwas weiter und wärmer, als ob ein Lichtstrahl durch einen Türspalt fällt.
   Ich fühle Sehnsucht in meinem Herzen ... Sehnsucht danach, es mit meinem Partner wieder schön zu haben. **Plötzlich weiß ich,** dass ich den ersten Schritt machen möchte. Ich fühle mich lebendig und aufgeregt ... und lasse mich fallen in meinen nächsten Impuls, den ich nun wahrnehme.

6. **Dem nächsten Impuls folgen:** Ich folge der Regung, die gerade jetzt entstand. Ich will nach draußen laufen, auf meinen Partner warten ... und ihn umarmen. Ich nehme meinen ganzen Mut zusammen im Wissen darüber, dass jeder Impuls in der Lage ist, mein Leben neu zu machen. Der Engel bestärkt mich darin, die Urteile über mich und meinen Partner aufzugeben und mich bedingungslos meinem Impuls hinzugeben.

   Er kommt nach Hause und ist völlig überrascht, mich im Garten stehen zu sehen. Ich spüre den Engel in meiner Gegenwart ... Ich fühle mich beschützt, spüre Mut und Liebe... die Liebe des Engel und auch meine Liebe für meinen Partner. Ich sage hallo, lächle und umarme ihn. Es ist ganz leicht, und er erwidert die Umarmung. Danach erzähle ich ihm, was ich da alles in mir bewegt habe und wie mir der

Engel zur Seite gestanden hat. Und auch mein Partner geht aus sich heraus und zeigt mir, wie sehr er darauf gewartet hatte, dass ich den ersten Schritt mache. "Ich danke dir. Du bist mein Engel. Ich weiß nicht, ob ich es ohne dein Entgegenkommen geschafft hätte, wieder auf dich zuzugehen. Ich liebe dich und will ab jetzt mehr zeigen, was in mir vorgeht."

7. **Den Engelnavigator ausschalten:** "Danke, lieber Engel des Wissens, dass du mich zu meinem Ziel geführt hast, meinen Partner zu umarmen. Ich bin glücklich und fühle Frieden und Liebe in mir. Die Reise ist beendet. Ich verabschiede mich von dir."

Ich wünsche dir, lieber Leser, dass du mit dem Engelnavigator ohne Umwege zum Ziel deiner Wünsche gelangst sowie glücklich und zufrieden bist. Manchmal erscheint dies jedoch schwierig, und man ist enttäuscht, wenn trotz guten Willens das eigene Ziel nicht erreichbar erscheint. Oder man findet beim Sich-im-Kreis-Drehen keine eigenen Impulse mehr, wie es am Beispiel des unerfüllten Kinderwunsches deutlich wurde. Mach dir dann klar, dass der Engel trotzdem da ist. Er führt dich - und zwar zu einem anderen Ziel, das du irgendwann einmal in seinen Navi eingegeben und vergessen hast ... so wie meine Interviewpartnerin.

Schon vor langer Zeit hatte sie die Engel darum gebeten, ihr zu helfen, insgesamt in Bewegung zu kommen mit ihren Impulsen und von ihrem Festhalten und der Kontrolle des Alltags abzulassen. Der Impuls mit dem Kinderwunsch war ein Teil ihrer von dem Engelnavigator geführten Reise zu diesem Ziel.

Also: Gib nicht auf, und folge vertrauensvoll einem Impuls nach dem anderen. Und wenn du es einmal nicht wagst, erscheint sofort eine neue Möglichkeit. In der Gnade Gottes kommt der nächste Impuls, der dich neu und ganz machen kann. Dein Engel des Wissens ist bei dir, und er zeigt dir immer wieder neu, wo du wenden kannst, um auf den Weg zu dir selbst zurückzufinden.

Der Raum der Seele

"Hallo, ich bin da. Ich wünsche mir in dir, liebe menschliche Verkörperung, ein strahlendes Zuhause zu haben. Ich bin traurig, dass du dich so festlegst und dein Leben nicht genießt. Du bist wie ein verstaubter Raum, der leer zurückgelassen wurde. Denn ich habe dich zurückgelassen, da ich nichts anderes kann, als dem nächsten Impuls zu folgen. Deshalb hast du erlebt, dass du nicht mehr bei dir warst, weil du mich, deine Seele, nicht mehr gespürt hast. Ich bin dort, wo das Leben schön und aufregend ist ... im Annehmen des nächsten Impulses, der aus Gott kommt. Jeder Impuls erstrahlt wie ein Stern. Ich nehme ihn als Geschenk an und lasse damit Altes hinter mir. Ich bete den neuen Impuls in seiner Vollkommenheit an und erlebe damit Schönheit, Reinheit und Leichtigkeit.

Ich danke dir, dass du nun bereit bist, den verstaubten Raum des Festhaltens loszulassen und zu mir zu kommen. Denn ich brauche dich und deinen freien Willen, um Impulse in die Tat umzusetzen. Bitte bewege dich mit mir an diesen schönen Ort, wo wir die Anregungen aus Gott empfangen. Ich sehne mich so sehr nach der Lichtnahrung der Impulssterne. Bitte wirke mit mir zusammen, und wir erleben uns in der Vereinigung deines Willens und meiner Kraft der Anbetung neu, prickelnd und voller Tatendrang.

Ich zeige dir deinen nächsten Impuls, jetzt, wo du loslassen möchtest, und gehe mit dir Schritt für Schritt sowie mit wachen Sinnen staunend und genießend in deine Welt, die meine Welt ist ... die Welt deiner Seele. Mit jedem Impuls können wir gemeinsam Türen aufschließen zu inneren und äußeren Räumen, deine Wahrnehmungen und Fähigkeiten erweitern in die Welt des Engels, der du bist. Willst du das? Willst du den Weg mit mir gemeinsam gehen?"

Meditation: Raum der Seele

Lege dich bequem hin, und konzentriere dich ganz auf dich selbst. Fühle deinen Atem, wie er kommt und geht. Fühle, wie der Bauchraum sich hebt mit dem Einatem und senkt mit dem Ausatem. Fühle deinen ganzen Körper im Ein- und Ausatem ... Wenn du einatmest, spürst du deinen Mittelpunkt im Oberbauch. Wenn du ausatmest, dehnt sich die Kraft nach allen Seiten hin aus. Du bist der Ein- und Ausatem Gottes ...

Begib dich nun auf eine innere Reise, und stelle dir vor deinem geistigen Auge vor, dass du auf einem Weg wandelst, der dich zu einer Tür bringt. Diese Tür ist der Eingang zum Raum deiner Seele. Während du deinen Weg dorthin gehst, nimmst du mit allen Sinnen wahr, wie dieser Weg und seine Umgebung beschaffen sind.

Langsam näherst du dich der Tür. Schon erkennst du ihre Umrisse. Als du näher kommst, nimmst du genauer wahr, wie groß sie ist ... Aus welchem Material sie beschaffen ist. Nun stehst du direkt davor und möchtest die Tür öffnen. Was erlebst du dabei? Wie öffnet sich die Tür? Machst du das selbst, oder wird sie dir geöffnet?

Du trittst ein in einen schönen, lichten Raum ... den Raum deiner Seele. Suche dir einen besonders schönen Platz aus, an dem du dich wohl fühlst, und lasse dich dort nieder. Genieße entspannt die Umgebung ... Was hörst du? Was siehst du? Was riecht und schmeckst du? Was fühlst du?

Da erscheint aus dem Strahlen des Raumes deine Seele. Sie sieht aus wie du, jedoch lichtvoller und leichter. Sie umarmt dich freudig und setzt sich dir gegenüber.

Sprich mit deiner Seele. Frage sie all das, was du auf dem Herzen hast, und lausche ihrer fröhlichen und leisen Stimme. Frage sie, welche Impulse sie gerade mit dir leben möchte. Genieße das Zusammensein, so lange du magst.

Verabschiede dich dann von ihr, und nimm die Erfahrung mit in deinen Oberbauch. Stärke dich daran. Fühle noch einige Atemzüge lang die göttliche Ordnung in dir. Du bist Liebe und Wahrheit. Du bist der Ein- und Ausatem Gottes ... Du bist ... Alles ist gut.

Finde nun den Ausatem von Liebe und Wahrheit, den du mitnehmen möchtest in deinen Alltag, in dem du nun gestärkt und beseelt deine Impulse in die Tat umsetzen möchtest in der Gewissheit, dass du damit deine Ziele erreichst.

Lieber Leser, folge dieser Meditation eine Weile, und erlebe das Wunder, wenn deine Seele vielleicht irgendwann als ein eigenständiges Wesen mit dir spricht. Sie wartet auf dich und will dich dahin geleiten, die Illusion deines Leidens hinter dir zu lassen, um zu erfahren, wie schön das Leben ist.

Christus-Meditation: Impuls

Setze oder lege dich entspannt hin, schließe die Augen und konzentriere dich auf deinen Atem. Entspanne dich, indem du mit jedem Ausatem die Kontaktstellen deines Körpers zur Unterlage und zum Boden spürst. Mit jedem Einatem nimmst du neue, frische Energie in dich auf. Mit jedem Ausatmen gibst du die verbrauchte Kraft über deine Kontaktstellen in die Erde ab.

Jeder Impuls kommt aus Gott, ist reine Liebe, ein Christuskind. Entscheide dich, den Christus in deinem Herzen zu empfangen. Öffne dein Herzchakra dafür, und bitte ihn, dich mit seiner Energie zu durchfluten. Erlebe in deinem Ein- und Ausatem, wie sich die Kraft der Liebe von Jesus Christus in deinem ganzen Körper ausbreitet.

Mache dir bewusst, dass jeder deiner Impulse ein wahrhaftiges Geschenk der Liebe Gottes ist, mit dem du das Christuskind gebierst, unschuldig und rein. Du be- oder verurteilst nichts. Du bist lediglich Zeuge seiner Geburt.

Die Energie der Liebe sammelt sich in deinem Unterleib und formt sich zu deinem nächsten Impuls. Plötzlich nimmst du ihn wahr, und das Christuskind ist geboren. Stell dir vor, wie du es in Form deines neuen Impulses als neugeborenes Baby in Händen hältst ... wie du es anbetest ... wie du dich an ihm erfreust und dich in ihm erkennst. Das Christuskind, dein neuer Impuls, ist deine Wahrheit, mit der du die Liebe zum Ausdruck bringen möchtest. Alles ist gut. Du findest dich in ihm wieder, in dem bedingungslosen "Ich bin du" der Liebe Jesu Christi.

Nimm nun mit dem nächsten Einatem deinen neuen Impuls in dein Herzchakra als ein Stern, der dort strahlt. Sage deinem Impuls, dass du ihn pflegen und stärken möchtest wie ein neugeborenes Kind. Denn du weißt, er ist ein wunderbares Geschenk der Liebe Gottes, um dich und alles Sein der Schöpfung zu beglücken - zur Freude und zum Heil aller Wesen.

Bedanke dich bei deiner göttlichen Führung für diesen Impuls, und finde den passenden Ausatem, mit dem du ihn mitnehmen möchtest in deinen Alltag, um ihn in die Tat umzusetzen.

Lieber Leser, mit dieser Meditation öffnest und reinigst du dich und kannst erleben, wie du deine Impulse mit mehr Leichtigkeit wahrnimmst, ohne sie zu bekämpfen. Du bist im Fluss der Liebe. Du nimmst dich an, den Engel, der in dem Impuls auf die Erde gekommen ist, und du erstrahlst in ihm als ein einmaliger, wunderschöner Stern.

Ein Segen, um dem Pfad des Wissens zu folgen

Ich schaue mich in meinem Wohnraum um und bewundere eine Pflanze, die das ganze Jahr über prächtig gedeiht, ganz gleich, wie die Bedingungen sind.

So segne ich dich, lieber Leser, und alles Sein der Schöpfung mit prächtigem Gedeihen, ganz gleich, wie die Bedingungen dazu sind, mit Liebe, Frieden und Freude.

Merksatz

Ich glaube an dich, lieber Leser. Du hast alles Wissen in dir. Mach weiter so, und höre auf dich selbst!

Sage für dich und andere immer wieder den Merksatz:

"Ich glaube an mich, an dich und an uns. Denn ich weiß: Wir können jederzeit zu unserem inneren Wissen zurückfinden, dass wir in Wahrheit Liebe sind und unsere Liebe mit all unseren Impulsen zum Ausdruck bringen wollen. Wir müssen nicht perfekt sein. Wir dürfen uns in unserer Unvollkommenheit zeigen und uns ergänzen zu dem Engel, der wir sind."

Der Pfad der Schönheit

Scheidung

GISELA

"Am Wochenende war ich sehr verzweifelt und hilflos. Mein inneres Vertrauen, mein gutes Bauchgefühl war weg. Und dann bete ich ja immer und suche mir Hilfe bei den Engeln. Darauf habe ich vertraut. Danach hatte ich das Gespräch mit dir und deinem Mann und habe intuitiv eine Seite aufgeschlagen in deinem Buch Lebens-Impuls-Begleitung, um einen Anstoß zu bekommen, was ich wohl tun könnte.

Es ging wieder einmal um das Verzeihen von Altlasten. Ich musste das verzeihen, was mein Verstand nicht verzeihen möchte. Ich sollte das verzeihen, was mich an meinem geschiedenen Mann sehr gestört hat. Nämlich, dass er so hart und ungerecht zu mir gewesen ist. Das Gespräch mit euch hat mich dann so beschäftigt, dass ich abends nach Hause gegangen bin und mich in die Gefühlswelt meines geschiedenen Mannes hineinversetzt habe, wie es ihm mit mir ergangen sein muss. Und das war ganz schlimm. Dann konnte ich auch verstehen, warum er so reagiert hat.

Also: Nur aus meinem eigenen Gefühl konnte ich es ihm verzeihen. Denn ich habe mich in ihm wiedergefunden. Ich habe mich an ein Beispiel aus meinem eigenen Erleben erinnert, als ich hart und ungerecht gehandelt habe. Das war so, weil ich mich ganz ohnmächtig und verzweifelt gefühlt hatte aus Angst und aus Enttäuschung, loslassen zu müssen, wo man nicht loslassen möchte, als mein früherer Chef mir gekündigt hat. Freunde und Kollegen hatten es schon vor mir gewusst und mir aber nicht gesagt, um mich zu schonen. Das hat mich extrem wütend gemacht, und damit war ich das, was ich sonst nicht bin, weil ich so besonders verletzt war, dass sie es mir verschwiegen hatten – und ich habe 'zurückverletzt'. Damit hatte ich auch meine Freunde ungerecht und hart behandelt, weil ich mich von ihnen hart und ungerecht behandelt fühlte.

So muss es auch meinem geschiedenen Mann ergangen sein, und er hat ja nicht wie ich die Möglichkeit des Verzeihens. Es ging um die Kinder, die er *liebt, es ging darum, wer sie bekommt und wer nicht. Und natürlich gehört für ihn viel dazu, das anzunehmen und zu ertragen, dass die Kinder bei mir sind. Ich konnte ihm* verzeihen, *dass er mir gegenüber so hart und ungerecht gehandelt hat, weil er sich* ohnmächtig und verzweifelt *gefühlt hat, in Bezug auf die Kinder nichts tun zu können. Sie wurden ihm weggenommen, und er war in diesem ganzen Komplex fremdbestimmt:*

Da bestimmt jemand über mich hinweg. Ich muss damit leben ... und habe keine Chance ... diese Hilflosigkeit ... die Enttäuschung ... der Ärger ... die Wut. Da kommt alles zusammen. Das habe ich richtig gespürt. So ging es mir nämlich damals auch *nach meiner Kündigung. Der Schreck darüber saß mir immer noch in den Gliedern und begleitete mich auch jetzt auf meiner neuen Stelle.*

Ich hatte die ganze Zeit während der Probezeit Angst, wieder gekündigt zu werden. Da habe ich meinem Mann wirklich verziehen *und es auch bewusst in einem Ritual gemacht. Ich habe ein Streichholz angezündet, dann wieder ausgepustet und es anschließend ganz tief unter der Hecke vergraben. Und zwar wirklich, damit ich ihm die Botschaft senden kann: 'Ich möchte dich hiermit von diesem schlimmen Gefühl befreien.' Und von diesem Zeitpunkt an* war ich wie erlöst. *Es ging mir gut. Ich habe gut geschlafen. Ich konnte das, was im Unfrieden war, abklären und beenden.*

Ich glaube, dass ich der Engel war, *weil ich mich auch* so gefühlt *habe. Ich habe gewusst: Es ist richtig, es ist gut, was ich tue. Und ich glaube, irgendwie habe ich das dann auch ausgestrahlt. Und als ich meinem Mann verziehen hatte, war auch gerade das Gespräch mit meinem Chef wegen des Endes der Probezeit. Und es war ein riesiges Geschenk. Denn er sagte mir, ich könne bleiben. Ich fühle mich wirklich leicht.* Ein wahnsinniger Druck ist von mir genommen worden. *Ich habe in allen Fasern gespürt, dass das Verzeihen richtig und wichtig war, nicht nur für mich und ihn, sondern auch für die Kinder.*
Das Verzeihen streut das Strahlen des Engels so richtig schön aus – nach allen Seiten. Da kommt mir mein Bild von meinem Bauchtanz ... wie ich die Arme seitlich eng am Körper nach oben hebe und dann weit nach den Seiten hin ausbreite ... meine Flügel ... Sie haben im Bauchtanz den Namen: goldene Isis-Wings.

Es ist für mich ein Geschenk, dass ich verzeihen kann, zum Beispiel der Mutti und der Omi, wenn sie aneinander vorbeireden. Ich kann dann beiden verzeihen: der Omi, dass sie sich bevormundet fühlt, und der Mutti, dass sie es doch nur recht machen will. Ich kenne das beides von mir. Das ist so herrlich und schön *mit dem Verzeihen.*

Das mache ich öfter. Wenn ich erlebe, da ist so eine Situation, in der Störungen in Begegnungen mit mir oder anderen auftauchen, dann gehe ich einfach in mich und verzeihe den anderen ihr Verhalten. Das geht so einfach und tut mir so gut. *Ich bin so dankbar dafür. Das hat mir viel Kraft für mich selbst gegeben. Und die innere Unruhe ist deutlich weniger geworden.* Das ist so schön!"

Der Engel der Schönheit

"Du hast nach mir gerufen, als das Leben für dich nicht mehr **schön** war, als du hilflos und verzweifelt warst. Verzweiflung bedeutet 'Ver-zwei-flung'. Wenn ihr Menschen Verzweiflung spürt, steckt ihr in einem Spalt fest und findet nicht mehr heraus. Es ist der schmale Spalt zwischen zwei Möglichkeiten, zwischen den Polen. Dies geschieht dann, wenn ihr euch schon von einer Seite gelöst habt, die andere Seite jedoch noch nicht annehmen konntet. Dann ist außen wie innen kein Bewegungsspielraum mehr. Ihr hängt hilflos in der Mitte, wo es keine Handlungsmöglichkeit zu geben scheint, die euch daraus erlöst.

Du liebst es, aus deiner Intuition und aus deinem Bauch heraus zu leben. Und du liebst die **Schönheit**. So breitest du dich gerne mit deinen Gefühlen aus, genießt die Weite deines Raumes, die Wahrnehmung all deiner Sinne und bist auf diese Weise im Austausch mit uns Lichtwesen. Wir genießen die Regenbogenfarben deiner Gefühlswogen, genauso wie die Menschen in deiner Umgebung. Du tust ihnen gut damit. Sie öffnen sich in deiner Gegenwart und fühlen sich beschwingt.

Doch oft warst du dir selbst und der Wohltat deiner Gefühle nicht sicher. Du hast geglaubt, nicht richtig zu sein, wenn du dich verhärtetest.

Doch damit hast du dich verurteilt und gedacht, du würdest andere damit ungerecht behandeln. So hast du dir das Hartsein verboten und es in dir eingeschlossen. Das geschah immer dann, wenn in dir ein Gefühl auftauchte, das du als **unschön** betrachtet hast, wie zum Beispiel Ärger und Wut. Wenn du solche Gefühle auch nur ansatzweise gezeigt hast, hast du geglaubt, andere ungerecht zu behandeln, und du hast dich besonders darum bemüht, wieder **schöne** Gefühle zu erzeugen, freundlich und zugewandt zu sein. Die Wahrheit deiner Gefühle aber hast du zurückgedrängt.

Bitte, meine Liebe, mache dir bewusst, dass du es dir damit verboten hast, zu dir selbst zu stehen. Um anderen möglichst nur die **schönen** Anteile deiner Gefühlswelt zu zeigen, warst du hart und ungerecht zu dir und hast dir selbst die **unschönen** Gefühle gegeben. So warst du jedes Mal ärgerlich und wütend auf dich, wenn **unschöne** Gefühle in dir auftauchten. Und jedes Mal hast du den Druck dagegen genauso wie deine Bemühungen verstärkt, nach außen weich und gerecht zu erscheinen.

Doch diese Bemühungen sind **nicht schön**, denn sie sind nicht die Wahrheit. Lediglich die Liebe deines gottgegebenen Impulses ist die Wahrheit - und sonst nichts. Wenn es also gerade deine Wahrheit war, zu jemandem hart und ungerecht sein zu wollen, und du warst stattdessen zugewandt und freundlich, manifestierte sich das Hart- und Ungerechtsein trotzdem in der Schöpfung. Denn es ist dein wahrhaftiger Impuls. Er ist da in seiner vollen göttlichen Strahlkraft. Wenn du ihn nicht lebst, wird er dir von außen von einem anderen Menschen entgegengebracht.

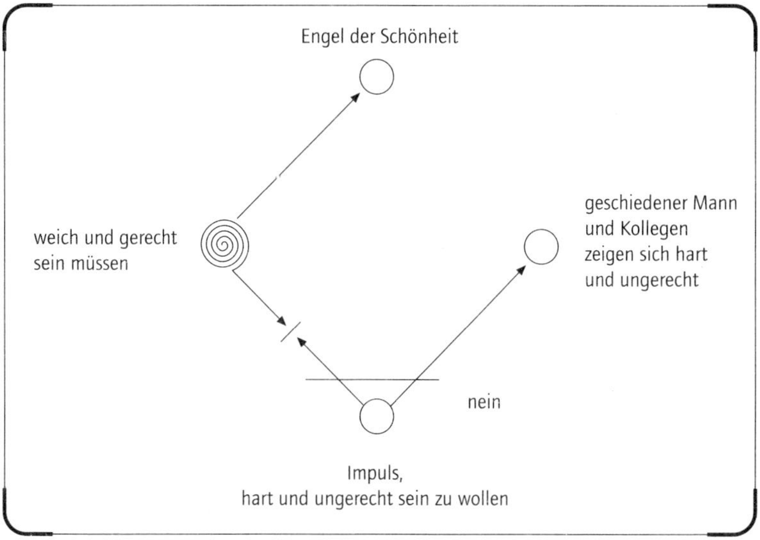

Die Wahrheit deines Impulses ist reine göttliche Energie, die auf die Erde kam und sich auf jeden Fall in irdisches Erleben umsetzt.

Ich höre deine Zweifel: 'Wie soll es Liebe sein, und wie soll es richtig sein, zu anderen Menschen hart und ungerecht zu sein?' So höre meine Antwort, meine Liebe: Du bist sowieso hart und ungerecht anderen gegenüber - nämlich wenn du nicht deine ehrlichen Regungen lebst und so tust als ob. Du bist hart und ungerecht zu dir selbst, wenn du dir deine göttlichen Impulse verbietest. Indem du glaubst, so nicht sein zu dürfen, glaubst du nicht an Gott, der dir deinen Impuls in Liebe und in Seiner alles überschauenden Gerechtigkeit schenkt. Er schenkt gerade dir diesen Impuls, weil du oft zu freundlich bist und es anderen mehr recht machst als dir selbst.

Du brauchst hin und wieder ein bestimmtes Maß an Härte, um überhaupt Grenzen setzen zu können und dich nicht zu überfordern... Grenzen, die dir im Leben der irdischen Polarität helfen, deine Identität zu wahren und den inneren Raum der **Schönheit**, Weichheit und der fließenden Bewegungen zu schützen. Wenn du dir dieses natürliche Maß an Härte jedoch verbietest und es immer wieder nach innen drängst, verstärkst du es in Wahrheit. Dann erschrickst du vor seiner Intensität und verbietest es dir ganz und gar. Damit lebst du nicht mehr aus dir selbst heraus ... Das ist aber notwendig, um ein gutes Bauchgefühl zu haben, wie du es nennst, meine Liebe, und um dir die Sicherheit zu geben, dass dein Handeln richtig ist.

Gott weiß, wie gerne du nur der Engel der **Schönheit** wärst, der ich bin und der du bist. Du liebst die **schönen** Rituale, die Weichheit der fließenden Bewegungen deiner Engelflügel und die Gerechtigkeit des Einsseins. In seiner unendlichen Liebe gibt Gott dir Impulse, die dich in deinem freien Willen dahin führen wollen, das Dasein in den Gegensätzen der Polarität, die auf der Erde herrschen, genauso zu lieben, wie ein Engel zu sein. So erhältst du beständig Anregungen aus dir selbst heraus sowie durch andere Menschen, um beide Seiten der Polarität in Liebe anzunehmen, so dass du jederzeit frei wählen kannst zwischen hart und weich, zwischen gerecht und ungerecht. Denn in der Liebe des Schöpfers gibt es keine Bedingungen, und die Gegensätze sind gleich. Sie sind Partner und ergänzen sich.

Erkenne, meine Liebe: Gott liebt dich genauso, wie Er jedes andere Wesen liebt. Alles, was Er in dein Leben entsendet, ist Liebe und will dich heilen, ganz machen, ergänzen zu deiner Freude und der aller Wesen. Halleluja!

Immer wieder hast du gebetet und um Führung gebeten. So sandte Gott also durch mich, den **Engel der Schönheit**, Impulse in dein Leben, die dich dazu führen wollten, das Hartsein wie das Weichsein in Freude zum Heil der ganzen Schöpfung zu erfahren.

Da du diese Impulse jedoch in dir eingesperrt hattest, brachten dir dein geschiedener Mann, dein Chef und die Kollegen dieses Verhalten immer stärker von außen entgegen.

Du hast dich durch deren Verhalten sehr unter Druck gesetzt gefühlt, warst hilflos und verzweifelt. Du warst so enttäuscht und verletzt, dass du einfach nicht mehr weich und gerecht bleiben konntest. Hart und ungerecht zu sein war deine Notlösung, um dich vom inneren Druck zu befreien.

Doch noch immer hast du dich dafür verurteilt und weiter um eine Lösung gebetet. So führte ich dich dorthin, wo dein Leben in der Gnade Gottes schöner und leichter werden konnte. Du trafst auf Menschen, die dir einen besonderen Weg des Verzeihens aufzeigten.

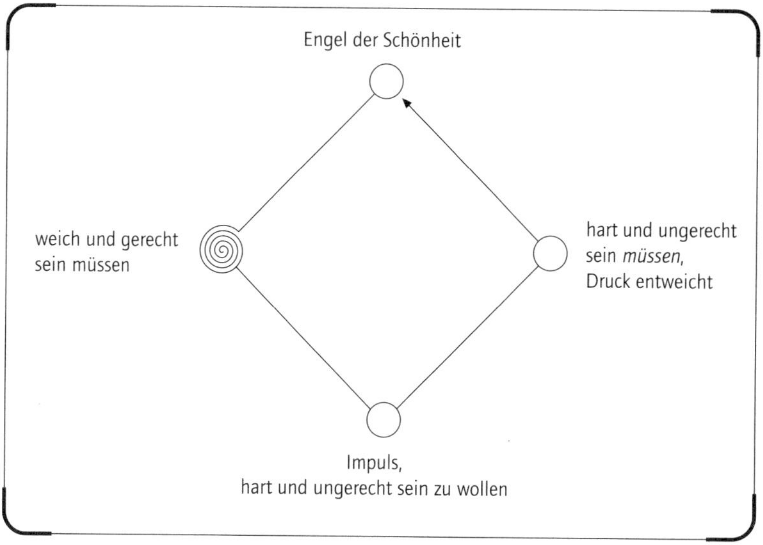

Mit diesem Weg war es möglich, dich in deinen geschiedenen Mann, den Chef und die Kollegen hineinzuversetzen und dich in ihnen wiederzufinden. Damit gelang es dir, endlich auch dir selbst das Hart- und Ungerechtsein zu verzeihen und es als mögliche Handlung in dein Leben mit einzubeziehen.

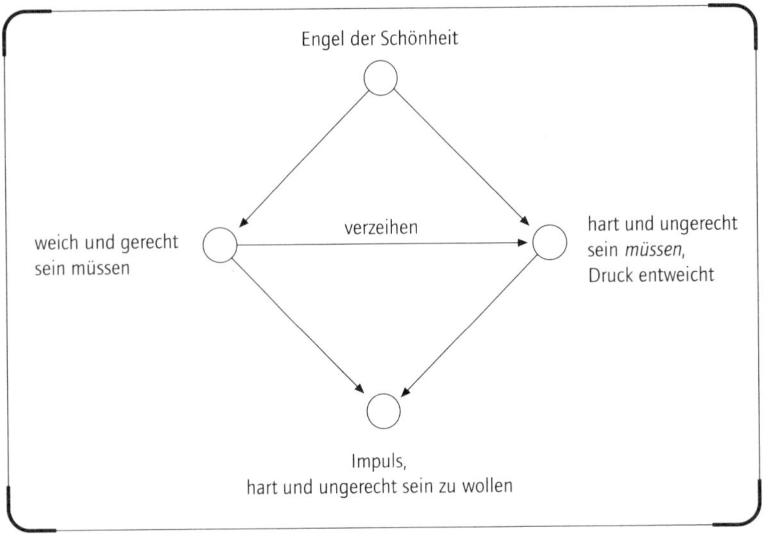

Mache es dir nun **schön** damit, meine Liebe. Dir steht nun der ganze Raum mit allen Abstufungen von weich bis hart, von gerecht bis ungerecht zur Verfügung. Mein Auftrag hat sich erfüllt. Du bist erfüllt, erfüllt von meiner Strahlkraft. Amen."

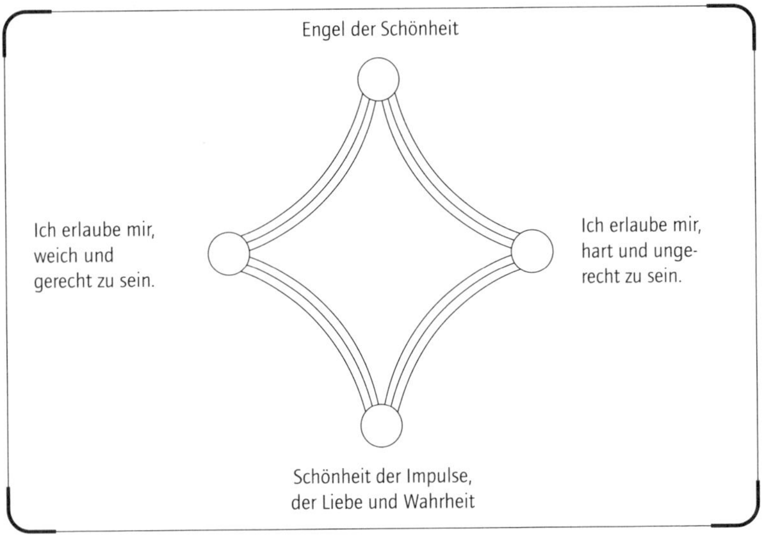

Der Engel des Lavendels

Engelbotschaft 2: Schönheit - Sexualchakra

"Der Duft des Lavendels verbindet dich mit deiner Freude, Kreativität und Lebenslust. Du lebst beschwingt und begeistert deine Impulse, sagst klar Ja und Nein und genießt deine Sexualität harmonisch und lustvoll."

Wenn etwas in deinem Leben nicht schön ist, ändere es.

Du kannst es, wenn du deine unschönen Gedanken änderst und akzeptierst, dass alles, was dir begegnet, ein Geschenk der Liebe Gottes für dich ist.

Falls du etwas nicht als Geschenk annehmen kannst, finde die Entsprechung in dir, verzeihe die Störung und komme damit zurück in den Fluss der Liebe.

Damit hebst du die Blockade auf, mit der du früher gegen das Unschöne gekämpft hast, und lebst lustvoll und beschwingt aus der vollen Kraft deiner Sexualität deine Impulse.

Die Siebenmeilenstiefel

Der leise Ruf der Seele

"Hallo, meine liebe menschliche Verkörperung. Ich freue mich, dass du die Engel um Hilfe bittest und erlebst, wie sie sofort zu dir fliegen und dir beistehen, deine Wahrheit der Liebe zu leben.

Die Engel fliegen. Ich, deine Seele, schwebe jedoch. Ich halte mich in der Schwebe, indem ich mich von deinen göttlichen

Impulsen magisch anziehen lasse und sie anbete. Ich kann nicht zu dir kommen und bin darauf angewiesen, dass du dich aus deinem freien Willen heraus entscheidest, zu deinem bedingungslosen Impuls und damit zu mir zu kommen ... zu dir selbst.

Bitte komm jetzt zu mir, und mache es dir schön. Ich bin traurig darüber, wie du an der Trennung von mir leidest. Finde mit mir Frieden, Lust und Glück im Loslassen deiner Verhaltensmuster."

Meditation: Vereinigung

Lege dich bequem hin, und konzentriere dich ganz auf dich selbst. Fühle deinen Atem, wie er kommt und geht. Fühle, wie der Bauchraum sich hebt mit dem Einatem und senkt mit dem Ausatem. Fühle deinen ganzen Körper im Ein- und Ausatem ...

Wenn du einatmest, spürst du dein Zentrum in deinem Oberbauch, das ist der Bereich deines inneren Gottes. Wenn du ausatmest, dehnt sich die Kraft nach allen Seiten aus. Du bist der Ein- und Ausatem Gottes ...

Nun stelle dir vor, wie sich dieser Mittelpunkt ausdehnt. Wie ein Wassertropfen, der in einen stillen See eintaucht, konzentrische Kreise um die Eintauchstelle bildet, so erzeugst du mit jedem Ausatem Kreise, die deinen Körper mehr und mehr umfassen. Mit jedem Ausatem bildest du konzentrische Kreise, mit jedem Einatem tauchst du wieder neu in die Mitte ein.

Nun stelle dir vor, dass der äußerste Kreis, der deinen ganzen Körper umfasst, aufgeteilt ist in zwei Seiten, wie Yin und Yang. Zwei Seiten, wobei jeweils die eine aus der anderen entsteht.

Yin-Yang-Symbol

Konzentriere dich nun auf eine deiner Verhaltensweisen, die du mit dieser Meditation ergänzen und heilen möchtest. Sieh vor deinem geistigen Auge diese Verhaltensweise auf der Yin-Seite deines Kreises ... und dann das gegenteilige Verhalten auf der Yang-Seite.

Bitte nun Gott um das goldene Licht der Gnade, und lasse es nach und nach in den Kreis fließen. Fühle die Gnade, indem du erlebst, dass in der Liebe Gottes keine Seite besser oder schlechter ist als die andere, sondern beide in Wahrheit Partner sind, die sich genau ergänzen. Nimm wahr, wie die eine Seite nur durch die Anwesenheit der anderen existiert ... wie die eine die andere in ihrer Besonderheit beschützt, anbetet und liebt ... wie sich beide Seiten aneinander schmiegen ... wie sie sich vereinen und gegenseitig heilen im goldenen Licht der Gnade Gottes.

Bleibe eine Weile in der Wahrnehmung der Vereinigung, und genieße die Besonderheit und Schönheit beider Seiten ... Nun atme dreimal tief ein und aus, und nimm diese Erfahrung mit in deinen Alltag.

Der Engelairbag

Der Engelairbag funktioniert wie ein Airbag im Auto. Wenn du in der Begegnung mit anderen Menschen auf deren Gegenwehr triffst oder auf die eigene, fährt er automatisch aus, um dich vor Verletzungen zu schützen. Er beschützt dich davor, unschöne Methoden zu benutzen, um deine Ziele zu erreichen, und von deiner Wahrheit der Liebe, die du bist, weiter wegzugeraten. Er ist dick wie ein Kissen, und du kannst in seine Weichheit einsinken. In der Umarmung durch seine Engelsflügel erlebst du deine Welt plötzlich mit weichen Konturen. Frieden und Freude erscheinen wieder möglich.

Benutze den Engelairbag, wenn eine bevorstehende Begegnung dich verunsichert und du mulmige Gefühle hast oder wenn du an bestimmten Verhaltensweisen festhältst, obwohl du eigentlich das Gegenteil empfindest, wie zum Beispiel die Interviewpartnerin, als sie zu freundlich war.

Der Engelairbag wird dir helfen, dass du dir selbst treu bleiben kannst und die Begegnung sanfter und liebevoller verläuft. Probiere ihn spielerisch aus in einer Begegnung, die zunächst keine zu große Herausforderung für dich bedeutet.

Ein Beispiel: Du möchtest den Kollegen bitten, dich nächste Woche an einem Tag zu vertreten, an dem du freinehmen willst. Bisher warst du immer sehr aufgeregt, wenn du andere um etwas bitten wolltest, und du möchtest das jetzt ändern.

1. **Ziel bestimmen:** Ich will meinen Kollegen ruhig und bestimmt bitten, mich zu vertreten.

2. **Störung erkennen, die mich bisher daran hinderte:** Ich habe Angst, dass er ärgerlich wird und sich ungerecht behandelt fühlt, wenn er zusätzlich meine Arbeit machen soll.

3. **Den Engelairbag einschalten:** Ich bitte den Engel der Schönheit um Hilfe und begrüße ihn in meinem Energiefeld.

4. **Dem Engelairbag vertrauen:** Du gehst auf deinen Kollegen zu und spürst, wie dein Magen anfängt, sich zu verkrampfen. **Plötzlich** wird dir klar, dass du dich ihm gegenüber klein

machst, um seine Zusage zu bekommen. Gegenwehr entsteht in dir ... **Gegenwehr**, die der Engelairbag ist. Du richtest dich innerlich auf, indem du den Druck zurücknimmst, mit dem du unbedingt seine Zusage wolltest. Du entspannst dich und machst es euch beiden damit schön. Du erlaubst dir die Freiheit, ihn ruhig und bestimmt um die Vertretung zu bitten ... und erlebst: Indem du dich aufrichtest, richtet sich auch dein Kollege auf. Er hat nun Raum, frei zu entscheiden, ob er dir helfen will oder nicht. Und du staunst nicht schlecht, als er dir sagt, wie gerne er dir helfen würde.

5. **Den Engelairbag ausschalten:** Danke, lieber Engel der Schönheit. Du hast mir geholfen, mein Anliegen ruhig und bestimmt vorzubringen. Ich bin im Frieden mit mir und der Welt und verabschiede mich von dir.

Nun lade ich dich ein, lieber Leser, mit dem Engelairbag den Einweihungspfad der Schönheit weiterzugehen. Lass dich sanft von dem Engel berühren und aufrichten, und mache dir damit dein Leben schön ... jetzt gleich!

Anleitung zum Verzeihen

Lieber Leser, ich wünsche dir, dass die Anleitung zum Verzeihen dich immer wieder neu in die Offenheit anderen und dir selbst gegenüber führt.

Ich nehme in meinem Alltag aufmerksam wahr, wie es mir geht. Ich stelle fest, ob ich mich nach außen hin anders verhalte, als ich mich innen wirklich fühle.

Ich nehme deutlich wahr, wenn mich etwas bei anderen stört.

Ich nehme mir Zeit, um herauszufinden, was mir der andere damit spiegelt. Er zeigt mir immer genau das, was ich an mir selbst nicht mag. Was kann das sein? Vielleicht erinnere ich mich an eine Situation, in der ich ähnlich gehandelt habe, und suche meinen Beweggrund hierzu.

Wenn ich mich nicht an eine solche Situation erinnere, will ich an diesem Tag herausfinden, wo in mir eine ähnliche Regung entsteht, mich so zu verhalten, wie derjenige, der mich stört. Ich würde es allerdings nicht tun, weil ich es mir verbiete und diese Regung in Schach halte.

Ich finde heraus, **warum** diese Regung entsteht. Das ist der wichtigste Punkt, um dem Gegenüber sein störendes Verhalten verzeihen zu können. Ich verzeihe es ihm still in meinem Herzen.

Beispiel: Mein Partner war beim Frühstück abweisend zu mir, obwohl ich freundlich zu ihm war. Das hat mir wehgetan. Ich will an diesem Tag herausfinden, wann ich abweisend zu jemandem sein möchte. Am Nachmittag ruft mich meine Freundin an. Ihre Stimme klingt sehr freundlich. Ich bin gerade im Stress und will abweisend reagieren. Ich zeige es ihr jedoch nicht und versuche, ebenso freundlich zu sein. Aha, nun verstehe ich, dass mein Partner heute Morgen nicht abweisend zu mir war, weil er mich nicht liebt, sondern weil er im Stress war. Es ging ihm beim Frühstück mit mir genauso, wie es mir nun umgekehrt mit der Freundin geht. Ich verzeihe ihm, dass er abweisend war, **weil** er im Stress war.

Wenn mir ein Mensch am Herzen liegt, gebe ich es auf, Macht über ihn haben zu wollen, und spreche das Verzeihen ihm gegenüber laut aus. Ich sage ihm auch, warum ich ihm verzeihe, warum ich ihn nun verstehen kann. Der Grund, warum ich ihm verzeihen kann, rührt mich im Herzen an. Ich bekämpfe mein Gegenüber nicht mehr länger und fühle mich offen und liebevoll mit ihm.

In den nächsten Tagen achte ich besonders darauf, wann mir dieses störende Verhalten bei anderen begegnet oder wann die

Regung hierzu in mir entsteht. Ich verzeihe es jedem einzelnen Gegenüber in meinem Herzen oder spreche es laut aus. Irgendwann stelle ich fest, dass ich das störende Verhalten auch zeigen kann und nicht mehr in Schach halten muss. Ich fühle mich frei und froh damit.

Zu dem Beispiel von oben: Ich erlaube mir nun, manchmal auch abweisend zu sein. Danach ist mein Freundlichsein nicht mehr aufgesetzt, sondern ehrlich und kraftvoll. Ich fühle mich beschwingter, froher und leichter. Ich habe mehr Mut und auch das Bedürfnis, nun immer öfter ich selbst zu sein. Dankbarkeit macht sich in mir breit, dass mein Gegenüber mir mit seinem störenden Verhalten genau das spiegelt, was mich froh und gesund machen kann. Den Menschen gegenüber, die mir am Herzen liegen, sage ich, dass ich ihnen dankbar bin dafür, dass sie so sind, wie sie sind. Ich freue mich auf meinen Tag, auf meine Begegnungen und den Segen, den ich dabei erfahre.*

Christus-Meditation: Tanz der Freude

Lege dich bequem hin, und konzentriere dich auf deinen Atem. Atme leicht und liebevoll ein und aus. Fühle deinen Atem wie einen Tanz ... hin und her ... auf und ab ...

Nun erlebe in der Bewegung deines Ein- und Ausatems eine vorangegangene Begegnung mit einem Menschen deiner Wahl. Sieh vor deinem inneren Auge, wie ihr leicht und liebevoll miteinander umgeht, wie ihr euch anbetet in euren jeweiligen Besonderheiten, die sich gegenseitig perfekt ergänzen ... Sieh, wie ihr euch austauscht im Tanz der Freude.

* *"Anleitung zum Verzeihen" aus dem Buch "Lebens-Impuls-Begleitung", Edition Sonnenklar 2009*

Falls du in dieser Begegnung erlebt hast, dass du und der andere aus der Liebe und Leichtigkeit geraten seid, lass diese Abhängigkeit, den Schmerz und den Kampf nun los.

Gehe mit der Christusliebe in dein Sexualzentrum auf der Höhe des Schambeins. Atme dort leicht und liebevoll ein und aus, und bitte darum, den nächsten wahrhaftigen Impuls zu empfangen, der euch in seiner Bedingungslosigkeit neu in die Leichtigkeit und Liebe führen wird.

Stelle dir nun vor, dass du diesem Impuls folgst, und erlebe euch beide neu im Tanz der Freude. Sieh vor deinem inneren Auge, wie ihr euch - frei von vorherigen Urteilen - achtet und anbetet. Beschließe nun, den Impuls in die Tat umzusetzen, es euch damit schön zu machen. Bitte Jesus Christus, dich dabei zu stärken und zu begleiten.

Nun beende diese Meditation mit einem tiefen Atemzug, und nimm den Impuls mit in deinen Alltag. Setze ihn nicht vom Verstand her um, sondern dann, wenn er neu auftaucht und Einklang erzeugen will.

Ein Segen, um dem Einweihungspfad der Schönheit zu folgen

Ich finde einen Segen für dich, lieber Leser, indem ich meinen Blick im Raum entspannt umherschweifen lasse. Ich bete die Christusfigur auf meinem Schreibtisch an, die die Arme ausbreitet und mich willkommen heißt.

So segne ich dich, lieber Leser, und alles Sein der Schöpfung mit der Bereitschaft und Offenheit, andere Wesen willkommen zu heißen mit Liebe, Frieden und Freude.

Merksatz

Ich bete dich in deiner Besonderheit an, lieber Leser. Und ich bete meine Besonderheit und meine Impulse an. Während du das liest und mit meinen Texten umgehst, ergänzen wir uns perfekt. Gemeinsam erzeugen wir so in Liebe die Schönheit der Schöpfung. Ich erfreue mich daran und danke dir für unsere Begegnung. Mach weiter so. Du beglückst alle Wesen!

Sage häufig diesen Merksatz:

“Ich bete dich und deine Besonderheiten an. Und ich bete meine Besonderheit und meine Impulse an. Niemand muss perfekt sein. Wir erzeugen Resonanz und ergänzen uns perfekt in jedem Augenblick, in dem wir unsere Impulse wahrhaftig und in bedingungsloser Liebe leben. Ich vertraue unserer göttlichen Führung, dass wir auf diese Weise von selbst zusammenkommen und wieder auseinandergehen werden.”

Der Pfad der Kraft

Tod des Partners

ANNEGRET

"Kurz vor dem Begräbnis hatte ich mich mit dem Pfarrer unterhalten, ihm alles erzählt von unserem Leben, auch von der Krankheit meines Mannes und, und, und ... (weint) Jetzt kommt alles wieder hoch ... *Der Pfarrer meinte dann auch, dass er meinen Mann noch nie in der Kirche gesehen hätte. Das konnte er auch nicht, denn er war ja schon so lange krank gewesen. Wir haben uns eine ganze Zeit lang unterhalten, auch über die Goldene Hochzeit. Da war mein Mann nicht im Krankenhaus gewesen, sondern zu Hause und konnte wenigstens mitfeiern ... Das war das letzte Mal gewesen. Danach war er fast nur noch im Krankenhaus oder zu Hause im Bett gewesen.*

Vor der Beerdigung hatte ich zu meinem Schutzengel gesprochen und ihm gesagt, dass er heute ganz besonders auf mich aufpassen muss und mir und uns allen viel Kraft geben soll. Als dann der Gottesdienst zur Beerdigung war, hat der Pfarrer eine schöne Rede gehalten. Ich hatte das Gefühl, er spricht nur zu mir. *Während der eigentlichen Beerdigung auf dem Friedhof waren sehr viele Leute da, aber ich habe sie* alle nicht gesehen. *Ich habe wirklich* nichts von ihnen mitbekommen. *Während des Sprechens und Betens am Grab erlebte ich plötzlich, dass mein Mann schon über mir war. Das war ein ganz besonderer Moment, der mir* Halt gegeben hat und der mir heute noch Halt gibt.
Es gab natürlich auch im Krieg viele Situationen, in denen die Schutzengel mir geholfen haben. Aber das war alles nicht so wichtig wie das Erlebnis während der Beerdigung."

Der Engel der Kraft

"Du hast nach mir gerufen, als du nach dem Tod deines Mannes **keine Kraft** mehr hattest. Dein Leben lang und vor allem im Krieg musstest du das tun, was andere von dir verlangten. In solchen Situationen fragte man dich nicht, ob du **genug Kraft** dazu hattest.

Also hast du gelernt, alleine zurechtzukommen und dich mit deinen Sorgen und Nöten an uns zu wenden. Und wir waren jedes Mal glücklich, dir helfen zu dürfen. Denn in der Liebe Gottes sind wir immer bereit, **unsere Kräfte** in dein Leben zu ergießen.

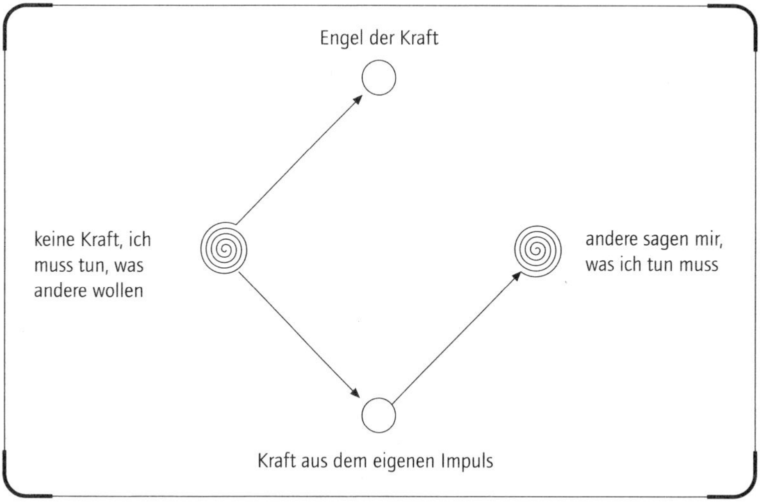

Während dein Mann auf Erden wandelte, befand sich seine Seele im Schwebezustand. Sie fühlte sich magisch angezogen von seinen Impulsen und freute sich mit ihm, wenn er sie lebte. Manchmal jedoch verließ die Seele seinen Körper, wenn er schlief, und ließ sich von uns Engeln emporheben, um sich auf anderen Energieebenen auszutauschen, zu lernen und sich zu regenerieren. Auf diese Weise erholen sich eure Seelen von dem Druck des Müssens und Sollens. Nach seinem irdischen Tod wurde die Seele deines Mannes ein letztes Mal von uns in lichte Gefilde begleitet, um dort weiterzuleben.

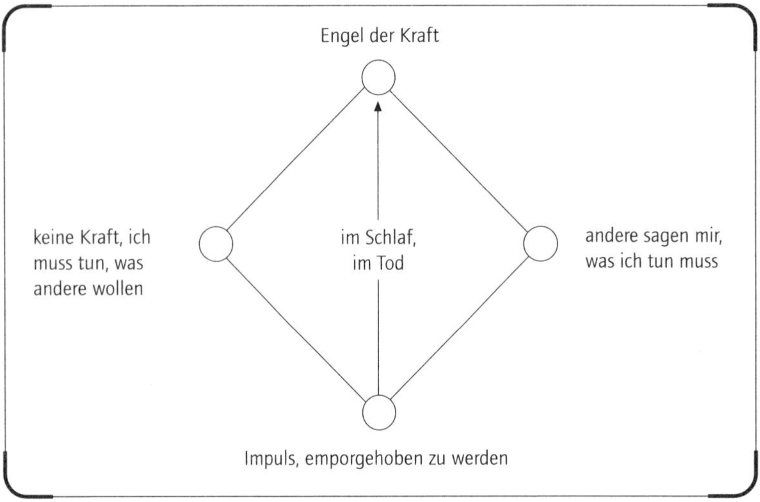

Als er nun starb, hast du uns nicht einfach gebeten, sondern gabst uns den Befehl, dir helfen zu *müssen,* und wir *sollten* dir **Kraft** geben. Denn du warst bereit, dich in deinem großen Leid um den Verlust deines Partners fallenzulassen in das Einzige, das frei war von Leid: in den Impuls, dich auf dich selbst zu konzentrieren und uns deinen lieben Mann anzubefehlen. Um dich dieser Regung ganz zuzuwenden, hast du unsere **kraftvolle Unterstützung** und unseren unverzichtbaren Schutz benötigt, um nicht, wie schon oft in deinem Leben, dem Druck des Müssens und Sollens anderer ausgesetzt zu sein und von deinen wahrhaftigen Impulsen abzuweichen.

Du übergabst mir, dem Engel der **Kraft**, die Führung. So trug ich dich auf meinen Flügeln weg von dem Müssen und Sollen - hin auf die andere Seite, zu deinem freien Willen, mit dem du dich für deinen Impuls entschieden hattest. Von dort aus hast du dich aus der Liebe deines Herzens selbst dahin geführt, dich während der Beerdigung fallenzulassen in den Impuls, ganz bei dir zu sein.

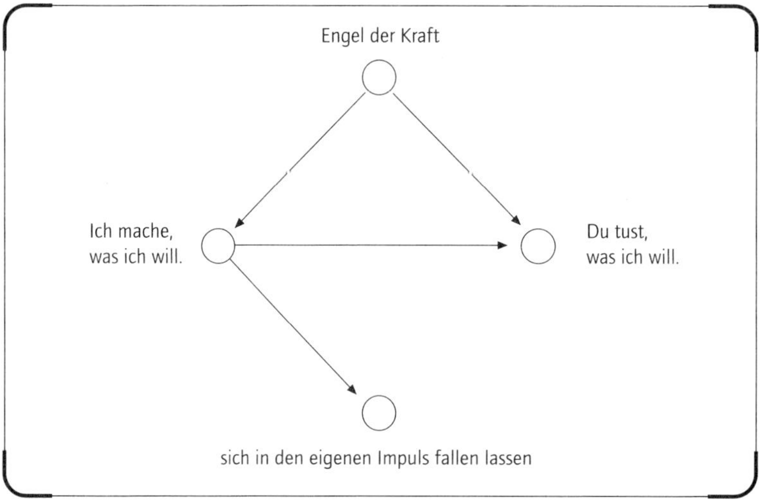

Dazu hast du während der Zeremonie deine Wahrnehmung nach außen völlig abgeschottet und hast dich anziehen lassen von dem Wunsch der Seele deines Mannes, ebenfalls ganz bei sich selbst zu sein, sich zu sammeln, um sich in neue Lebensräume zu entfalten. Eine lange Zeit deines Lebens hast du in Ergänzung mit deinem Mann verbracht, und du warst bis zu seinem letzten Atemzug **mit aller Kraft** für ihn da. Nun hast du ihm auf deine Weise mit der hingebungsvollen Konzentration auf dich selbst das letzte Geleit gegeben.

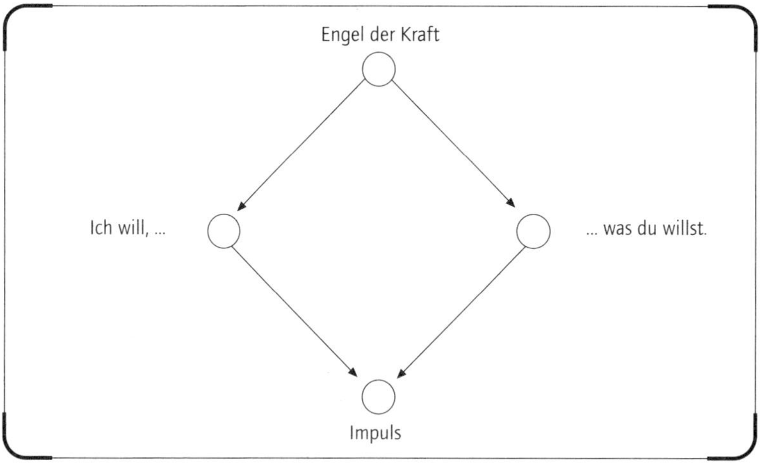

In all deinem eigenen Leid und in dem der anderen hast du einen Lichtblick in dir selbst gefunden, in der Wahrheit dieses einzigen Impulses, der **plötzlich** aus der Liebe Gottes in dir auftauchte. Dieser Impuls, dich ganz abzuschotten von der Außenwelt, war für dich ungewohnt. So hast du mich um Hilfe gebeten, und ich jubilierte. Ich liebe dich, genauso wie Gott dich liebt, und wir freuen uns, wenn du dich aus deinem freien Willen heraus für die **göttliche Kraftquelle** deiner Impulse **entscheidest.**

In dem Augenblick der völligen Konzentration auf dich selbst und als du in deiner Wahrnehmung völlig abgeschottet warst von der Außenwelt, hast du nach all dem **kraftraubenden Müssen und Sollen** den Frieden der absoluten Übereinstimmung gefunden. Die Seele deines geliebten Mannes war mit dir vereint im gleichen Impuls, ganz bei sich selbst zu sein. Auf diese Weise habt ihr euch zum **Engel der Kraft** vereint.

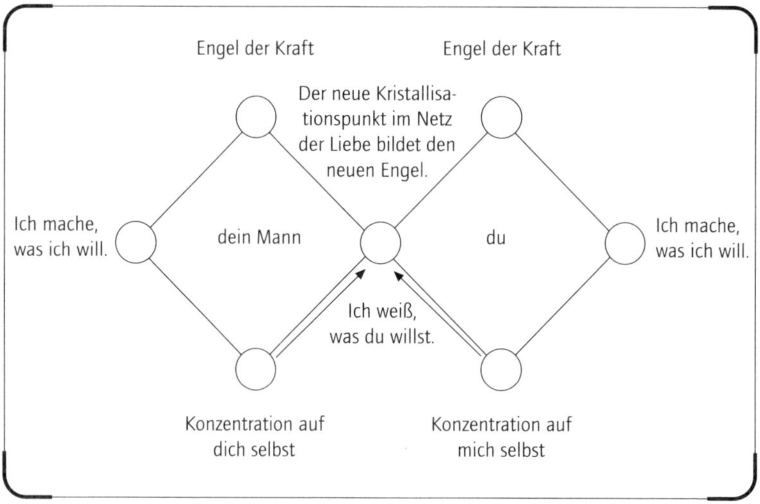

Auf diese Weise habt ihr einen neuen Kristallisationspunkt im Netz der Liebe gebildet, und die Seele deines Mannes hat sich davon anziehen lassen. Die Kraft seiner Seele vervierfachte sich – genauso die Möglichkeit der Ausweitung in neue Räume. So wurde er selbst zum Engel.

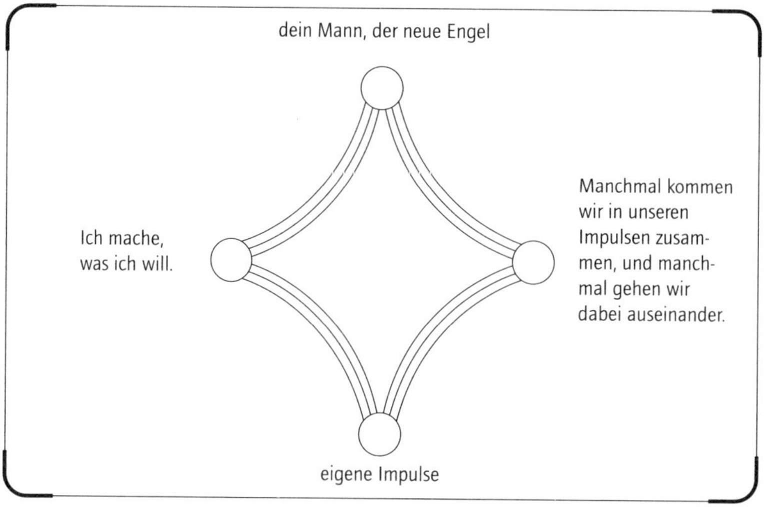

Plötzlich hast du erlebt, dass er über dir war, und du hast deinen Halt darin gefunden. Nachdem du ihn mit deiner **ganzen Kraft** unterstützt hattest, in den Himmel aufzufahren, stärkt er nun dich, damit du dich nach der Konzentration auf den vollkommenen Rückzug ins Alleinsein nun neu ausbreitest und wieder auf das Leben zugehst. Er ist zu einem **kraftvollen Engel** geworden, der dir und deinen Lieben von den himmlischen Sphären aus Freude, **Kraft** und Hilfe gibt.

Dein Befehl, dir helfen zu müssen und allen Beteiligten **Kraft** zu geben, hat sich erfüllt. Halleluja!"

Der Engel des Lavendels

Engelbotschaft 3: Kraft – Nabelchakra

"Der reine und harmonische Duft des Lavendels erinnert dich daran, dass du dich für deine eigenen Impulse entscheidest und deine Beziehungen bereinigst, indem du anderen gegenüber klar deine ehrlichen Empfindungen und Regungen zeigst. So fühlst du dich kraftvoll, froh und beschwingt."

Sage Ja zu deinem momentanen Impuls sowie zu deinen Empfindungen, und zeige dich damit.

Sage Nein zu allem, womit du dich davon abhalten willst.

Die Siebenmeilenstiefel

Die Heilkraft der Seele

"Bitte höre auf mich und deine Regungen, meine liebe menschliche Verkörperung. Ich biete dir unablässig Selbstverwirklichung und Selbstheilung an mit der Anbetung deiner Impulse, von denen ich mich magisch angezogen fühle. Schöpfe aus dieser göttlichen Kraftquelle ... Mit jedem Impuls, den du in die Tat umsetzt, erzeugst du Einklang und vervierfachst dabei deine Kräfte.

Es liegt an dir, wenn du mich und deinen Impuls nicht wahrnimmst. Bitte mache dir bewusst, dass alles Störende, das dich im Außen umgibt, seinen Ursprung in deinem Inneren hat. Oft schiebst du die Schuld an eurem rauen, unschönen Umgang anderen in die Schuhe und verbrauchst deine Kraft dafür, dich davor zu schützen.

Das sieht Gott in seiner Schöpfung jedoch nicht vor. Alles Sein ist Liebe, und alles Sein ist verbunden in Liebe. Alles ist gleich und gleich gut."

Die Umkehrung der Wahrnehmung

Lieber Leser, führe diese Übung als aktive Meditation zum Beispiel während eines Spaziergangs in der Natur durch:

Stelle dir mit jedem Einatem vor, wie du die Liebe Gottes über deinen Scheitel in dich einatmest. Mit jedem Ausatem sendest du die Liebe durch die Beine und die Fußsohlen in die Erde. Du bist verbunden mit allem, was ist, in Liebe ... Nun konzentriere dich nach und nach auf deine Sinnesorgane.

Beginne mit den Augen: Lasse deinen Blick umherschweifen. Mache dir bewusst, dass du dich üblicherweise zu dem hinbewegst, was du anschaust. Folge deinem Blick liebevoll mit jedem Ausatem. Nimm wahr, wie du alles in deiner Umgebung liebevoll betrachtest und bewunderst. Nun öffne dich für das Umgekehrte, und lass dich anschauen. Erlebe mit jedem Einatem, wie du voller Liebe und Anbetung angeschaut wirst von all dem, was um dich herum ist ... von Bäumen, Sträuchern und Blumen ... von Tieren und Steinen ... von Menschen, Wolken, Wind und Regentropfen ... Genieße es eine Weile ...

Nun zu den Ohren: Wenn du hörst, lässt du die Töne auf dich zukommen und in dich hinein. Folge diesem Weg liebevoll mit jedem Einatem. Nimm wahr, wie du die Geräusche um dich herum voller Anbetung und Liebe hörst. Nun lasse wieder das Umgekehrte zu, und erlebe, wie du gehört wirst. Erfahre mit jedem Ausatem, wie dich alles in deiner Umgebung hört ... deinen Atem, deine Schritte ... und dich damit wahrhaftig aufnimmt in Liebe ... Genieße es eine Weile ...

Wende dich nun deinem Riech- und Geschmackssinn zu. Nimm mit jedem Einatem wahr, wie du die Welt mit deinen feinen Nasen- und Mundschleimhäuten verinnerlichst. In Liebe und voller Bewunderung nimmst du die verschiedenen Gerüche wahr, und wenn du magst, nimmst du auch den Geschmack dessen in dich auf, was um dich herum ist. Nun kehre die Wahrnehmung um, und fühle in jedem Ausatem, wie alles um dich herum dich riecht und schmeckt ... deine Haut ... deinen Atem ... wie es bewundernd und liebevoll von dir kostet ... Genieße es eine Weile ...

Jetzt konzentriere dich auf deine Haut und deinen Fühlsinn. Dabei nimmst du über den Ausatem wieder Kontakt nach außen auf. Berühre etwas liebevoll und voller Anbetung ... Pflanzen ... eine Wasserpfütze ... Steine ... Und ertaste die Beschaffenheit. Nun erlebe auch hier die Umkehrung: Du bist geliebt und wirst gefühlt von den Pflanzen, Tieren, Mineralien und Menschen um dich herum. Sie beten dich an und ertasten deine Besonderheiten ... Genieße es eine Weile...

Wende dich abschließend deinem inneren Fühlsinn zu, und nimm wahr, wie du die Liebe Gottes über deinen Scheitel einatmest und über die Fußsohlen ausatmest ... Du bist mit allem in Liebe verbunden ... Dann atmest du umgekehrt: Atme durch die Fußsohlen die Kraft und die Liebe der Erde nach oben in dich ein und über den Scheitel aus, hin zu Gott ... Du bist im Frieden mit dir und der Welt ... Du genießt die Schöpfung, und die Schöpfung genießt dich ... Alles ist gut.

Der Engelassistent

Der Engelassistent funktioniert wie ein elektronischer Planer. Irgendwann einmal hast du über bestimmte Ziele nachgedacht und vielleicht Gott oder die Engel um Unterstützung gebeten. Die Hilfen fließen dir in Form deiner Impulse zum passenden Zeitpunkt am richtigen Ort zu. Der Engelassistent umsorgt dich wie eine gute Sekretärin, verwaltet deine Verabredungen mit deinen Impulsen und erinnert dich rechtzeitig daran, sie umzusetzen.

Lieber Leser, probier den Engelassistenten einmal aus, wenn du dich gerade müde, kraftlos oder desorientiert fühlst. Rufe den Engel der Kraft herbei, der dich an deine Verabredung mit deinem Impuls erinnert, die gerade jetzt stattfinden will und dich sofort wieder in deine sprudelnde Lebenskraft bringen kann.

Ein Beispiel:

1. **Den Engelassistenten einschalten:**
   Ich fühle mich leer und orientierungslos. Bitte, lieber Engel der Kraft, assistiere mir, und aktiviere mein Engelterminbuch. Mir ist bewusst, dass ich mich gerade schon für einen bestimmten Impuls entschieden hatte, aber das gleich wieder vergessen habe.

2. **Dem Engelassistenten vertrauen:**
   Lieber Engel der Kraft, ich begrüße dich. Ich vertraue dir, dass du meine Termine mit mir selbst gut verwaltest und mich auf deine Weise jetzt darüber informierst, welchem Impuls ich gerade folgen möchte.

3. **Den Engelassistenten wahrnehmen**
   Nun, lieber Leser, richte deine Wahrnehmung entspannt und vorurteilsfrei nach innen. Was du dabei als Nächstes erlebst, ist die Antwort deines Engelassistenten. Das kann alles sein: ein Bild, ein Gedanke, eine Erinnerung oder ein bestimmtes Gefühl. Lass es zu ... Beurteile es nicht. Plötzlich formt es sich zu deinem nächsten Impuls ... und du weißt: "Ja, das ist es. Ich will das grüne Kleid anziehen."

   Und du erinnerst dich, dass du diesen Impuls kurz gespürt und dann aber verworfen hattest. Stattdessen hattest du beschlossen, noch einmal den blauen Pulli vom Vortag anzuziehen, bevor du ihn in die Wäsche tust.

4. **Den Engelassistenten ausschalten**
   Ich danke dir, lieber Engel der Kraft, für deine Hilfe. Ich bin glücklich und zufrieden, wieder bei mir und meinem Impuls angekommen zu sein, und verabschiede mich von dir.

Kaum hast du das Kleid angezogen, fühlst du dich gleich viel beschwingter und attraktiver. Kraftvoll gehst du damit in deinen Tag.

Lieber Leser, du kannst den Engelassistenten immer wieder benutzen, wenn du dir unklar bist über deinen nächsten Handlungsschritt. Du kannst den Engelassistenten auch für ein bestimmtes Projekt oder dauerhaft einladen, dir mit seiner Fürsorge und den Erinnerungen an die Verabredungen mit deinen Impulsen zur Seite zu stehen.

Wenn du dir am Anfang unsicher bist, ob das wirklich deine Impulse sind, die du da wahrnimmst, folge ihnen einfach wahrhaftig in Liebe. Erlebst du damit Resonanz mit anderen, beschwingte Kraft, Lust und Freude, dann hast du die Sprache deines Engelassistenten verstanden. Ansonsten übe getrost weiter. Du wirst deinen Engel der Kraft und dich selbst bald besser verstehen. Ihr seid am Anfang einer wundervollen Beziehung, die wachsen und gedeihen wird.

Lieber Leser, ich wünsche dir mit deinem Engelassistenten die wunderbare Erfahrung, sofort wieder aus deiner göttlichen Kraftquelle zu sprudeln, indem du dich an deine Willenskraft anschließt, mit der du dich wahrhaftig und bedingungslos zu deinen Impulsen bekennst.

Christus-Meditation: Kraft der Liebe

Setze oder lege dich entspannt hin, schließe die Augen und konzentriere dich auf deinen Atem. Entspanne dich, indem du mit jedem Ausatem die Kontaktstellen deines Körpers zur Unterlage und zum Boden spürst. Mit jedem Einatem nimmst du neue, frische Energie in dich auf, mit jedem Ausatmen gibst du die verbrauchte Kraft in die Erde ab.

Nun konzentriere dich mit deinem Ein- und Ausatem auf dein Herzzentrum in der Mitte deiner Brust. Bitte Jesus Christus, seine bedingungslose, unendliche Liebe dort wahrnehmen zu dürfen. Sie ist immer da und wartet darauf, von dir erkannt zu werden. Erlebe eine Weile, wie sich die Liebe wie eine wunderschöne Rose in deinem Herzzentrum entfaltet.

Nun stelle dir mit dem nächsten Ausatem vor, dass der kraftvolle Stiel deiner Rose bis zu deinem Sexualzentrum auf der Höhe des Schambeins reicht und ihre Wurzeln sich durch die Füße in den Boden ausbreiten. Die Wurzeln deiner Rose stehen für deine Vergangenheit. Erlebe, wie sie in die Erde reichen, und folge ihnen mit deinem Ein- und Ausatem tief in deine Vergangenheit ... Alles ist bereinigt und war so, wie es geschehen ist, gut.

Alle Erlebnisse und Erfahrungen, alle Begegnungen und Menschen waren heilende Lichtstrahlen der Liebe Gottes. Es gibt nichts daran zu ändern oder zu verbessern.

Gehe in deiner Konzentration auf den Atem nun zur Basis des Rosenstiels, und atme die Kraft der Vergangenheit aus den Wurzeln mit dem nächsten Einatem in dein Sexualzentrum ... So stärkst du deine Gegenwart. Entscheide dich dafür, die eigene Wahrheit zu leben ... der Mann/die Frau der Liebe zu sein ... Entscheide dich dafür, die Wahrheit deiner Impulse anzubeten, sie in die Tat umzusetzen ... und dich damit perfekt mit allem Sein der Schöpfung zu ergänzen ... Mache dir bewusst, dass du damit kraftvoll Liebe in die Welt bringst ... dich und andere Menschen beschenkst und beglückst ... und so kreativ deine Zukunft gestaltest.

Atme nun diese klare Entscheidung für dich selbst in die Blüte deiner Rose ... und du siehst deine Zukunft, wie sie sich immer kraftvoller und wunderschön entfaltet ... wie du dich entfaltest und deine wunderbaren Möglichkeiten auskostest, die Gott dir schenkt.

Nun atme in deiner gesamten Rose ein und aus, in ihren Wurzeln, in ihrem Stiel und in ihrer Blüte ... Erlebe, wie die Vergangenheit, Gegenwart und Zukunft jetzt in dir enthalten sind ... wie die Besonderheit, Schönheit und Kraft deiner Rose aus deinem Mann-/Frausein erstrahlt ...

Erkenne, dass es nichts zu tun gibt, um besser, stärker oder schöner zu sein. Du bist richtig, so wie du bist ... die Kraft der Liebe Gottes, die sich mit anderen Wesen vereint und sich perfekt mit ihnen ergänzt, wenn du deinen wahrhaftigen Impulsen folgst. Vertraue dir, dem Mann/der Frau der Liebe, der/die du bist ... erblüht in der Rose deines Herzens.

Fühle dich in deinem "Selbst-bewusst-sein" gestärkt, und nimm die Kraft und den Schwung daraus mit in den Alltag, um dich kraftvoll zu entfalten und deine Impulse in die Tat umzusetzen. Atme nun dreimal tief ein und aus, fühle den Kontakt deines Körpers zur Unterlage und zum Boden, strecke dich und freue dich, dich neu und vollständig zu erleben als den Mann/die Frau der Liebe, der/die du bist.

Ein Segen, um dem Einweihungspfad der Kraft zu folgen

Ich finde einen Segen für dich, lieber Leser, indem ich wahrnehme, was ich in meiner Umgebung gerade besonders anbete. Ich sehe meine große Ledertasche, die hier steht und in der ich alles verstaue, was ich zwischen meinem Praxiszentrum und zu Hause hin- und hertrage. Sie dient mir nun schon über viele Jahre, und ich bewundere ihre ganz besonders gute Ausstattung und überaus robuste Qualität. Ich kann hineinpacken, so viel ich will, das Leder ist so stark, dass es niemals ausreißt. Mit all den Gebrauchsspuren glänzt sie und wird mit der Zeit immer schöner.

So segne ich nun dich, lieber Leser, und alle Wesen mit Offenheit, besonders guter Ausstattung und absoluter Robustheit. Ich segne dich mit der Stärke und den Möglichkeiten zu dienen und viel zu bewegen, mit Glanz und Schönheit, die immer mehr werden. Ich segne dich und alles Sein mit Liebe, Frieden und Freude.

Merksatz

Stell dir ein Ziel vor, das du erreichen möchtest, und sage häufig den folgenden Satz: "Ich glaube an meine Kraft und vertraue darauf, dass sie sofort entsteht, wenn ich mich willentlich für meinen gerade entstandenen Impuls entscheide."

Auch für andere kannst du diesen Satz zur Unterstützung sagen:
"Ich glaube an deine Kraft und vertraue darauf, dass sie sofort entsteht, wenn du dich willentlich für deine gerade entstandenen Impulse entscheidest."

Du bist wunderbar, lieber Leser. Mach weiter so!

Der Pfad des Einklangs

Einengungen und Krankheit

Nachdem ich alle anderen Einweihungspfade niedergeschrieben hatte, kam plötzlich der Zeitpunkt, an dem ich mich aufgefordert fühlte, mich mit meinen eigenen Engelerfahrungen zu zeigen und sie als vierten Pfad an dieser Stelle einzufügen.

Eine Frage beschäftigte mich während dieses Prozesses. Ich hatte Interviews mit vielen Frauen und Männern geführt. Doch auf meinem Weg des Schreibens entlang des Silberfadens meiner Seele fanden nur sechs Interviews mit anderen Frauen und meine eigenen Erfahrungen Eingang in das Buch. Warum? Nach einigen Versuchen, eine Antwort zu finden, gab ich auf. Ich ließ alle Urteile und Bedingungen los und vertraute meiner Seele. Ich glaube an mich, dass ich mit meinem Impuls, dieses Buch aus meiner Seele heraus zu schreiben, richtig bin und dir, lieber Leser, damit mein Bestes gebe. Auf diese Weise zeige ich dir meine Begeisterung für den Weg entlang des Silberfadens der Seele in das beglückende Erleben der Engelwelt.

Voller Freude und Dankbarkeit gebe ich nun meine persönlichen Erfahrungen damit an dich weiter:

"Täglich erlebe ich, dass Engel bei mir sind. Gerne stimme ich mich seit vielen Jahren jeden Morgen mit ihnen auf meinen Tag und ihre Führung ein. Das gibt mir eine klare Ausrichtung und Sicherheit, mich immer wieder neu auf die Wahrheit der Liebe und auf meine Impulse auszurichten.

Es gab fünf Erlebnisse mit Engeln, die so herausragend waren, dass ich mich so sehr für die Engelwelt begeisterte, dass ich mich intensiv damit beschäftigte und nun dieses Buch schreibe.

Die erste dieser Erfahrungen fand statt, als eine meiner Kursteilnehmerinnen an Krebs starb. Ich hatte noch nicht offiziell von ihren Tod erfahren, als ich plötzlich eine Melodie in meinem Kopf hörte. Es waren Töne, die **mich einstimmten** *auf die besonderen Eigenschaften dieser Frau ... auf ihre Klarheit ... ihre Achtsamkeit ... ihr Feingefühl ... Und ich fühlte, dass ihre Seele dies alles nun mitnahm in eine neue Welt. Ich erkannte, dass ich ihre* **Sterbemelodie** *hörte.*

Ich hatte keine Ahnung, wie dies geschah. Ich fühlte lediglich, dass ich **eine tiefe, liebevolle Verbindung** *zu der Frau spürte, wenn ich die Melodie summte. Kurze Zeit später hörte ich wieder eine Melodie. Und dieses Mal hatte ich das sichere Gefühl, meine eigene* **Geburtsmelodie** *zu vernehmen. Denn diese Töne beflügelten mich, ließen Gefühle entstehen, wie ist sie aus meiner frühen Kindheit kannte... Ich* **staunte darüber** *und fühlte mich darin geborgen, emporgehoben, leicht und froh.*

Die zweite Begegnung fand statt, als meine zweite Tochter kurz nach der Geburt erkrankte. Ich **erschrak** *über ihr Leid, stimmte mich auf meine göttliche Führung ein und betete. Plötzlich vernahm ich in meinem Kopf einen* **Gesang**, *der sehr ungewöhnlich war. Ich hatte noch nie zuvor so etwas gehört. Es war eine Melodie, die aber keine unterschiedlichen Noten brauchte, sondern auf einem einzigen Ton schwang, der von mehreren Stimmen erzeugt wurde.* **Wieder staunte ich.** *Etwas in mir richtete sich auf, als ob ich mich diesen Tönen entgegenstreckte ... in eine vergessene Heimat zurückkehrte. Und ich wusste plötzlich, dass eine solche Art von Melodie nicht von Menschen erzeugt werden kann. Das mussten Engel sein. Sie sagten mir in ihrem Gesang mit klaren Worten, dass ich meiner Tochter einen ganz bestimmten Tee geben solle, damit sie gesund werden könne.*

Ich fühlte danach, dass eine Last von meinen Schultern fiel. Die ganze Zeit über spürte ich, dass die Engel mich nun führten, um meine Tochter gesund zu machen. Beschwingt machte ich mich auf die Suche nach diesem Tee und fand ihn in einem kleinen Naturkostladen. Gesund wurde meine Tochter dadurch nicht. Aber in dem Laden lernte ich eine Frau kennen, die mir einen bestimmten Arzt empfahl. Dieser Arzt wurde mein heutiger Mann, und meine Tochter wurde mit seiner Hilfe nach kurzer Zeit ganz gesund.

Ich stehe heute noch **staunend** *vor den Möglichkeiten, die das Netz der Liebe mir schenkte, und ich bin unendlich dankbar für die Engelführung und die beglückenden Fügungen, die daraus entstanden. Auf diese Weise habe ich zu meinem jetzigen Mann gefunden. Mit seiner besonderen Art, Menschen in ihre Selbstheilung zu führen, befruchtet er mich ganz besonders, meinen eigenen Weg der Selbstverwirklichung und Selbstheilung zu entwickeln. Wir ergänzen uns und finden immer wieder neu in beglückende* **Übereinstimmung.**

Das dritte Erlebnis geschah wiederum plötzlich und unerwartet. Ich war alleine in meinem Praxiszimmer und begab mich in Meditation. **Ich stimmte mich ein** *auf meine geistige Führung, mit deren Unterstützung ich während vieler Jahre die Lebens-Impuls-Begleitung und weitere Hilfen entwickelt hatte, womit ich schon vielen Menschen hatte helfen konnte. Plötzlich erschien in meinem Kopf eine neue Form der Fußreflexzonenmassage. Ohne darüber nachgedacht zu haben, stand mir das ganze Wissen darüber zur Verfügung: Methode, Inhalt, Wirkung und der geistige Hintergrund. Es handelte sich um eine sanfte Massagetechnik, die eine Form von Geistheilung ist, indem sie Engelenergien transportiert. Mithilfe bestimmter Engel werden dabei Energiekreise im Menschen gereinigt und zum Strahlen gebracht, und auf diese Weise werden die Selbstheilungskräfte angeregt.*

Ich war tief dankbar und stand auf, um das alles aufzuschreiben. Dabei kam ich an einem Spiegel vorbei und blieb **erstaunt** *stehen. Ich sah mich mit riesigen Flügeln, die von meinem Hals ausgingen und sich zu den Seiten hin ausbreiteten in hellen, glitzernden Pastelltönen. Die Flügel waren jeweils ungefähr vier Meter lang, und* *ich überlegte, wie ich wohl später mit ihnen ins Auto passen könnte, um nach Hause zu fahren ... Und in dem Augenblick, in dem ich anfing nachzudenken, waren die Flügel verschwunden.*

Ich erzählte niemandem etwas davon, und doch erlebten andere Menschen am nächsten Tag **erstaunt**, *dass die Engelenergie noch in meinem Praxisraum war.*

Die vierte Engelbegegnung fand statt, nachdem ein Familienmitglied nach langer Krankheit gestorben war. Schon oft hatte ich für Patienten Kontakt mit ihren Verstorbenen aufgenommen, und es ging für die Toten immer darum, Vergebung zu finden für Unstimmigkeiten mit ihren Angehörigen. Doch mit meinem Verwandten sollte etwas Neues entstehen: Er teilte mir mit, dass er nun nach dem Tod mehr Überblick habe und mir ein Geschenk seines neuen Wissens überbringen wolle. Über mehrere Sitzungen verteilt klärte er mich darüber auf, dass Krankheiten ein Bestandteil von Angstwelten sind, in die wir uns verstricken, um nicht die Verantwortung für unsere eigenen Impulse übernehmen zu müssen. **Staunend** *erlebte ich, wie er mir neun verschiedene Angstwelten beschrieb und ebenso Wege, wie wir uns daraus befreien können. Kurz darauf brach der Kontakt zu ihm ab, bis er sich mir neu zeigte als ein Engel, der nun das Luftelement regiert.*

Die fünfte dieser besonders eindrucksvollen Engelbegegnungen erlebte ich, nachdem ich über mehrere Jahre mit meiner Verdauung erkrankt war. Medizinische Ratschläge waren keine Hilfe für mich, und ich wusste, dass die Gesundung ein ganzheitlicher Prozess war. Ich verstand, dass die Angst vor Krankheit ein Familienthema war und ich mich in dieser Angstwelt nun selbst gefangen hielt. Die Aussagen meines Verwandten gaben mir Halt, wenn ich darüber erschrak, dass mir nichts half, und mich immer wieder in das Labyrinth meiner Angstwelt zurückkatapultierte. Dann vertraute ich unbeirrt auf meine innere Wahrheit, um mich daraus zu befreien. Ich veränderte mich innerlich und äußerlich ... gab Einengungen und Verhaltensweisen auf ... und fühlte, dass die Verdauung irgendwann hinterherkommen würde. In der Zwischenzeit blieb mir nichts anderes übrig, als die Auswahl meiner Nahrungsmittel auf das zu beschränken, was die Bauchschmerzen auf ein Mindestmaß reduzierte.

Dann fand eines Tages ein Kurswochenende statt, an dem ich den Teilnehmern zeigte, wie wir unser Leben in eine positive Richtung bringen können, wenn wir uns darauf einstimmen und alle Wesen segnen. Da hatte ich eine Eingebung. Wiederum war etwas völlig Neues in meinem Kopf entstanden. Ich wusste plötzlich, dass es für uns Menschen die Möglichkeit gibt, selbst Engel zu erschaffen, und ich verstand auch, wie es gehen könnte. Ich war so begeistert, dass ich meinen Teilnehmern vorschlug, das sofort auszuprobieren. Wir stimmten uns auf die Qualität des Engels der Freude ein, indem wir uns an Situationen erinnerten, in denen wir uns besonders gefreut hatten. Das dabei entstandene Gefühl hielten wir aufrecht und erschufen damit einen Engelraum der Freude. Einige Kursteilnehmer setzten sich hinein und erlebten, dass sie dabei viel Kraft spürten. Da entstand in mir der Wunsch, einen Engel für meine Verdauung zu erhalten.

Also stimmten sich die Teilnehmer auf das Gefühl der Heilung ein, indem sie sich an Situationen erinnerten, in denen sie gesund wurden. Aus dem daraus entstandenen Gefühl bildeten sie den Engel der Heilung, und ich setzte mich in diesen Engelheilraum. Ich **staunte***, dass ich dabei ein Gefühl von großer Hitze erlebte, wie in der Sauna, doch an meiner Verdauung änderte sich nichts.*

Allerdings sollte drei Tage später etwas ganz Außergewöhnliches geschehen: Der Engel hatte nämlich nicht meine Verdauung geheilt, sondern mich als Ganzes. Er hatte mich mit meiner Seele vereint, die plötzlich nach diesem Kurs zu mir sprach. **Ich kam aus dem Staunen nicht heraus:** *Meine Seele sprach Hessisch und sagte mir mit deutlichen Worten, was sie sich zu essen wünschte. Es waren Dinge, die ich zuvor überhaupt nicht vertragen hatte, die aber eine Verbindung zu meiner Kindheit hatten ... zu Situationen, in denen dieses bestimmte Essen mich früher glücklich gemacht hatte. Dass meine Seele klar und eindeutig mit mir redete, hatte mich so* *beschwingt und mutig gemacht, dass ich es wagte, die Angst zu überwinden und kleine Mengen von diesen Speisen zu kosten - und ich reagierte nicht mit Bauchschmerzen darauf. Einige Tage lang stimmte ich mich immer wieder mit meiner Seele ab und wagte mich weiter vor. Ich* ***staunte*** *und freute mich, denn ich vertrug alles.*

Irgendwann brauchte ich die direkte Kommunikation mit meiner Seele, was bestimmte Speisen anging, nicht mehr, und die Feinabstimmung, was ich essen wollte, geschah wie vor der Krankheit von selbst. Ich war wieder im Einklang mit mir und gesund geworden."

Der Engel des Einklangs

"Meine Liebe, indem wir dich baten, deinen Bericht an den Anfang zu setzen, haben wir dich an **deine Macht** und daran erinnert, dass du der **Beginn all deiner Schöpfungen** bist. Am Anfang war das Wort ... Das Wort, mit dem Gott dich erschuf ... in völliger **Übereinstimmung** mit deinem Wort ... eins in dem **Schöpfungsgedanken**, im Einklang von Liebe und Wahrheit, dich auf die Erde zu bringen ... deine Impulse auf die Erde zu bringen ... dieses Buch zu erschaffen.

Mit deiner Geburt bist du aus der Welt des Einsseins in die der Gegensätze gekommen. Du hast erlebt, dass die Menschen in deiner Umgebung **nicht im Einklang** mit sich selbst waren und nicht aus ihrer **Schöpfermacht** heraus handelten. Sie lebten nicht in Übereinstimmung mit ihrer Seele und erzeugten stattdessen mit ihren Gedanken, Worten und Taten Urteile und Abtrennungen. Sie sagten Dinge, die sie gar nicht erschaffen wollten, und verdrehten die Wahrheit, indem sie sich selbst oder anderen die Schuld an ihren unangenehmen Situationen gaben.

Du hast **Disharmonie und fehlende Resonanz** zwischen dem erlebt, wie die Menschen sich dir gegenüber verhielten, und dem, was du dabei empfunden hast. Dein Sonnengeflecht zog sich krampfhaft zusammen, du hast dich sehr traurig gefühlt und in die traurigen Augen der anderen geblickt. Du wusstest nicht mehr weiter – bis zu dem Punkt, als du deinem Herzen und deiner Wahrnehmung **nicht mehr vertraut** hast ... Du hast dich in deinem Inneren von deinen Gefühlen abgetrennt, von deinen Impulsen und deiner Seele, um deine Wahrheit, die die Liebe ist, nicht spüren zu müssen. Du wolltest so sein wie die anderen und hast dich ihnen angepasst.

Dabei wurdest du immer unsicherer. Du warst **nicht mehr im Einklang** mit dir und hast als Grundgefühle Angst und Traurigkeit gespürt. Dann hast du dir selbst Lieder vorgesungen, und der Lichtstrahl der Melodien drang in dein Herz. So hast du wieder Wohlgefühl und Freude gefühlt und dich neu ausgerichtet auf die Liebe, die du bist. Während deiner täglichen Verrichtungen hast du Melodien gesummt, **dich** auf ihren Rhythmus **eingestimmt** und dich beschwingt gefühlt. In dieser Stimmung hast du dich gerne an Gott und seine Helfer gewandt und um Führung gebeten, damit du das schöne Gefühl auch im Umgang mit anderen aufrechterhalten konntest.

So sandte ich, der **Engel des Einklangs**, dir die Sterbemelodie einer Frau, mit der du dich im Herzen verbunden fühltest. Damit gab ich dir die Anregung, deine Möglichkeiten der Einstimmung auf Melodien auszuweiten ... auf die Wahrnehmung himmlischer Töne ... und dich damit wegzubewegen **aus der Enge der Angst und von Missstimmungen.** Während du dich dafür geöffnet hast, brachte ich dir deine eigene Geburtsmelodie zu Gehör und dich so in Kontakt mit deinem göttlichen Ursprung. Damit verhalf ich dir zurück in deine 'Selbst-Liebe' ... zurück zur Begeisterung für dich selbst ... Und du hast begonnen, nach Wegen zu suchen, die dich und andere in ihre Selbstheilung bringen könnten ... in die Übereinstimmung mit sich selbst.

Du hast verstanden: Am Anfang war das Wort. Das Wort, das über deine für dich charakteristische Melodie deine Seele auf der

Erde gebiert und sie darüber am Ende des Lebens wieder verlässt. Jede Wortschöpfung hat die Macht, sich zu materialisieren. Sie schwingt sich mit einer eigenen Melodie auf die Erde, um geboren zu werden ... wie jedes Wesen und jeder neue Impuls. Alle Töne fügen sich in jeder Situation und in jeder Begegnung immer wieder neu zur Melodie des Schöpfungsorchesters zusammen.

Die Erfahrung deiner Geburtsmelodie gab dir ein Stück deiner Identität zurück. Du warst so begeistert, dass du dich immer selbstverständlicher auf den Austausch mit uns Lichtwesen **eingelassen** hast ... auch als deine Tochter nach ihrer Geburt erkrankte. Nach der Durchgabe der Melodien, über die sich Gott mit der Erde verbindet, gaben wir dir nun unsere weitere Hilfe über die Wahrnehmung der Engelstimmen. Die Worte vibrierten als **Melodie auf einem Ton.** Damit zeigten wir dir **unsere Engelmacht des Einsseins im Einklang** ... eins mit Gott ... eins mit deiner Seele und mit deinen Impulsen, die diese anbetet.

Und so konntest du erkennen, dass das Wort Gottes auf der Erde in so vielen **unterschiedlichen Melodien** zusammenklingt, wie es Wesen und Impulse gibt. Im Unterschied dazu sind dieselben Schöpfungen im Engel eins, und sie schwingen auf dem einen Ton der 'Ein-Stimmung'. Unsere Engelmacht bewirkte die Heilung deiner Tochter. Jedoch nicht über die Festlegung auf einen bestimmten Weg, sondern vielmehr in dem wunderbaren Zusammenklang eurer unterschiedlichen Melodien, die in der Gesundung deiner Tochter zum Klingen gebracht wurden ... und allen Beteiligten Anregungen gaben, zu sich selbst, in die Übereinstimmung mit der Seele zu finden.

In der Folgezeit hast du dich mehr und mehr auf deine göttliche Führung eingestimmt und daraus geistige Hilfen wie die Lebens-Impuls-Begleitung entwickelt, mit denen sich die Menschen ihr Festhalten am Leiden verzeihen und einen Weg in die Freude finden können. Auch du selbst hast dein Leben darauf ausgerichtet und bist damit immer öfter **in Einklang mit dir selbst und der Schöpfung** gekommen. Mit großer Freude sahen wir zu, wie du **Rituale der Einstimmung** zelebriert hast. So sandten wir dir die Lebens-Impuls-Massage als ein Geschenk, mit dem du dieses **feierliche Handeln** ausweiten konntest in Form einer Hilfestellung für andere Menschen.

Du hast dich dabei selbst erkannt: **den Engel des Einklangs.** Du hast auch die Bedeutung der Flügel erkannt, die von deinem Hals ausgingen ... deine Möglichkeiten, über Gedanken, Worte und Taten **dich und andere in den Einklang zu führen**, wie nun mit dieser neuen Engelmassage.

Doch du hast dabei **Grenzen** erlebt - deine eigenen wie auch die der Menschen, denen du helfen wolltest. In dieser Zeit kam es zu dem Kontakt mit dem Verstorbenen aus deiner Familie. Er zeigte dir, dass ihr Menschen euch nicht weiterentwickeln könnt, wenn ihr euch nicht ganz für euch selbst öffnet und euch nicht in euren Möglichkeiten ergänzt. Er offenbarte dir, dass ihr euch in einer **Illusion** befindet, wenn ihr denkt, dass euer Erleben die Wirklichkeit sei. In Wahrheit seid ihr **eingeschlossen in enge Räume**, die durch eure Ängste begrenzt sind. Mit euren Urteilen wollt ihr euch absichern, aber ihr trennt euch ab von dem, was euch in der Begegnung mit anderen Menschen unangenehm ist. In Wahrheit trennt ihr euch damit von eurer Seele ab und fühlt euch mit euch selbst unwohl.

Er führte dir Wege vor Augen, mit denen ihr euch aus dieser Illusion und den Einengungen befreien könnt ... hin in die **weiten Räume der Engelwelt**, in die er sich in Leichtigkeit selbst aufschwang und zum Herrn der Lüfte wurde.

Diese Erfahrung begeisterte dich so sehr, dass du von nun an dein Handeln noch konsequenter auf die **Einheit** aller Wesen in der Wahrheit der Liebe **ausgerichtet** hast. Du hast dich damit aufgerichtet - genauso wie die Schöpfung - und alle Wesen in deinen Begegnungen **gesegnet.**

Das erzeugte Wellen der Freude, und wir überbrachten dir ein weiteres Geschenk. Nachdem du viele Einengungen aufgelöst hattest, warst du nun bereit, ganz zu heilen ... im **Einklang** mit dir selbst zu leben ... dich **mit deiner Seele zu vereinigen** ... und damit auch körperlich gesund zu werden. Also sandte ich, **der Engel des Einklangs**, dir die Erinnerung an die Fähigkeit, euch Menschen zum Engel zu **vereinen**.

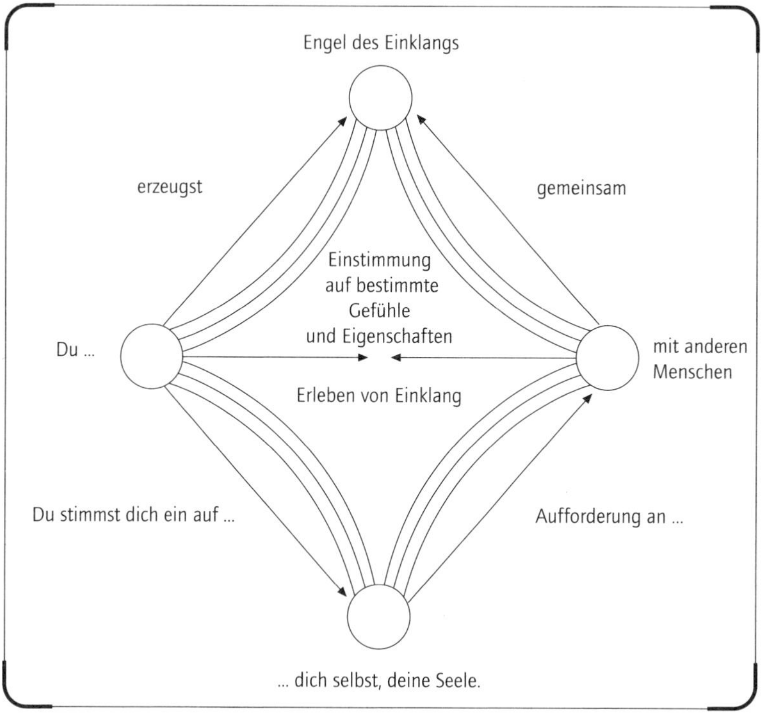

Und du hast verstanden: Indem ihr euch aus der Liebe und Freude des Herzens heraus auf eine bestimmte Eigenschaft und die damit verbundenen Gefühle einstimmt, bewirkt ihr, dass daraus ein **Engel** erschaffen wird ... Indem die Menschen sich auf diese Weise im Engel vereinigen, sind sie miteinander im **Einklang** ... und vereinigen sich im Inneren gleichermaßen mit der Seele. Ihr **heilt euch selbst**.

Meine Aufgabe, dich in den **Einklang** mit dir selbst und allen Wesen zu führen, hat sich erfüllt. Halleluja!"

Der Engel des Lavendels

Engelbotschaft 4: Einklang - Herzchakra

"Der sanfte, harmonische Duft des Lavendels bringt dich in Resonanz mit deinem Herzen. Du fühlst Sanftheit, Mitgefühl, Vergebung, Selbstvertrauen und Vertrauen in andere."

Lebe aus dem Herzen.

Stimme dich ein auf die Anbetungskraft deiner Seele. Gehe ohne Bedingungen auf jede Situation zu, und nimm sie mit den Augen deiner Seele wahr.

Hab Vertrauen in Gott, in die Engel und in andere Menschen. Alles ist für dich da, um dich zu beflügeln und in dein volles Potenzial zu erheben.

Stehe zu deiner Größe, damit du mit deinen Impulsen bedingungslos die Liebe lebst, die du bist.

Die Siebenmeilenstiefel

Die Ausdrucksform der Seele

"Ich kann nicht zu dir sprechen, meine liebe menschliche Verkörperung, wenn du es nicht tust. Du bist vom Aufstehen bis zum Einschlafen damit beschäftigt, schlecht von dir und anderen Menschen zu denken. In deinem Kopf gibt es viele Stimmen, die sich laut streiten. Du kannst dir gar nicht vorstellen, dass alles, was

dir begegnet, ein Geschenk für dich sein will. Bitte erkenne. Du hast deine Wahrnehmung darauf eingeschworen, dir Trennendes und Unangenehmes mitzuteilen. Damit nährst du das, was du nicht magst oder sogar hasst. Deine Mauern gegen mich und die Liebe, die du bist, werden so immer dicker, und du, meine liebe menschliche Verkörperung, wirst immer unbeweglicher.

Bitte ändere dies. Füge die vielen Gedankenstimmen zusammen, und richte deine Wahrnehmung aus auf entspannende, freudige und lustvolle Empfindungen ... auf das, was du liebst."

Meditation: Die eine Stimme der Seele

Setze oder lege dich entspannt hin, schließe die Augen und konzentriere dich auf deinen Atem. Entspanne dich, indem du mit jedem Ausatem den Kontakt deines Körpers zur Unterlage und zum Boden spürst. Mit jedem Einatem nimmst du neue, frische Energie in dich auf, mit jedem Ausatmen gibst du die verbrauchte Kraft in die Erde ab.

Richte nun deine Wahrnehmung auf deine Empfindungen im Inneren. Erlebe, wo du dich in dir wohl fühlst, und erspüre die Stellen, die sich eher unangenehm und angespannt anfühlen.

Wähle eine dieser Stellen aus, und atme dorthin. Ein und aus. Entscheide dich dafür, dir dort guttun zu wollen, indem du eine Qualität des Einklangs erzeugst. Lass von selbst einen entsprechenden Begriff in dir auftauchen, indem du deine Seele bittest, dich einzustimmen auf Einklang. Das könnte zum Beispiel Folgendes sein: Entspannung, Freude, Liebe, Lust, Frieden - oder andere Empfindungen, die gerade in dir entstehen.

Nachdem du deine Wohlfühlqualität wahrgenommen hast, stelle dir vor, dass du mit deinem Atem langsam und in Schönschrift diesen Begriff in die ausgewählte Körperstelle schreibst. Bleibe danach noch eine Weile entspannt liegen, und spüre, wie dieses Wort dich eint.

Wenn du magst, wiederhole die Übung mit anderen Körperstellen und den Begriffen, die dich dort in Einklang bringen.

Zum Abschluss der Meditation spürst du wieder den Kontakt deines Körpers zur Unterlage. Atme tief ein und aus, und nimm die Erfahrung des Einklangs mit in deinen Tag.

Partnermeditation: Die eine Stimme der Seele

Führe mit einem Partner zusammen den Anfang der oben beschriebenen Meditation durch.

Nachdem einer von euch seinen Begriff für die Einstimmung gefunden hat, schreibt der andere diesen mit seinen Fingern zärtlich auf die Haut der entsprechenden Körperstelle des anderen. Wiederholt das, sooft ihr mögt und im gegenseitigen Wechsel.

Zum Abschluss spürt ihr nach, und beendet die Meditation wie oben beschrieben.

Der Engelmagnet

Ein Stabmagnet richtet Eisenspäne so aus, dass kreisförmige Muster entstehen, die vom Nord- zum Südpol des Magneten zeigen.

Der Engelmagnet kann dich dahin führen, dich von deinem Herzen - dem Südpol - anziehen zu lassen. Damit verlässt du deinen Nordpol - den Verstand - und deine Verhaltensmuster, mit denen du dich absichern willst ... die dich mit ihrem Hin und Her, dem Für und Wider in eine zeitliche Verschiebung führen, in der du entweder zu früh oder zu spät handelst. Mit dem Engelmagneten kommst du wieder in Einklang.

Ein Beispiel: Du hast schlechte Laune, weißt aber nicht, weshalb. Wenn du den Engelmagneten zu Hilfe nimmst, ist es nicht notwendig zu wissen, warum das so ist. Niemand ist schuld daran. Wir sind alle Liebe, und du machst dir lediglich bewusst, dass schlechte Laune ein Missklang ist. Irgendwie bist du aus dem gleichzeitigen und stimmigen Austausch in Liebe in eine Verzögerung geraten, die sich nicht gut anfühlt.

1. **Den Engelmagneten aktivieren:** Lieber Engel des Einklangs, ich habe meine gute Laune verloren. Bitte richte mich so aus, dass ich wieder zum richtigen Zeitpunkt am richtigen Ort und damit gut gestimmt sein kann ... eingeschwungen auf einen neuen Impuls, der mich zurückbringt in den Einklang, hier und jetzt.

2. **Sich entspannen und nach innen spüren:** Nun gib das Festhalten an der schlechten Laune auf, indem du Spannung loslässt ... indem du dich entspannst und wahrnimmst, wie du dich fühlst. Plötzlich spürst du, wie sich die Energie in dir kraftvoll bewegt und ordnet.

   Immer deutlicher erlebst du, dass sich diese Kraft besonders stark im Herzzentrum in der Mitte der Brust zentriert. Du bleibst eine Weile in der Wahrnehmung der Herzenergie und atmest dort ein und aus. Nun fühle, wie sich die Liebe aus deinem Herzen durch deinen Körper ergießt ... durch die Füße ... in die Erde ... und von dort aus in deine Ziele ... in dein Handeln ... in deine Begegnungen. Je mehr deine Liebe fließt, desto größer wird jetzt das Gefühl von Freude, das sich nun in dir ausbreitet ... Du fühlst dich im Einklang. Gute Laune macht sich breit, und du nimmst deinen nächsten Impuls wahr. Du willst jetzt sofort deinen Freund anrufen und es nicht wieder hinauszögern, weil du denkst, du könntest jetzt stören.

3. **Die Wirkung des Engelmagneten beenden:** Danke für deine Anziehungskraft, lieber Engel des Einklangs. Danke, dass du mich in mein Herz und damit zu meiner freudigen Grundstimmung zurückgebracht hast. Ich verabschiede mich von dir.

Christus-Meditation: Einklang

Lege dich bequem hin, und konzentriere dich ganz auf dich selbst. Fühle deinen Atem, wie er kommt und geht. Spüre, wie der Bauchraum sich hebt mit dem Einatem und senkt mit dem Ausatem. Fühle deinen ganzen Körper im Ein- und Ausatem. Atme voller Liebe in deinen Körper. Ein und aus. Bringe die Liebe in deine Beine ... in deinen Bauch- und Brustraum ... in deine Arme ... deinen Hals ... und deinen Kopf.

Nun konzentriere dich mit deinem Atem auf dein Sexualzentrum auf der Höhe des Schambeins. Von hier aus betet deine Seele deine Impulse an, die in der Erde ankommen. Während du in deinem Sexualzentrum ein- und ausatmest, stelle dir vor, dass dort mit jedem Ausatem eine Fontäne entspringt aus glitzernden Regenbogenfarben. Es ist eine Fontäne des Glücks, deren Funken sich nach oben ausbreiten und sich über dich ergießen.

Denke dabei die folgende Affirmation:

"Ich bin im Einklang mit Gott, mit mir selbst und mit meinen Impulsen. In mir ist alles Glück enthalten. Es herrschen Ruhe und Frieden."

Bleibe eine Weile in der Wahrnehmung deiner Glücksfontäne und der Empfindung von Glück, Ruhe und Frieden.

Beende die Meditation mit einem tiefen Atemzug, und nimm dein glitzerndes Glück in deiner Aura mit in den Alltag.

Ein Segen, um dem Einweihungspfad des Einklangs zu folgen

Ich bewundere gerade eine Lotosblüte aus geschliffenem Glas, die auf meinem Tisch steht. Sie strahlt in hellstem Licht und glitzert in allen Regenbogenfarben.

So segne ich dich, lieber Leser, und alle Wesen, mögest du erstrahlen in hellstem Licht und in allen Regenbogenfarben glitzern ... Ich segne dich mit Liebe, Frieden und Freude.

Merksatz

In Liebe wende ich mich dir, lieber Leser, zu, indem ich voller Begeisterung dem Impuls folge, meinen Pfad des Einklangs an den Anfang zu setzen. Ich bin im Frieden mit mir. Ich erlebe Einklang und bin beschwingt sowie voller Freude, weil ich mit meiner Schöpfungsmelodie zum rechten Zeitpunkt am rechten Ort bin.

Ich lade dich ein, den folgenden Merksatz häufig zu sprechen und dir damit bewusst zu machen, dass du mit deinem Impuls gerade richtig bist und Einklang erzeugst, der erst dadurch entsteht, wenn du es tust:

Ich wende mich in Liebe und voller Begeisterung mit meinem Impuls ___________ (bitte den Begriff für deine Handlung einsetzen) an ____________ (bitte den Namen der Person einsetzen. Falls du etwas alleine tust, benenne anstelle des Namens das, wohin du dich allgemein wendest: zum Beispiel an Gott, an die Schöpfung ...), ich bin im Frieden mit mir. Ich erlebe Einklang und bin beschwingt und voller Freude, weil ich mit meiner Schöpfungsmelodie zur rechten Zeitpunkt am rechten Ort bin.

Lieber Leser, zeige dich der Welt. Du bist wunderbar. In jedem Moment des Einklangs heilst du dich und die Schöpfung!

Der Pfad der Kommunikation

Vorurteile

Lisa

"Erfahrungen mit Engeln hatte ich durch euch: durch dich und deinen Mann und insbesondere in der Engelanrufung mit dir, als du die einzelnen Engel für mich ***angerufen*** *hast. Dabei konnte ich die einzelnen Energien spüren ... Ich konnte sogar spüren, dass unterschiedliche Engel* ***eine unterschiedliche Energie*** *haben. Das war für mich ein sehr überwältigendes Erlebnis. Deswegen glaube ich nicht an Engel, sondern ich weiß, dass es diese Energien gibt.*

Nach einer Weile konnte ich das auch selbst herstellen ... dass sich das Energiefeld öffnete oder größer wurde, zum Beispiel wenn ich einen Segen sprach, so wie du es mir gezeigt hast. Wenn ich in einem ruhigen Zustand bin, dann spüre ich, wie sich ***mein Energiefeld ausweitet.*** *Das ist ein schönes Gefühl für mich, sonst würde ich es nicht immer wieder machen. Es ist also nicht so, dass ich an Gott glaube, sondern ich weiß, dass es ihn gibt. Ich glaube nicht an Engel, sondern ich weiß, dass es* ***bestimmte Energien*** *gibt ... und diese Energien sind* ***zwischen*** *Gott und mir in irgendeiner Form.*

Ich hatte noch ein Erlebnis nach dem Tod meiner Mutter, als es mir so schlecht ging. Da hat mir die Nichte meines Mannes Reiki gegeben, und von diesen Energien war ich total überwältigt. Das war für mich der Wahnsinn ... Da habe ich diese Energien wieder so deutlich gespürt ... Seitdem habe ich das Gefühl, dass mein ***Scheitelchakra noch einmal größer geworden ist ... als ob es in den Himmel hineingeht.***

Beim Tod meiner Mutter hatte ich noch ein Erlebnis. Wir hatten ja wirklich ein ***sehr schlechtes Verhältnis.*** *Und zwei Tage nach ihrem Tod waren in unserem Birnbaum 13 Tauben ... Mein Vater* *hatte früher Tauben ... Und das waren nicht einfach irgendwelche wilden Tauben, sondern sie hatten alle gemeinsam eine besondere Maserung. Und da habe ich mir überlegt, ob meine Mutter mir* ***mitteilen will****, dass sie jetzt bei meinem Vater ist ... gerade wegen der Tauben.*

Diese 13 Tauben waren dann auch den ganzen Tag da, und am nächsten Tag waren nur noch zwei da. Das waren die Turteltauben. Ich habe dann auch nachgelesen, was sie für eine Bedeutung haben: Friedenstauben ... Und da hatte ich den Eindruck, als wollte meine Mutter mir ***mitteilen****, dass jetzt alles in Ordnung ist.*

Alle, die in meiner Familie gestorben sind, haben sich in irgendeiner Form und ***mit irgendeinem Zeichen verabschiedet****, selbst als ich noch sehr jung war. Die einzige Ausnahme war ein Onkel, der jetzt vor vier Wochen gestorben ist. Da kam nichts, oder ich habe zumindest nichts bemerkt. Vielleicht ist* ***irgendetwas in unserer Leitung nicht in Ordnung*** *... Ich finde das merkwürdig, weil sich ja alle verabschiedet haben. Vielleicht liegt es ja auch an mir, weil wir in gewisser Weise Machtkämpfe miteinander ausgetragen haben, zumindest noch an Weihnachten, weil* ***wir nicht besonders gut auseinandergegangen sind****. Ich glaube, ich bin so weit und möchte gerne von dir lernen, über mein offenes Scheitelchakra mit ihm zu* ***kommunizieren****. Bitte, zeige mir, wie das geht.*

Also, ich mache es so, wie du es mir gesagt hast, und konzentriere mich auf etwas Schönes, das ich mit dem Onkel erlebt habe. Da fällt mir nicht viel ein, denn wir hatten kein gutes Verhältnis ... Doch an eine Situation erinnere ich mich jetzt, und ich spüre, dass ich so mit ihm in Kontakt komme. Ja, er ist da ... neben mir, und ich erlebe ihn als lustigen und beschwingten Menschen, der es anderen leicht machen will, sich zu öffnen. Mein Scheitelchakra ist wieder weit gedehnt, und ich fühle mich wohl mit ihm ...

Plötzlich ist alles anders ... Angstvolle Gedanken und Urteile mischen sich ein ... Ich kann nicht mehr unterscheiden zwischen der echten Wahrnehmung des verstorbenen Onkels und dem, was ich da an Gedanken produziere ... Ich bedanke mich bei dem Onkel für den schönen ***Austausch*** *vorher und beende den* ***Kontakt****. Mir wird klar, dass ich für kurze Zeit wirklich mit ihm in* ***Kontakt*** *war und dass sich dann meine* ***Vorurteile*** *eingemischt haben. Ich will lernen, diese schönen, bedingungslosen Zeiten weiter auszudehnen. Ich bin wieder total überwältigt, dass das möglich war.“*

Der Engel der Kommunikation

“Du bist mit mir in **Kontakt** gekommen, als du mit den schlechten Beziehungen in deiner Familie, vor allem mit deiner Mutter, nicht mehr weiter wusstest. Die Weite und die Toleranz des Herzens hast du in deiner Kindheit kaum kennengelernt. Es ging eng zu. Man sprach nicht über das, was in einem vorging, und handelte aufgrund von Vorurteilen. Dir wurde **vermittelt**, dass deine ehrlichen Gefühle keine Berechtigung haben, und du wurdest dazu erzogen, dich, wie deine übrige Familie, vom Verstand her zu steuern und dich anzupassen. So hast du auch nicht an Gott und an uns Engel geglaubt.

Doch Er sah dich und dein tiefes Bedürfnis nach **offener Kommunikation**, in der man sich selbst und den anderen in seiner jeweiligen Besonderheit achtet. So bist du in Kontakt gekommen mit Menschen, die dir bedingungslose Liebe entgegenbrachten. Sie **sprachen mit dir wahrhaftig** über deine Gefühle, Gedanken und Handlungen.

Du hast Vertrauen zu ihnen gefasst, denn du hast erkannt, dass sie dich zu deiner inneren Wahrheit führten. So hast du es gewagt, Schritt für Schritt deine wunderbaren inneren Räume aufzuschließen, die früher durch Vorurteile verschlossen gewesen waren.

Doch ein Hindernis stand dir dabei im Weg. Genauso wie du nicht an Gott und an uns Engel geglaubt hast, so hast du auch nicht an deine Fähigkeit geglaubt, zu wachsen und die Enge in deinem Leben auflösen zu können. Einerseits hat es dich froh gemacht, dich besser kennenzulernen. Und andererseits hast du bei jedem Entwicklungsschritt sofort wieder an dir und deinen neuen Möglichkeiten gezweifelt. Du hast erkannt, dass sich die Beziehungen zu deinen Eltern in deinem Inneren widergespiegelt haben. Du bist darüber erschrocken, dass du mit dir dasselbe gemacht hast wie deine Familie mit dir ... Du hast dich selbst eingeengt und bestimmte Anteile mit deinen Vorurteilen zurückgewiesen.

In dieser Phase fand **die Engelanrufung** statt. Dieses Erlebnis hat deine Vorurteile in ihren Grundfesten erschüttert. Du warst überwältigt von dem, was im menschlichen Erleben möglich ist. Seitdem bist du dir sicher, dass Gott und wir Engel existieren.

Du hast erkannt, was dir fehlte - und wie du dich nach **innigem Austausch** gesehnt hast. Da dies in deiner Familie nicht möglich schien, hast du eifrig mit mir, dem **Engel der Kommunikation**, gelernt, Kontakt mit höheren Energieebenen und uns Lichtwesen aufzunehmen. Aus der Enge deines Lebens hast du dich in neue Wahrnehmungs- und Erfahrungsräume ausgeweitet, du hast deinen Impuls des Segnens wahrgenommen. Segnungen sind **bedingungslos**. Sie bringen die Wahrheit deiner Liebe unmittelbar **zum Ausdruck**.

Damit hast du alle Wesen erreicht, ohne dich direkt mit ihnen auszutauschen und dabei gefährdet zu sein, in frühere Vorurteile zurückzufallen. Du wurdest dabei selbst zum Engel der Kommunikation.

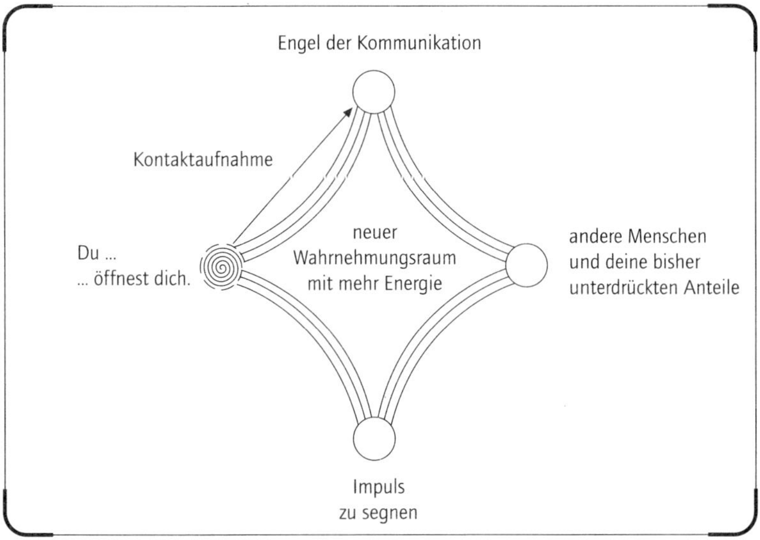

In dieser Zeit hast du erlebt, dass sich dein Scheitelchakra weitete, was sich nach der Reikibehandlung noch verstärkte. Du hast die Fähigkeiten deiner Verwandten bewundert. Obwohl sie, genauso wie du, in ihrer Familie unter dem Fehlen von liebevoller Zuwendung litt, war sie in der Lage, sich für höhere Energien zu öffnen und **diese an dich weiterzugeben.** Das Erlebnis bestärkte dich in dem Glauben an dich selbst, und du hast deine Fühler immer weiter in die himmlischen Sphären ausgestreckt.

Da jeder in deiner Familie seine Gefühle kontrolliert hat, **fehlte euch Klarheit und Verständnis** füreinander in eurer **Kommunikation.** So hast du dich daran gewöhnt, auf **Zeichen** zu achten, die dir mitteilen konnten, wie die anderen zu dir standen. Du hast erlebt, dass die Beziehung deiner Mutter zum Vater und zu dir schlecht war. Sie glaubte nicht an die alles heilende Liebe, die sie in Wahrheit ist. Sie trennte sich mit ihren Vorurteilen innen von ihrer Seele genauso ab wie außen von euch. Erst im Jenseits fand sie zu deinem Vater, und sie kommunizierte mit dir über die dir bekannte Zeichensprache, dass sie nun im Frieden sei.

Natürlich seid ihr alle in eurer Familie Liebe, und ihr alle braucht die Nahrung des Herzens wie die Luft zum Atmen. Auch wenn ihr euch noch so sehr kontrolliert und voneinander abgetrennt habt, wusste doch jeder um **die Zeichen der offenen Kommunikation.** So gaben es alle Familienmitglieder mit ihrem Tod auf, sich zu verschließen, und sie teilten den Lebenden ihr ehrliches Bedürfnis nach **liebevollem Austausch** mit. Auch dass der Onkel dir als einziger kein Zeichen gab, entstammte seiner Regung, mit dir wahrhaftig und liebevoll kommunizieren zu wollen. Denn er sah deine neue Fähigkeit, über dein erweitertes Scheitelchakra mit ihm in **Kontakt** kommen zu können.

Zunächst ermöglichte das Segnen es dir, frei von Vorurteilen sowie bedingungslos vorzugehen. Nun hast du gelernt, das auszuweiten, deine Denkmuster während der **Kontaktaufnahme zu einem Verstorbenen** aufzugeben und währenddessen diese bedingungslose Zeit weiter auszudehnen. Auf diese Weise öffnest du dich gleichzeitig nach innen und nach außen.

Stärke dich weiter darin. Bitte mich, den Engel der Kommunikation, um Hilfe, und dehne diese bedingungslose Zeit aus auf den offenen Austausch **mit Lebenden**, mit denen es dir zum Beispiel leichter fällt als mit deiner Familie. Alles ist ein Spiegel für dich und dein Verhalten, und du befreist damit nach und nach deine inneren Anteile sowie andere Menschen. Je mehr du dich auf diese Weise für dich selbst öffnest, desto leichter wirst du dich auch für deine Familie öffnen können.

Damit gibst du anderen das weiter, was dir geschenkt wurde, nämlich Befreiung aus der Enge und heilsame Anregungen zur Weitung des Energiefeldes. Damit wirst du wahrlich jedes Mal zum Engel der Kommunikation.

Wir freuen uns und danken dir, dass du dich für uns und deinen inneren Raum geöffnet hast, und unterstützen dich auch weiterhin darin, die offene Kommunikation in deine Familie zu bringen ... Halleluja!"

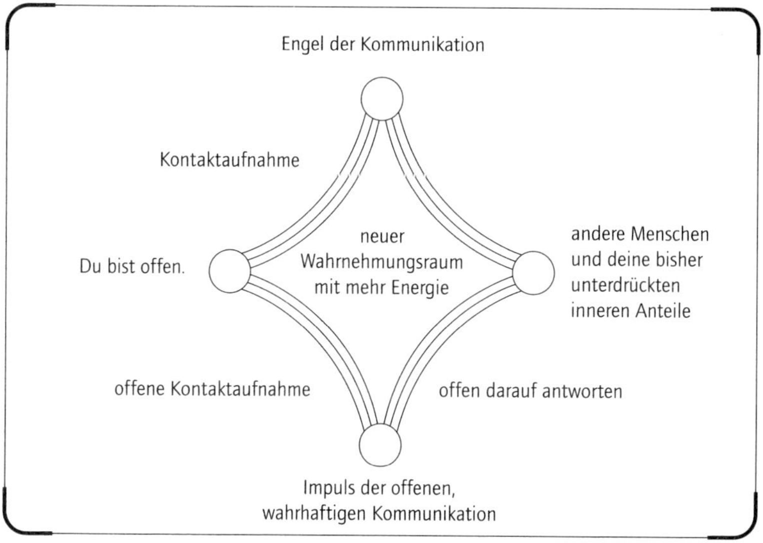

Der Engel des Lavendels

Engelbotschaft 5: Kommunikation – Halschakra

"Der harmonische Duft des Lavendels erinnert dich an die Harmonie der Stimme. Der Klang deiner Stimme spiegelt dein inneres Befinden wider. Du weißt, dass in dir die Kraft enthalten ist, auch in schwierigen Situationen die Dinge zur Sprache zu bringen und alles mit deinen Mitmenschen zu bereinigen."

Wenn für dich in der Beziehung zu einem anderen etwas unklar ist, bring es zur Sprache.

Falls etwas in dir dagegen ankämpft, beachte dabei das Gesetz der Liebe: *Was außen geschieht ist ein Spiegel für das, was du innen mit dir tust.* Erkenne damit, dass du mit dem Kampf gegen andere auch dich bekämpfst.

Gib es nicht auf, die Unklarheiten zu beseitigen, bis du wieder Harmonie erlebst in dir und mit anderen.

Die Siebenmeilenstiefel

Der Engelübersetzer

Du kennst vielleicht Computerprogramme, die dir dazu dienen, fremdsprachliche Texte ins Deutsche zu übersetzen und umgekehrt. Nun stelle dir einen Engel vor, der genau das kann: befremdliche, missverständliche Worte im Kontakt mit anderen in die einfache Sprache deines Herzens übersetzen. Denn dort weißt du, dass alles gut ist und dass hinter all den Vorurteilen und Einengungen die Liebe wartet.

Ein Beispiel:

Du willst dich am Morgen herzlich von deinem Mann verabschieden. Aber er weist dich brüsk zurück und sagt, dass er für so etwas jetzt keine Zeit habe. Du bist enttäuscht und verletzt. Dann denkst darüber nach, warum er wohl so war, doch du kannst es nicht verstehen. So ziehst du den Engelübersetzer zu Rate:

1. **Den Engelübersetzer einschalten:** Bitte, lieber Engel der Kommunikation, hilf mir. Ich begrüße dich in meinem Energiefeld.

2. **Den zu übersetzenden Text eingeben:** "Ich habe für so etwas jetzt keine Zeit."

3. **Den Engelübersetzer aktivieren:** Bitte, lieber Engel der Kommunikation, übersetze diesen Text in die Sprache des Herzens.

4. **Nach innen hören:** Schalte jetzt deinen Verstand aus, lieber Leser. Denn er arbeitet gerade mit deinem Verhaltensmuster zusammen. Er will dich vor weiteren Enttäuschungen schützen, indem er dir Vorurteile anbietet, mit denen du dich jedoch vor deinem Mann verschließen würdest. Höre stattdessen auf

dein Herz. Dort kommt nun der übersetzte Text des Engels der Kommunikation an. "Ich erlaube mir jetzt keine Zeit für deine liebe Umarmung. Sonst will ich überhaupt nicht mehr weg zur Arbeit." Erlebe, wie du deinen Mann plötzlich verstehen kannst und dein Herz weit und froh wird.

5. **Den Engelübersetzer ausschalten:** Danke, lieber Engel der Kommunikation, du hast mich mit deiner Übersetzung dahin geführt, meinen Mann zu verstehen und mich wieder offen und geliebt zu fühlen. Ich verabschiede mich von dir.

Lieber Leser, übe recht oft, mit dem Engelübersetzer umzugehen. Du wirst feststellen, wie einfach dein Leben wird, wenn du auf die Verhaltensmuster anderer nicht mit Urteilen aus den vielen Fächern deines Kopfes reagierst, sondern das eine Fach des Herzens aufziehst.

Lieber Leser, ich wünsche dir immer wieder die wunderbare Erfahrung mit dem Engelübersetzer, dass hinter allen Aussagen die Worte der Liebe stehen.

Christus-Meditation: Klang der Worte

Lege dich bequem auf den Rücken, und schließe die Augen. Fühle den Kontakt deines Körpers zur Auflagefläche. Mit jedem Einatem nimmst du neue, frische Energie in dich auf. Mit jedem Ausatem gibst du die verbrauchte Kraft an den Kontaktstellen ab in die Erde.

Nun konzentriere dich auf dein Herzzentrum in der Mitte deines Brustbeines. Atme dort die bedingungslose Liebe von Jesus Christus ein und aus ... Anschließend gehst du mit deiner Aufmerksamkeit in dein Halschakra auf der Höhe des Kehlkopfes. Atme die bedingungslose von Liebe Jesus Christus dorthin. Mache dir bewusst, dass du mit deinen Worten die Wahrheit der Liebe zum Ausdruck bringst, die du bist, und atme dort ein und aus ...

Stelle dir vor, dass sich der Klang deiner Worte von deinem Halszentrum aus kreisförmig ausdehnt ... mehr und mehr ... bis dein Kreis dich ganz umfasst ... bis er deine Familie und deinen Wohnort umschließt ... dein Land ... die Erde ... den ganzen Kosmos ... Ich bin bedingungslose Liebe ... Ich bin der Mann/die Frau der Liebe ... Ich bin Jesus Christus ... In mir ist alles enthalten ... In uns ist alles enthalten ...

Bleibe eine Weile in der Wahrnehmung deines Kreises. Mache dir bewusst, dass die ganze Schöpfung der Resonanzkörper deiner Worte ist. Denke nun bestimmte Worte, oder sprich sie laut aus und erlebe, wie ihr Klang deinen Körper, bestimmte Menschen, die du damit ansprichst, alle Wesen und den Kosmos erfüllt.

Genieße auf diese Weise das Verbundensein mit allem, was ist. Danke, Jesus Christus, für deine bedingungslose Liebe.

Spüre nun zum Abschluss der Meditation wieder den Kontakt deines Körpers zur Unterlage. Atme tief ein und aus, und nimm diese Erfahrung mit in deinen Alltag

Die Seelensprache

"Hallo, meine liebe menschliche Verkörperung, deine harten Vorurteile, mit denen du dich vor anderen Menschen schützen möchtest, tun mir weh. Bitte erkenne, dass du mit mir das Gleiche tust wie andere mit dir. Denn alles ist ein Spiegel für dich. Was andere an dir verurteilen, verurteilst du an mir.

Ich schwebe in der Anbetung der Schönheit deiner Impulse und sehne mich danach, dass du mich verstehst. Bitte erlerne meine Sprache, und erlebe, wie die gesamte Schöpfung darüber mit dir

kommuniziert. Genieße die wunderbare Erfahrung, dass meine Worte der Segnungen eine bezaubernde Wirklichkeit erschaffen, die alle Wesen nährt und beglückt."

Segnen

Lieber Leser, mit dem Segnen erschaffst du eine kraftvolle und schöne Wirklichkeit, die deine Seele und alle Wesen der Schöpfung beglückt.

Segne ganz oft alles, was dir begegnet, indem du sagst oder denkst: "Ich segne dich." Damit sind alle Wesen gesegnet mit der Fülle der Schöpfung Gottes. Wenn du es deiner Seele schön machen willst und mehr Zeit mit dem Segnen verbringen möchtest, dann weite deinen Segen aus auf das, was du gerade schön findest und was deine Seele anbetet.

Ein Beispiel: Schau dich in deinem Raum oder draußen in der Natur um. Nimm nun wahr, was du gerade am meisten bewunderst. Es fällt dir deshalb auf, weil Gott es dir schenkt, um dich darin in Leichtigkeit zu ergänzen und zu vervollkommnen.

Vielleicht fällt dir eine schöne, langstielige Rose ins Auge. Welche ihrer Eigenschaften bewunderst du am meisten? Nehmen wir an, es sei ihre Kraft und ihr absolut gerader Wuchs. Gehe in dich, und erkenne, wie sehr du gerade Kraft und - im übertragenen Sinne - Geradlinigkeit in dir selbst vermisst. Bete mit der ganzen Intensität deiner Gefühle diese Eigenschaften der Rose an als das Geschenk der Liebe Gottes, das dich in deiner Schwäche auffängt, dich wunderbar ergänzt und stärkt.

Die Rose ist für dich da. In der Liebe Gottes fließt dir ihre Kraft zu. So segne dich in allen deinen Zellen mit Kraft und absoluter Geradlinigkeit. Mache dir bewusst, dass dieser Segen dich ganz macht. Er schenkt dir Frieden und erfreut dich. Er bringt dich zur Liebe zurück, die du in Wahrheit bist.

So bete jetzt auch dich selbst an, die Kraft und absolute Geradlinigkeit, die du nun bist ... die Liebe, den Frieden und die Freude. Erlebe, wie diese Energien von dir ausströmen - aus dem Kristallisationspunkt deines Herzens in das Netz der Liebe. Segne alles Sein der Schöpfung mit Kraft und absoluter Geradlinigkeit, mit Liebe, Frieden und Freude ...

Dein Segen strömt unendlich aus in die Schöpfung. Gehe in Zukunft mit offenen Augen für diesen Segen durch die Welt, und erlebe, wie er die Menschen in deiner Umgebung erreicht und auch, wie er auch zu dir zurückkommt.

Ein Segen, um dem Einweihungspfad der Kommunikation zu folgen

Auch ich freue mich, jetzt einen Segen für dich, lieber Leser, zu sprechen und zu erleben, wie er alle Wesen beglückt.

Ich bewundere die Schönheit der Worte in der vorherigen Segnung. So segne ich dich, lieber Leser, und alles Sein der Schöpfung mit schönen Worten und damit mit Liebe, Frieden und Freude.

Merksatz

Lieber Leser, ich liebe dich. Ich segne dich. Ich bete dich an.

Sage diesen Segen ganz oft zu dir selbst und anderen. Du erzeugst damit eine neue Wirklichkeit. Erkenne, dass du genauso liebenswert, anbetungswürdig und ein Segen für alle Wesen bist wie jeder andere:

Ich liebe mich. Ich segne mich. Ich bete mich an.

Ich liebe dich. Ich segne dich. Ich bete dich an.

Der Pfad der Partnerschaft

Sich bekämpfen

KATJA

"Ich habe von meinen Eltern vor ein oder zwei Jahren einen handgeschnitzten Engel aus Rom geschenkt *bekommen, der sogar im Dom geweiht und gesegnet worden war. Ich hatte viele Probleme mit meiner Gesundheit sowie Probleme durch meines Chef mit Mobbing und sexueller Belästigung auf die übelste Weise.*

Weil es mir in den letzten Jahren nicht gut ging, denke ich, dass meine Eltern mir mit dem Engel zeigen wollten, dass da jemand ist, der mich beschützt.

Wenn ich mich unwohl fühle *oder* Angst *habe, wenn ich zum Beispiel* alleine *bin, dann denke ich an den Engel ... Dann geht es mir auch schon wieder besser. Er ist immer in meiner Tasche und immer bei mir.*

Ich habe den Engel in letzter Zeit in mein Auto gelegt, weil ich sehr viel mit dem Auto unterwegs bin. Jeden Morgen, wenn ich in das Auto einsteige, streichle *ich über den Engel und* begrüße ihn. *So komme ich* entspannter *dort an, wo ich hinfahre. Und wenn ich dann abends zum Beispiel von der Arbeit heimfahre,* streichle *ich wieder über den Engel und* begrüße ihn, *sage hallo ... Dann ist auch die Heimfahrt viel* entspannter. Er hilft mir *während des Autofahrens beim* Entspannen ... *Seitdem ich das mache, ist das Autofahren für mich nicht mehr so stressig. Ich bin ja eine Stunde unterwegs nach Hause, und manchmal merke ich,* dass etwas fehlt. *Dann schaue ich während des Fahrens runter zu meinem Engel und* streichle *ihn ... und es ist wieder* okay.
Manchmal habe ich morgens auch so ein ungutes Gefühl, als ob etwas beim Autofahren passieren könnte ... Manche Autofahrer benehmen sich ja unmöglich. Dann sage ich zu dem Engel, er solle mich bitte beschützen.

Ich bin so froh, dass ich den Engel habe. Ich habe auch einmal einer Bekannten, der es sehr schlecht ging, *als ihr Freund gestorben war, einen kleinen Silberengel* geschenkt, *den ich hatte. Ich habe ihr erzählt, dass ich meinen Engel ins Auto gelegt habe, und sie wollte das auch so machen. Als ich sie das nächste Mal gesehen habe, sagte sie mir, dass sie sich* viel besser fühle."

Der Engel der Partnerschaft

"Oft schon, meine Liebe, fühltest du dich von den plötzlich auftretenden Aggressionen deines Vaters und später von denen deines Mannes **sehr unter Druck gesetzt**. Sie verletzten dich körperlich und seelisch. Sie übergingen deine Grenzen und sahen dich nicht in deinem Wert.

Deine Mutter war nicht in der Lage, dir zur Seite zu stehen. Sie **lief weg**, wenn dein Vater trank und aggressiv wurde. Es machte dich wütend, dass deine Mutter nicht für sich einstand, und du hast dich gezwungen gesehen, ihr dies zu spiegeln. Damit warst du völlig überfordert.

Trotzdem hast du nicht aufgehört, deine Eltern zusammenführen zu wollen. Denn ein Kind hat den Wunsch in sich, die Eltern glücklich vereint zu sehen **als wahre Partner der Liebe**. Jedes Kind bringt diesen Impuls mit seiner Geburt als Geschenk an seine Eltern mit auf die Erde.

Da deine Mutter die Aggressionen deines Vaters nicht als **Geschenk** der Liebe begreifen konnte und angstvoll davonlief, übernahmst du als Kind, ohne es zu verstehen, die Aufgabe, ihr ebenfalls Aggressionen entgegenzubringen. Du zeigtest ihr wütend, wie schrecklich du es fandest, dass sie sich nicht wehrte. Du wolltest ihr helfen, sie sollte sich in deinem Verhalten wiederfinden können ... um sich **aufzurichten** aus der Erniedrigung, zurück in ihre wahre Größe der Liebe, mit der sie deinem Vater hätte eine wahre **Partnerschaft** anbieten können.

Umgekehrt hast du dich von deinem Vater und später auch von deinem Mann abgewandt, wenn sie aggressiv wurden. Damit hast du ihnen ebenfalls unbewusst ein **Geschenk** angeboten, damit auch sie sich hätten **zurücknehmen** und Abstand nehmen können von den entwürdigenden Übergriffen, um zurückzufinden zu wahrer Partnerschaft in Liebe.

Aber dies geschah nicht. Auch weiterhin verhielten sich Männer dir gegenüber aggressiv, auch dein Chef und manche Autofahrer. Das machte dir Angst, und du hast in ständiger **Anspannung** gelebt. Diese verstärkte sich noch, wenn Kolleginnen oder Freundinnen sich dir gegenüber schwach zeigten. Das machte dich wütend wie in der Kindheit, wenn deine Mutter vor dem Vater davonlief. Immer wieder hast du dieselben Verhaltensmuster erlebt und bist damit mehr und mehr unter Druck geraten.

Das göttliche Gesetz besagt: *Was außen geschieht ist ein Spiegel für das, was du innen mit dir tust.* Dein Chef und andere Autofahrer spiegelten dir mit ihrem aggressiven Verhalten dir gegenüber, dass diese Regungen auch in dir wüteten ... Und die Kolleginnen und Freundinnen wichen ängstlich vor deinem Druck zurück. Doch so wolltest du nicht sein. Auf keinen Fall wolltest du werden wie die Menschen, die dich verletzten; genauso wenig wolltest du schwach sein wie die Mutter und weglaufen. Also hast du deine Aggressionen und Ängste **unterdrückt**, bis sie sich gegen dich selbst richteten, bis du auf der Stelle getreten bist und schließlich krank daran wurdest.

Du hast **keine Partnerschaft** erlebt, weder zwischen deinen Eltern noch in deinem Zusammensein mit anderen Menschen. Du hast es in dir mit deiner Seele verhindert. Du hast deine Seele in einem inneren Gefängnis eingesperrt, um nicht wahrnehmen zu müssen, wenn sie Impulse leben wollte, die dich vielleicht hätten aggressiv oder ängstlich machen können.

Es war in deiner Familie nicht üblich, sich mit Aufmerksamkeit, Achtsamkeit, Zärtlichkeit und Liebe zu **beschenken**. So haben deine Eltern den Umweg über den Engel gewählt, als sie sich um deine Sicherheit und Gesundheit sorgten, um dir damit all dies zu geben. Damit wurden sie zum Engel der Partnerschaft. Das schenkte dir inneren Frieden, der Druck legte sich und du hast einen inneren Spielraum gefunden, in dem du angefangen hast, dich neu zu orientieren und deinen dir von Gott **geschenkten** Lebensraum zu betreten.

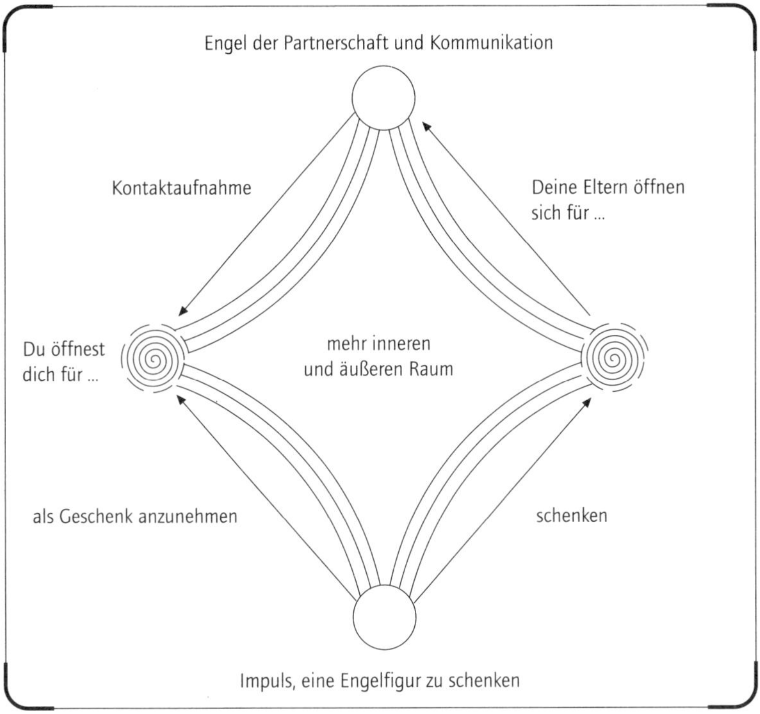

Du hast mit dem Engel das getan, was du von Geburt an hattest tun wollen: die Partnerschaft deiner Eltern heilen. Indem du den Engel **begrüßt** hast, hast du gleichzeitig ihm und dir Wert gegeben. Du bist mit ihm eine **wahre Partnerschaft** eingegangen, hast ihn zärtlich, bedingungslos und liebevoll **gestreichelt**. Damit hast du einen Weg gefunden, deinen natürlichen Regungen zu folgen, und hast dich wie ein kleines Kind **entspannt**, das in den Armen seiner Mutter gewiegt wird. So trug ich dich auf meinen **Flügeln der Partnerschaft** von der Seite der Anspannung und Bedrohung auf die der Entspannung und des Aufgehobenseins.

Und als du erfahren hast, dass es einer Bekannten schlecht ging, warst du für sie da und hast ihr auch einen Engel **geschenkt**. Du hast das an sie weitergegeben, was du selbst erlebt hattest: dass es nichts weiter braucht, als bedingungslos zu schenken, mich zu begrüßen und zu streicheln, um in **wahre Partnerschaft** zu finden. Und schon ging es ihr besser. So wurdest du wahrlich selbst zum **Engel der Partnerschaft**. Der Wunsch deiner Eltern, dich zu **heilen**, hat sich erfüllt. Amen."

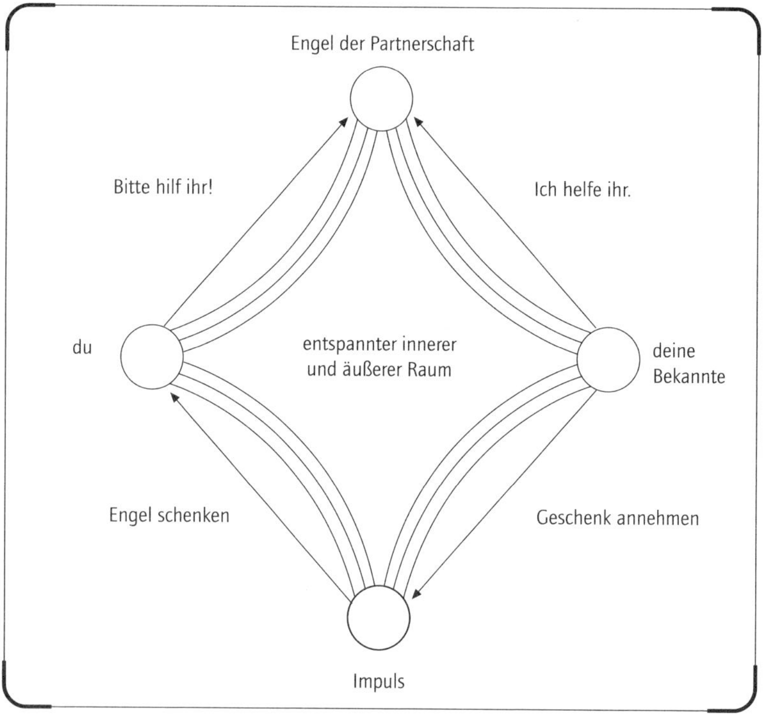

Der Engel des Lavendels

Engelbotschaft 6: Partnerschaft - Stirnchakra

"Der reine, harmonische Lavendelduft erinnert dich an deine Fähigkeit, dich zu konzentrieren und gedanklich flexibel zu bleiben. Du weißt, dass du dich auf deine Intuition verlassen, den Kopf leer machen und meditieren kannst."

Erkenne: Alles, was dir begegnet, ist dein Partner, um dich bedingungslos in Liebe zu ergänzen, damit du gestärkt deine Herzensziele erreichst und ihr in eurer Begegnung ein harmonisches Ganzes bildet.

Beobachte deine Gedanken, und lass entstandene Urteile, mit denen du diese Partnerschaft verhinderst, möglichst sofort los.

Das tust du, indem du einen Partner auf- und dafür den anderen abwertest. Damit verschließt du dich vor dem Fluss der Liebe. Du willst auf diese Weise dich und den anderen davor bewahren, in unterdrücktem Schmerz berührt zu werden.

Erkenne das Gesetz der Liebe an: *Was du gibst, nimmst du.* Öffne dich für die Gleichwertigkeit der Partnerschaft, und erlaube dir, im Inneren davon berührt zu werden.

Wenn du dich öffnest, öffnet sich auch dein Gegenüber. Das kannst du nicht vorher wissen. Akzeptiere dies als Bewährungsprobe der Liebe.

Die Siebenmeilenstiefel

Das Vaterunser

Lieber Leser, ich lade dich ein, das Vaterunser auf eine neue Art und Weise zu beten, indem du die Partnerschaft mit Gott anbetest:

1. Gott:
   Vater unser, der Du bist im Himmel, geheiligt werde Dein Name, ...
2. Wahrheit/Heiliger Geist:
   ... dein Wille geschehe, wie im Himmel so auf Erden.
3. Impuls/Seele:
   Unser tägliches Brot gib uns heute, ...
4. Du:
   ... und vergib uns unsere Schuld, ...
5. dein Gegenüber:
   ... wie auch wir vergeben unseren Schuldigern.
6. Engel:
   Und führe uns nicht in Versuchung, sondern erlöse uns von dem Bösen, ...
7. Liebe/Jesus Christus:
   ... denn Dein ist das Reich und die Kraft und die Herrlichkeit in Ewigkeit.
8. göttlicher Raum/Engelraum:
   Amen.

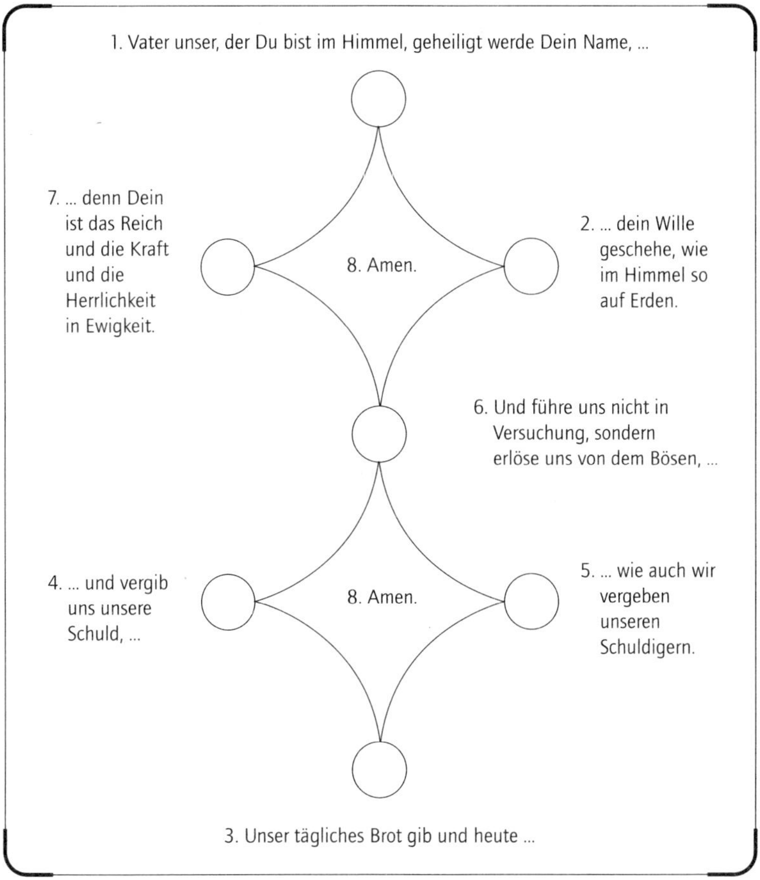

Der Engel-Paternoster

Ein Paternoster ist ein Aufzug, an dem die Einzelkabinen wie die Perlen auf einem Rosenkranz aufgefädelt sind. Im Rosenkranz folgt auf zehn kleinere Kugeln, für die jeweils das Ave-Maria gebetet wird, eine dickere Kugel für das Vaterunser, lateinisch: pater noster. Die Kabinen hängen an einer Kette und sind im Umlaufbetrieb. So gibt es eine ständige Verfügbarkeit in beide Richtungen, Wartezeiten entfallen. Im Personenbetrieb ist kein Lastentransport zugelassen.

Stell dir einen solchen Paternoster vor, lieber Leser, der dich im göttlichen Raum transportieren kann, wohin du willst ... ohne Wartezeiten und ständig verfügbar ... Und deine Lasten aus den Abhängigkeiten von Macht und Ohnmacht, von Hilflosigkeit und Aggression sind nicht zugelassen und bleiben zurück.

Mit dem Engel-Paternoster ist es dir möglich, dich an jede Stelle im göttlichen Raum zu wenden, um Schutz zu suchen vor selbstzerstörerischem Handeln. Probiere ihn aus, und lasse dich zu unterschiedlichen Zielen bringen:

- Gehe beispielsweise zu **Gott**, und erlebe dort die tiefe Ruhe und deine Schöpfermacht.
- Oder lasse dich zum **Heiligen Geist** bringen, und erfahre dort, wie dein Kopf klar wird.
- Steige bei **Jesus Christus** aus, und fühle dich gehalten in den Armen seiner bedingungslosen Liebe.
- Fahre mit dem Paternoster direkt zum Engel der Partnerschaft, und erlebe, wie sich dein Wahrnehmungsraum weitet.
- Lass dich zur **anderen Seite** deines Verhaltens führen, und spüre, wie du nun frei bist für das gegensätzliche Handeln, das du bisher bekämpft hast.
- Bitte den Engel-Paternoster, dich zu deinem nächsten **Impuls** zu bringen, und höre auf deine Seele, die ihn dir nun klar mitteilt.

Ein Beispiel:
Du fühlst dich von deinem Partner nicht gewürdigt. Das verletzt dich, und du bist so wütend, dass du vor dir selbst erschrickst. Immer wieder hattet ihr heftigen Streit und habt euch Wunden zugefügt, die kaum noch heilen. Deshalb willst du heute sofort weg von der Wut und steigst in den Engel-Paternoster.

Ein anderes Beispiel:

Immer wieder erlebst du trotz guter Vorsätze, dass du in Abhängigkeiten gerätst - von anderen Menschen, von Alkohol, Zigaretten und so weiter. Wie auch im vorhergehenden Beispiel hat dann eine Seite in dir die Macht übernommen, und die andere Seite schaut hilflos zu. Bitte den Engel der Partnerschaft, dich im Paternoster zu bewegen, damit du aus deiner einseitigen Festlegung sofort heraustrittst und deine Lasten hinter dir lässt. Wähle selbst, wohin du mit dem Engel der Partnerschaft fahren möchtest:

- zu einem Impuls
- zu einem Menschen, mit dem du jetzt oder früher Kontakt hattest und dem du ein störendes Verhalten verzeihen möchtest
- zum Engel der Partnerschaft, bei dem du dich eins fühlst mit deinen inneren Anteilen und den Menschen im Außen
- zu Jesus Christus, der dich in bedingungsloser Liebe umarmt und heilt
- zum Heiligen Geist, der dich in die Klarheit deiner Gedanken führt und damit in die aufrichtige Wahrheit, weg von den Abhängigkeiten von Macht und Ohnmacht, von Aggression und Hilflosigkeit
- zu Gott, in dem du ruhst

Den Engel-Paternoster einschalten: Ich stecke in der Verletztheit fest. Bitte, lieber Engel der Partnerschaft, hole mich da raus und bringe mich zu Jesus Christus.

Nach innen spüren: Ohne mein bewusstes Zutun erlebe ich, dass ich in den Paternoster einsteige, indem ich spüre, dass sich etwas in mir lockert. So erkenne ich, dass sich der Aufzug mit mir bewegt und ich meine Last der Verletztheit zurücklasse.

Aus dem Engel-Paternoster aussteigen: Ich konzentriere mich auf mein Ziel, die bedingungslose Liebe von Jesus Christus. Indem ich sie wahrnehme, mache ich mir bewusst, dass der Engel mich dorthin gebracht hat. Ich bin so dankbar, den Druck der Verletztheit hinter mir gelassen zu haben und nun Heilung zu finden in den liebenden Armen von Jesus Christus.

Den Engel-Paternoster ausschalten: Danke, lieber Engel der Partnerschaft, dass du mich aus meiner Abhängigkeit gerettet und mich in die Heilung geführt hast.

Nun lade ich dich, lieber Leser, ein, in den Engel-Paternoster zu steigen und das Wunder zu erleben, dass du nichts weiter können musst, als zu sagen, wohin du möchtest, damit du dorthin gelangst.

Der stille Schrei der Seele

"Meine liebe menschliche Verkörperung, ich kann nichts anderes tun, damit du mich wahrnimmst, als die zu sein, die ich bin. Du hast mich tief in deinem Inneren eingesperrt, wo du mir keinen Wert gibst. Ich bin unendlich traurig darüber, denn ich kann dir so viel geben.

Meine liebe menschliche Verkörperung, bitte erkenne, dass das, was andere im Außen mit dir tun, du im Inneren mit mir tust. Das ist das göttliche Gesetz, das jeden Einzelnen daran hindert, sich über den anderen zu stellen. Dieses Gesetz bewirkt in allem Handeln, dass sich gleichwertige Partner in Anbetung und Freude ergänzen.

Ich will nichts anderes, als zusammen mit dir Schönheit, Anbetung und Freude in die Welt bringen. Bitte befreie mich aus meinem Gefängnis, und erkenne mich als deinen Partner an. Auf diese Weise bewirkt das göttliche Gesetz, dass du auch im Außen Partner findest, mit denen du dich zum Wohl und Glück aller ergänzt."

Meditation: Partnerschaft

Lieber Leser, vielleicht hast du schon einmal etwas von dem Begriff “inneres Kind” gehört. Du denkst dabei vielleicht an dein Kindlichsein, das du in dir unterdrückst ... Du lebst in Wahrheit partnerschaftlich mit deiner Seele, die als gleichberechtigter Partner gewürdigt werden will, genauso wie die Menschen, mit denen du umgehst. Eine solche Partnerschaft hat ihre Grundlage in bedingungsloser Liebe, in der alles möglich ist: In manchen Situationen sind beide erwachsene Partner, die sich gegenseitig beschenken. Manchmal ist der eine das Kind, das vom anderen mütterlich oder väterlich Zuwendung erhält, und dann wieder ist es umgekehrt.

Meistens sieht eine Partnerschaft allerdings so aus, dass man sich vom Verstand aus regiert. Das bedeutet, streng mit den Regungen seiner Seele und seinen Impulsen zu sein. Manch einer schließt seine Seele ganz aus und will gar nicht erst wahrnehmen, welche Impulse seine verstandesgemäßen Verhaltensmuster stören könnten. Bestenfalls erlaubt man seiner Seele dann als ein kleines inneres Kind da zu sein, dem man keine eigene Meinung zuspricht. Man fertigt es meist schnell ab, wenn man es sich gerade einmal erlaubt, Zeit für die eigenen lust- und freudvollen Regungen zu haben.

Deine Seele kann aber viel mehr für dich sein, lieber Leser, nämlich all das, was du brauchst, um dich in diesem Augenblick zu vervollkommnen. “Wie soll ich wissen, was meine Seele will?”, fragst du dich jetz vielleicht. Nach dem göttlichen Gesetz ist alles ein Spiegel für dich. Was du von deiner Seele nicht wahrnimmst, bringen dir andere Menschen, Haustiere, ein Auto und all das, womit du dich umgibst, von außen entgegen. So einfach ist das. Wenn du den Kontakt zu deiner Seele verloren hast, schau dir mit offenem Herzen deine Begegnungen im Alltag an, und finde darüber zurück zu dir selbst.

Wähle für die nun folgende Meditation einen Menschen aus, mit dem du gerade einen Weg in ein partnerschaftlicheres Verhalten suchst, sei es nun beruflich oder privat.

Lege dich bequem auf den Rücken, und schließe die Augen. Fühle den Kontakt deines Körpers zur Auflagefläche. Mit jedem Einatem nimmst du neue, frische Energie in dich auf. Mit jedem Ausatem gibst du die verbrauchte Kraft an den Kontaktstellen in die Erde an ...

Nun konzentriere dich auf dein Sexualzentrum auf der Höhe deines Schambeins. Es ist das Energiezentrum, in dem deine Seele sich von neuen Impulsen anziehen lässt, die sie anbetet. Sie strebt mit ihnen die Ergänzung an - in dir, im Inneren. Genauso strebt sie diese Ergänzung im Außen an mit anderen Menschen, Tieren, Pflanzen, Mineralien und auch mit anderen Energieebenen. Es ist das Chakra, in dem deine polare Kraft ihren Ursprung hat. Hier befindet sich der Lebensmotor deines Mann- oder Frauseins.

Verbinde dich nun mit deinem nächsten Ausatem von deinem Sexualzentrum aus mit dem gleichen Chakra des Menschen deiner Wahl. Folge der Verbindung eine Weile mit deinem Ein- und Ausatem, hin und her. Taste diese Verbindung mit deinem inneren Tastsinn ab, und schau sie dir mit deinem inneren Auge an. Wie sieht sie aus? Wie ist sie beschaffen? Welches Material und welche Struktur hat sie?

Was wünschst du dir mit diesem Menschen am allermeisten? Bringe diesen Wunsch nun mit deinem Atem in eure Verbindung im Sexualzentrum ein ... Beschließe, diese jetzt zu heilen und in ihrer ganzen Schönheit und Kraft erstrahlen zu lassen ...

Mache dir bewusst, dass diese Verbindung nun geheilt ist und du damit gleichzeitig auch deine Partnerschaft mit deiner Seele geheilt hast, denn deine Seele benötigt von dir genau das, was dieser Mensch gerade von dir braucht.

Schau dir die Heilung im Inneren an, indem du nun eine Verbindung herstellst vom Verstand zu deinem Sexualzentrum.

Erkenne, dass du so die Kontrolle über deine Seele aufgibst und dich öffnest für wahre Partnerschaft ... Erkenne: Diese Verbindung hat dieselbe Beschaffenheit wie diejenige zu dem anderen Menschen und erstrahlt jetzt ebenfalls in ihrer ganzen Schönheit und Kraft ...

Fühle nun am Ende der Meditation noch einmal den Kontakt deines Körpers zur Unterlage ... und finde den Ausatem von Liebe und Wahrheit, den du mitnehmen möchtest in deinen Alltag, wo du nun geheilt und vervollkommnet durch die Partnerschaft mit deiner Seele und dem anderen Menschen Glück und Leichtigkeit erlebst.

Christus-Meditation: Partnerschaft der Liebe

Setze oder lege dich entspannt hin, schließe die Augen und konzentriere dich auf deinen Atem. Entspanne dich, indem du mit jedem Ausatem die Kontaktstellen deines Körpers zur Unterlage und zum Boden spürst. Mit jedem Einatem nimmst du neue, frische Energie in dich auf, mit jedem Ausatmen gibst du die verbrauchte Kraft ab in die Erde.

Nun konzentriere dich mit deinem Ein- und Ausatem auf dein Herzzentrum in der Mitte deiner Brust. Mache dir bewusst, dass die Liebe deine wahre Macht ist und du damit innen wie außen Abhängigkeiten auflösen willst.

Bitte nun Jesus Christus um die Wahrnehmung seiner bedingungslosen Liebe in deinem Herzzentrum auf der Mitte des Brustbeins. Bleibe eine Weile mit deinem Ein- und Ausatem in dieser Energie ...

Wenn du in deinen Abhängigkeiten zu anderen Menschen eher derjenige bist, der sich zurückhält, stelle dir vor deinem geistigen Auge vor, wie vor deinem Körper ein heller Lichtstrahl in die Erde geht. Dieser Lichtstrahl ist die Wahrheit deiner Liebe, die Jesus Christus dir vorlebt. Tritt nun aus dem Schatten der Erniedrigung hervor in diesen Lichtstrahl ... in sein Angesicht ... So gehst du nun aufgerichtet vorwärts in die zärtliche und entspannte Begrüßung des Gegenübers, des anderen Menschen, dessen Verhalten so verschieden ist von deinem bisherigen. Gleichzeitig gehst du zu deiner Seele.

Falls du umgekehrt eher zu viel machst und Druck auf andere ausübst, erkenne den heilenden, hellen Lichtstrahl hinter dir. Gehe einen Schritt zurück, und stärke deinen Rücken in der bedingungslosen Liebe von Jesus Christus. Gehe nun so aufgerichtet mit ihm vorwärts in die zärtliche und entspannte Begrüßung des Gegenübers, des anderen Menschen, dessen Verhalten so verschieden ist von deinem bisherigen. Gleichzeitig gehst du zu deiner Seele.

Beende die Meditation mit einem Dank an Jesus Christus, der immer für dich da ist, und einem tiefen Atemzug ... und richte dich auf - voller Freude über das, was ist.

Lieber Leser, mache dich mit dieser Meditation vertraut, und führe sie auch während deiner alltäglichen Handlungen durch. Damit kannst du dich schnell und effektiv in der Kraft der Liebe erneuern und zusammenfügen.

Ein Segen, um dem Einweihungspfad der Partnerschaft zu folgen

Ich bewundere einen golden glitzernden Engel, der vor mir auf dem Tisch steht. Er verkörpert für mich gerade die Eigenschaften von Offenheit und Freude.

So segne ich dich, lieber Leser, und alles Sein der Schöpfung mit glitzernder Anziehungskraft, mit Offenheit und Freude, mit Liebe und Frieden.

Merksatz

Ich begrüße dich, lieber Leser. Ich bejahe dich.

Indem du dieses Buch liest, das ich schreibe, ergänzen wir uns, sind Partner der Liebe, und ich danke dir dafür. Genauso ist auch meine Seele mir beim Schreiben ein Partner, der jedes Wort beseelt und beglückt. Ich danke meiner Seele und allen Partnern im göttlichen Raum, an die ich mich beim Schreiben wende. Danke für das Glück, dass ich dabei erfahre.

Lieber Leser, sage oder denke bei alltäglichen Verrichtungen und Begegnungen mit anderen Menschen und Lichtwesen: "Hallo, ich begrüße dich. Ich bejahe dich. Danke, dass du mich ergänzt und mein Partner der Liebe bist. Danke für das Glück, dass du mir damit schenkst."

Du bist ein Wunder, lieber Leser, das andere Menschen beschenkt und beglückt! Geh weiter in deinen freudig glitzernden Lebensraum.

Der Pfad der Manifestation

Angst

SARAH

"Ich spüre es einfach *fast jeden Tag, dass* Engel *bei mir sind, vor allem mein Schutzengel. Ich bitte ihn auch oft genug, dass er mir hilft bei irgendwelchen Problemen oder so. Ich spüre dann, dass er da ist und dass ich mich* wohl fühle ... *Und wenn ich Angst habe, wird es auch* besser, auf jeden Fall. *Mein Körper wird dann* ganz warm.

Ich glaube, ich hatte auch einmal eine Begegnung mit einer Elfe *oder mit etwas irgendwie* Erhabenem. *Ich bin morgens aus der Dusche gekommen ... und dann ist* einfach *eine kleine Elfe zwei Meter von mir entfernt aufgetaucht ... Sie war vielleicht zehn Zentimeter groß ... und ist vorbeigerannt und wieder verschwunden. Also sie war* ganz golden *und hat auch* richtig gestrahlt ... *Man hat sie auch ganz genau beobachten können ... Sie hatte Blumen auf den Flügeln ... Das war so* schön, *und ich bin* glücklich, *dass ich so etwas einmal erlebt habe."*

Der Engel der Manifestation

"Meine Liebe, du spürst, dass wir Engel bei dir sind. Denn du hast dir deine offene, lichtvolle Verbindung und feine Sinneswahrnehmung bewahrt, mit der jedes Kind geboren wird. So erlebst du, wie einfach das Leben mit uns ist. Du brauchst uns nur **wahrzunehmen** oder uns zu bitten ... und schon geben wir dir das Wohlgefühl, das du dir wünschst. Das Wohlgefühl, das dir die **Sicherheit** vermittelt, dass alles gut ist. Dass du jetzt und hier, so wie du bist, **richtig** bist. Auf diese Weise verwandelst du selbst dein Leben und **manifestierst** frei von Bedingungen und allein durch deine Wahrnehmung das Licht der Wahrheit und die Liebe Gottes auf Erden. Auf diese Weise bist du selbst der **Engel der Manifestation.**

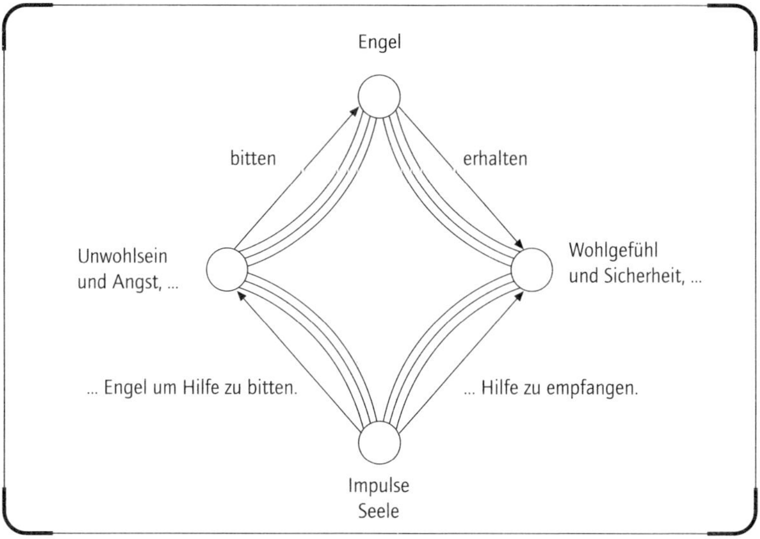

Manchmal jedoch geschah es, dass du in deiner Offenheit unbewusst diffuse Ängste anderer Menschen vor dem Bösen übernommen hast. Damit bist du in die Illusion einer **Angstwelt** geraten, du hattest Angst, mit deinen Regungen **falsch zu sein** und **Fehler** zu machen. Du hast den Kontakt zu dir selbst verloren, zur Strahlkraft deiner Seele, die die Schönheit der Schöpfung und deiner Impulse anbetet. Doch mit ihr weißt du, dass du mit der klaren Entscheidung für deine Impulse **richtig** bist ... Denn deine Impulse manifestieren die Wahrheit der Liebe auf der Erde.

Du hast uns auch in dieser Situation um Hilfe gebeten. Es ist nicht unser Weg, dich zu zwingen, die Illusion der Angst loszulassen, sondern wir kommen in Liebe und bedingungslos. So regte ich, **der Engel der Manifestation**, dich an, aus freiem Willen selbst das Festhalten an der Illusion der Angst aufzugeben. Dazu sandte ich dir die Begegnung mit einer Elfe, die eine klare und kraftvolle **Manifestation des Lichts** auf der Ebene des Irdischen war. Auf diese Weise habe ich dir die **Wahrnehmung** ermöglicht, dass die Erde - genauso wie unsere lichten Gefilde - bevölkert ist von guten und reinen Wesen.

Die Angst hält fest an dunklen Gedanken und entwürdigenden Handlungen. Die Elfe jedoch war frei, sie folgte bedingungslos und würdevoll ihren **Impulsen**. Sie tauchte in ihrer ganzen Schönheit und Pracht vor deinen Augen auf ... und verschwand wieder. Du warst freudig überrascht, sie zu sehen, und hast tief in dir gefühlt, dass die Elfe **in ihrer Strahlkraft richtig** war.

Über das **Staunen** hast du dich aus der Angst heraus geöffnet und konntest so den Anblick der Elfe und die Entspannung genießen. Denn mit der Elfe hast du nichts Dunkles und Beängstigendes verknüpft. Vielmehr hat es dir deine Gabe ermöglicht, das **wahrhaftig** Reine in der Elfe zu sehen. Du hast dich davon angezogen gefühlt. Erkenne: Alles spiegelt sich. Als du dich im Außen von der Elfe angezogen fühltest, hast du dich auch im Inneren anziehen lassen von deiner Seele ... Dein Wahrnehmungs- und Erfahrungsraum weitete sich ... und du bist **von selbst** aus der Angst herausgetreten in das Wohlgefühl das entstand angesichts der **Wahrheit** deiner eigenen **Strahlkraft**.

Aus freiem Willen bist du mit Leichtigkeit aus dem Dunkel der Angst auf die andere Seite getreten ... die Seite der **Manifestation des Lichts**, wo du dich in der Elfe erkannt hast. Du hast wieder dich selbst und deine Strahlkraft gewürdigt, und du hast das schöne Gefühl erlebt, **richtig** zu sein in der Anbetung der Schönheit der Schöpfung, deiner selbst und deiner eigenen Impulse. Und du warst glücklich.

So wurdest du auch in der tiefsten Dunkelheit der Angst wahrlich selbst zum **Engel der Manifestation**.

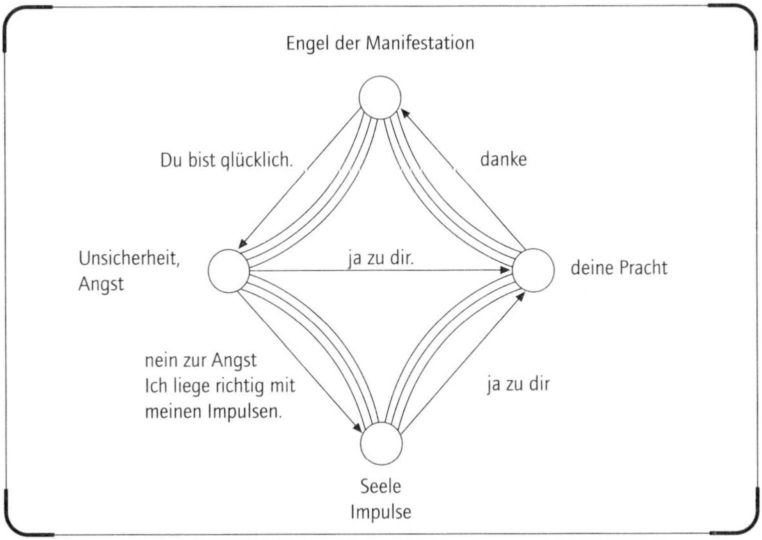

Mein göttlicher Auftrag, dich aus der Illusion der Angst in die **Manifestation deiner Strahlkraft** zu führen und dich dabei in **deinen Gaben zu bestärken,** hat sich erfüllt. Halleluja!"

Der Engel des Lavendels

Engelbotschaft 7: Manifestation - Scheitelchakra

"Lass dich auf meinen Flügeln emporheben.
Du erinnerst dich daran, dass du in der Verbindung
zu Gott in der Lage bist, deine Situation von
außen anzuschauen. Das macht dich in deiner
Reaktion frei. Du fühlst dich wohl und sicher in
deiner Zielorientierung und Selbstverantwortung."

Schau dir deine Alltagssituation von oben an.

Nimm jede Situation als Bewährungsprobe der Liebe für dich an.

Sei das Gefäß der Liebe Gottes, und bemühe dich tagtäglich darum, im Fluss der Liebe mit deinen Impulsen alles zu geben und zu nehmen.

Stehe damit zu deiner Größe, ein erwachsener Engel auf Erden zu sein, der die Welt mit seiner Strahlkraft nährt, erfreut und bezaubert.

Die Siebenmeilenstiefel

Der Engelvorkoster

Vielleicht kennst du den Begriff Vorkoster aus der Antike, lieber Leser. Er aß von den unterschiedlichen Speisen, die seinem Herrn gereicht wurden. Überlebte er, konnte man davon ausgehen, dass sie nicht vergiftet waren, und auch sein Gebieter nahm sich davon.

Manchmal hast du vielleicht Angst und bist so verunsichert, dass du in deiner klaren Wahrnehmung beeinträchtigt bist und dich nicht für einen eigenen klaren Impuls entscheiden kannst. Dann ist deine Strahlkraft von dunklen Gedanken vergiftet, wie es auch die Interviewpartnerin mit der Angst vor dem Bösen erlebte.

Unternimm in einer solchen Situation einmal den Versuch, den Engelvorkoster zu bitten, die beängstigende Situation für dich wahrzunehmen. Er wird sie sofort für dich auskosten und dir die Wirklichkeit im Licht der Liebe Gottes aufzeigen.

Ein Beispiel:

Du hast Angst, eine Arbeit nicht bis zum festgesetzten Termin erledigen zu können. Du gerätst so in Stress, dass du nicht mehr klar denken kannst. Du bittest den Engelvorkoster, von der leuchtenden Wahrheit dieser Situation zu kosten und dir seine Wahrnehmungen zu überbringen:

1. **Den Engelvorkoster um Hilfe bitten:** Bitte, lieber Engel der Manifestation, sei du mein Vorkoster, und nimm für mich diese Situation mit den Augen der Liebe wahr. Höre hinein, rieche, fühle und schmecke meine strahlende Wahrheit, die ich verdunkelt habe.

2. **Nach innen spüren:** Sobald ich die Augen geschlossen habe, geschieht etwas Merkwürdiges. Ich sehe nicht mehr nur die Arbeit und den Termindruck, sondern meine Sinne haben sich geweitet. Ich erlebe, dass der Engelvorkoster seine Flügel ausbreitet und mich mit meiner Wahrnehmungsfähigkeit mitnimmt.

   Ich sehe mit meinem inneren Auge diese Arbeit plötzlich eingebettet in einen größeren Zusammenhang. Ich bin nicht mehr länger eingeschlossen in der Enge der Angst und erfahre mit geschärften Sinnen die wunderschöne Gesamtheit meines Lebens: Ich spüre den weiten Raum um mich herum sowie die Menschen darin und entspanne mich dabei. Die Konturen fühlen sich weich und wohlig an. Gleichzeitig fühle ich mich in mir geborgen, besänftigt und liebevoll. Jetzt bin ich auch überzeugt davon, dass ich die Arbeit zum festgesetzten Termin fertiggestellt haben werde, und nehme meinen nächsten Impuls wahr: Ich sehe, wie schön die Sonne scheint und möchte einen Spaziergang machen.

3. **Den Kontakt mit dem Engelvorkoster beenden:** Danke, lieber Engel der Manifestation, dass du mir aus der Enge der Angst herausgeholfen hast in die wohlige Weite, die ich jetzt erlebe und in der ich mich sicher fühle.

Lieber Leser, ich wünsche dir ganz oft diese wunderbare Erfahrung, dich mit dem Engelvorkoster in die wunderbare Geborgenheit des göttlichen Raumes auszudehnen.

Das Geschenk der Seele

"Meine liebe menschliche Verkörperung, ich höre, welch dunkle Gedanken du gerade hegst. Ich sehe deine traurigen Augen, während du Dinge tust, von denen du glaubst, sie tun zu müssen. Ich fühle den Druck, mit dem du dich gefangen hältst, und erlebe dein Leiden an dir und anderen Menschen.

Bitte nimm mein Geschenk der freudigen Anbetung und der beschwingten, lustvollen Umsetzung deiner Impulse an ... und erstrahle wahrhaftig in deinem hellen Licht der göttlichen Liebe."

Der leuchtende Stern der Seele

Lege dich bequem hin, und konzentriere dich ganz auf dich selbst. Fühle deinen Atem, wie er kommt und geht. Wie der Bauchraum sich hebt mit dem Einatem und senkt mit dem Ausatem. Fühle deinen ganzen Körper im Ein- und Ausatem ...

Nun konzentriere dich auf dein Sexualchakra auf der Höhe des Schambeins. Konzentriere dich auf den Ort, an dem deine Seele die Impulse anbetet. Atme in diesem Energiezentrum ein und aus voller Liebe und Dankbarkeit, dass deine Seele in der Anziehungskraft deiner Impulse immer im Licht ist, ganz gleich, wie grau oder dunkel dein Leben gerade sein mag.

Bitte nun deine Seele, ihre Leuchtkraft der Anbetung in alle deine Zellen auszustrahlen ... und stelle dir vor, wie im Fluss der Liebe, die du in Wahrheit bist, die Lichtstrahlen aus deiner Seele jede deiner Zellen erreichen und durchfluten.

Falls du dich in bestimmten Bereichen deines Körpers unwohl oder krank fühlst, bleibe eine Weile mit deiner Wahrnehmung dort und erlebe, wie sie in der Leuchtkraft der Seele neu erstrahlen. Mache dir bewusst, lieber Leser, in der Wahrnehmung deines Lichts manifestierst du dich neu: wahrhaftig, ganz und strahlend.

Alle deine Zellen sind nun beseelt von der Leuchtkraft der Anbetung. Erkenne: Alles spiegelt sich, und der leuchtende Stern deiner Seele hat Millionen von neuen Seelensternen manifestiert in allen deinen Zellen.

Erlebe nun, wie dein Licht sich weiter ausdehnt und über deinen Körper hinaus hell leuchtet ... wie dein Energiefeld erstrahlt ... nun auch dein Zuhause ... deine Arbeitsstelle ... deine Begegnungen mit anderen Menschen ... dein Wohnort ... das Land, in dem du lebst ... die ganze Erde ... das Universum.

Bedanke dich am Ende der Meditation bei deiner Seele, dass sie dich wieder zu dem geführt hat, was du in Wahrheit bist: die Manifestation des Lichts - in allem, was du bist, denkst, fühlst und tust. Nimm nun den Kontakt zur Unterlage, auf die dein Körper gebettet ist, wahr, strecke dich wohlig wie eine Katze in der Morgensonne, atme tief durch und nimm deine Strahlkraft mit in deinen Tag.

Christus-Meditation: Wahrnehmung

Dies ist eine aktive Meditation, die du während eines Spaziergangs in der Natur durchführen kannst. Mache dir bewusst: Wahrnehmung bedeutet, die Wahrheit der Liebe zu erkennen und das Licht Gottes zu manifestieren - das Licht, das du ausstrahlst und worin alles Sein erstrahlt.

Erlebe dich in einem leuchtenden, glitzernden Paradies, und bewundere die Vielzahl der Pflanzen. Halte inne, wenn du feststellst, dass du mit deiner Aufmerksamkeit beginnst zu unterscheiden, welche Pflanze du zum Beispiel schöner findest als andere ... größer ... farbenprächtiger ... Erkenne, dass deine Urteile das Paradies dunkel und grau werden lassen, indem du der Bedingungslosigkeit der Liebe Grenzen setzt.

Kehre dann zurück zur reinen Wahrnehmung, zum Staunen über die Wunder, die du erblickst ... hörst ... riechst ... schmeckst ... fühlst ... Und segne das, was du erlebst, mit strahlendem Licht, mit Liebe, Frieden und Freude.

Weite die Meditation aus auf alle Wesen der Schöpfung und ebenso auf Situationen aus deiner Erinnerung und auf das, was du dir für die Zukunft wünschst. Auf diese Weise löschst du Bedingungen, die du an die Begegnung mit bestimmten Menschen knüpfst, veränderst deine Vergangenheit und erzeugst eine wunderbare Zukunft. Die Manifestation deines göttlichen Lichts strahlt in alle Dimensionen des Netzes der Liebe.

Ein Segen, um dem Einweihungspfad der Manifestation zu folgen

Ich sehe vor mir auf meinem Schreibtisch eine Marienfigur, die das Jesuskind fürsorglich auf ihrem Arm hält.

So segne ich dich, lieber Leser, und alle Wesen mit Fürsorge, die dir Halt und Vertrauen gibt, dich in deinem göttlichen Raum zu entspannen. Ich segne dich mit Liebe, Frieden und Freude.

Merksatz

Alles ist gut. Ich bete mich an. So, wie ich bin, bin ich richtig. Mit meinen Impulsen gebe ich mir und anderen mein Bestes. Ich bin der leuchtende Engelstern der Liebe Gottes und erhelle mit meinen ehrlichen Impulsen mein Leben genauso wie das Leben anderer.

Sprich den Merksatz auch für andere:

"Alles ist gut. _________ (Name einsetzen) ist richtig - so, wie er ist. Ich bete ihn an. Mit seinen Impulsen gibt er auch mir sein Bestes. Er ist der leuchtende Stern der Liebe Gottes und erhellt mit seinen ehrlichen Impulsen mein Leben und das anderer."

Die Sternenreise

Jeder der sieben Einweihungspfade steht für sich als separater Weg in die Engelwelt. Du kannst aber auch alle zusammen als einen gemeinsamen Weg betrachten, wobei sie sich gegenseitig ergänzen und unterstützen - genauso wie wir Menschen uns auch mit jedem Impuls gegenseitig unterstützen und bestärken. So betrachtet können dir einzelne Schritte und Übungen der sieben Pfade wie auch die Engelbotschaften des Salbeis, der Tanne, der Rose und des Lavendels immer wieder auf deinem Weg ins Glück dienen.

Die Kurzanleitung zur Erfüllung deiner Herzenswünsche

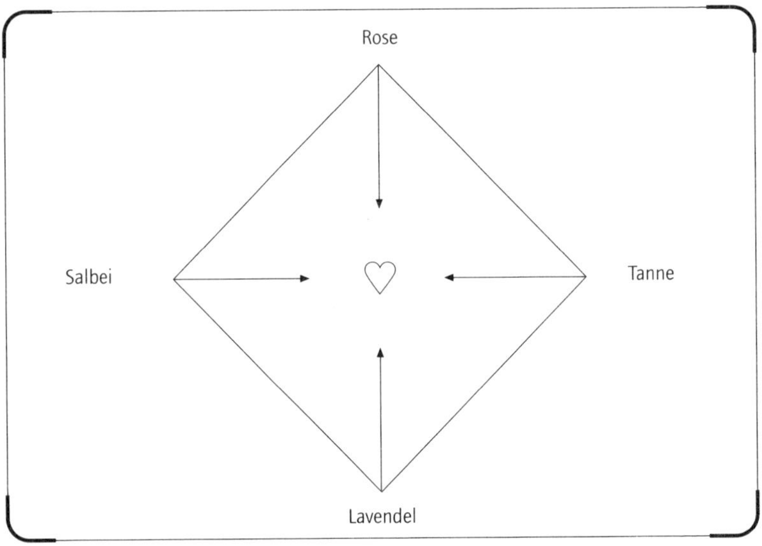

Schritt 1

Schließe die Augen, entspanne dich und fühle in dein Herz. Frage dich, was du dir jetzt gerade am allermeisten wünschst.

Schritt 2

Wähle nun einen der Engelraumdüfte (Salbei, Tanne, Rose oder Lavendel), der zu deiner momentanen Situation passt. Lass dich von deiner Intuition leiten, oder suche den passenden Duft anhand der folgenden Texte aus.

Danach bestimme - passend zu deinem Duft- eine Zahl oder ein Thema, und lies die Engelbotschaft. Sie weist dich auf eine innere Einstellung oder Handlungsweise hin, mit der du in Fluss kommen kannst, hin zur Erfüllung deines Herzenswunsches.

Schritt 3

Lies anschließend einen Absatz in dem entsprechenden Buchkapitel, von dem du dich angezogen fühlst, oder führe eines der Einweihungsrituale am Ende des Kapitels durch. Erlebe, wie der Text oder die Übung deine Engelbotschaft unterstreicht.

Schritt 4

Bitte nun den Engel deines ausgewählten Duftes um Begleitung, während du die neue Einstellung oder Handlungsweise in deinem Alltag umsetzt.

Engelraumsprays

Die Düfte sind auch in Form von Engelraumsprays erhältlich. Sie vermitteln die einzelnen Botschaften der Engel und hüllen dich und deine Umgebung wohltuend ein in die Leichtigkeit und Freude der Engelwelt.

Der Engel des Salbeis
Kapitel: Der Silberfaden der Seele

Ich, der Engel des Salbeis, kenne dein Leid, lieber Mensch. Ich bin in deiner Nähe und verströme meinen Duft auf den Wiesen, auf denen du Leichtigkeit und Entspannung suchst. Atme meinen Geruch ein. Erwecke damit in dir Assoziationen von Freiheit und Reinheit, und komme in Resonanz mit der Freiheit und Reinheit in dir.

Wenn du den Faden verlierst und denkst, die Welt sei gegen dich, befindest du dich in einem Labyrinth von Verhaltensmustern, negativen Urteilen und Festlegungen. Orientiere dich an deinen ehrlichen Regungen, um einen Anfang zu finden, den Silberfaden deiner Seele wieder aufzunehmen und aus deinem Labyrinth herauszufinden.

Ich übermittle dir zwölf Botschaften. Mögest du dich mit deren Hilfe daran erinnern, wer du wirklich bist und wie du zu dir selbst zurückfinden kannst. Ich liebe dich und segne dich mit Selbstheilungskraft.

Salbei 1 Engelbotschaft: Vertrauen in Gott

Vertraue Gott, dass deine momentane Situation ein Geschenk seiner Liebe ist, um dein Labyrinth aufzugeben und glücklich zu werden.

Salbei 2 Engelbotschaft: Vertrauen in die Liebe

Erinnere dich, dass du hinter all den Festlegungen und Urteilen Liebe bist. Beschließe, dein Herz an die erste Stelle zu setzen und den Silberfaden deiner Seele aufnehmen zu wollen. Vertraue darauf, dass du damit einen Ausweg findest aus dem grauen Alltag und dem Verstricktsein in Probleme und Leid.

Salbei 3 Engelbotschaft: Vergebung

Nimm wahr, dass du das Verhalten anderer bekämpfst, weil du es an dir selbst nicht magst. Verzeihe ihnen und damit auch dir. Eröffne dir damit das bisher Störende als neue Handlungsmöglichkeit, und folge so dem Seelenfaden deiner Wahrheit.

Salbei 4 Engelbotschaft: Klärung der Gedanken

Erkenne, dass du mit der Aneinanderreihung negativer Gedanken dein Labyrinth immer wieder neu erzeugst. Beende diesen Wiederholungszwang, lasse die Sorgen und Zwänge hinter dir und komme im Hier und Jetzt an in der reinen Wahrnehmung dessen, was ist.

Salbei 5 Engelbotschaft: Reinigung des Energiefeldes

Du befreist dich von Blockaden und negativen Energien im Innen wie im Außen, wenn du die Welt mit den Augen deiner Seele betrachtest. Deren Wahrnehmung beruht einzig und allein auf Anbetung. Bedingungslos erkennt sie alles an, was dir im Außen begegnet: deine Gefühle, Gedanken und Handlungsimpulse. Sie sieht sie als das Beste, was dir gerade passieren kann, um in Einklang zu kommen mit dir selbst, mit deinem Körper, mit Gott, den Menschen und der ganzen Schöpfung.

Salbei 6 Engelbotschaft: Frieden

Wenn dich eine bestimmte Verhaltensweise bei anderen oder dir selbst stört, gib es auf, dagegen anzukämpfen, und erkenne das Störende als Geschenk der Liebe an. Es ist da, um dich anzuregen, dich aus deinem Labyrinth befreien zu wollen. Stimme dich auf die Kraft der Anbetung ein, und mache dir klar, dass du das Geschenk annehmen möchtest und bereit bist, eingeschlossenes Leid und unangenehme Gefühle zu durchleben, damit sie vergehen können und du damit Frieden findest.

Salbei 7 Engelbotschaft: Gnade

Entlang deines Seelenfadens kann eine Stelle auftauchen, die dir ausweglos und leidvoll erscheint. Dann siehst du nur die eine

Seite einer Situation und blendest die andere aus. Sei dir bewusst, dass du jederzeit um Gnade bitten kannst: die Gnade, die es dir leichtmacht, die andere Seite wahrzunehmen und dich dafür zu entscheiden, dein Leid loszulassen und die Seite zu wechseln.

Salbei 8 Engelbotschaft: Klärung der Gefühle

Erkenne, dass du nicht von der Stelle kommst, wenn du dich und andere mit Gefühlen wie Ärger und Wut bekämpfst. Öffne dich für deine weicheren Gefühle, um diese liebevoll anzunehmen und zu durchleben. Löse den damit verbundenen Druck, und komme in Fluss.

Salbei 9 Engelbotschaft: Freude

Folge dem Silberfaden deiner Seele, indem du dich ausrichtest auf das, was dich ganz froh machen kann. Sei bereit, dabei Traurigkeit und Leid zu durchleben und dich immer mehr zu öffnen für die Freude und Schönheit des Lebens.

Salbei 10 Engelbotschaft: Engelführung

Öffne dich für dein inneres Wissen, dass Gott dich führt und wir Engel immer bei dir sind. Auf dem Weg entlang deines Seelenfadens kannst du Themen berühren, die dir Angst machen und dir die Sicht auf den nächsten Impuls versperren. Bitte uns in solchen Momenten, dich zu beflügeln und über die Gräben deiner Angst hinwegzuheben.

Salbei 11 Engelbotschaft: Impuls

Erinnere dich daran, dass du mit deinen Impulsen richtig bist. Bringe dir und anderen damit ein Geschenk der Liebe, und erzeuge Einklang. Lebe deine Impulse in Übereinstimmung von Denken, Fühlen und Handeln. Erreiche deine Ziele so in Leichtigkeit.

Salbei 12 Engelbotschaft: Entscheidung

Halte inne, und schau dir deine Situation an: Vielleicht fällt es dir gerade schwer, dich für einen bestimmten Impuls zu entscheiden oder ihn überhaupt wahrzunehmen. Bitte deine göttliche Führung, beispielsweise Gott, Jesus Christus oder die Engel, dir den Impuls bewusst zu machen, und setze ihn dann entschlossen in die Tat um.

Der Engel der Tanne
Kapitel: Das Netz der Liebe

Ich, der Engel der Tanne, bin für dich da, um dir in der dunklen Nacht deiner Ängste und Vorbehalte Geborgenheit zu schenken. Indem du meinen Geruch wahrnimmst, kommst du in Kontakt mit der erhabenen Schutzkraft und friedlichen Ruhe des Nadelwaldes. Atme meinen Duft ein, und erinnere dich an die freudige, kindliche Aufgeregtheit am Weihnachtsfest, wenn der Baum festlich geschmückt wird.

Wenn du im Unfrieden und in Unruhe bist, hast du dich aus der Würde der Liebe wegbewegt. Ich wünsche dir, dass du dich nicht zurückziehen lässt in die alten Verhaltensmuster deines Labyrinths, sondern wieder Halt in deiner eigenen erhabenen und friedlichen Natur findest, die die Liebe ist. Mögest du dich im Netz der Liebe geschützt fühlen, in freudiger Aufgeregtheit dem Silberfaden deiner Seele folgen und das Fest der Liebe feiern mit jedem neuen Impuls. Dazu übermittle ich dir nun neun Botschaften. Ich liebe dich und segne dich mit Frieden und Freude.

Tanne 1 Engelbotschaft: Sicherheit

Wenn du es anderen recht machen willst oder umgekehrt erwartest, dass diese es dir recht machen, folgst du nicht mehr bedingungslos deinen Impulsen. Damit hast du den Halt im Netz der Liebe und die Sicherheit der eigenen Wahrheit aufgegeben. Erkenne, dass du Widerstand gegen deinen Wunsch, es allen recht zu machen, erlebst und in den Fluss der Liebe zurückkehren möchtest.

Tanne 2 Engelbotschaft: Entspannung

Erkenne, dass du mit deinem Verhaltensmuster den Fluss der Liebe blockierst. Entspanne dich, und finde mit der Wahrnehmung meines Duftes zu deinem Bedürfnis nach Ruhe und Gelassenheit. Entscheide dich dafür, mit dem Gefühlsstress und dem Kreisen der Gedanken aufhören und den Widerstand gegen den Fluss der Liebe aufgeben zu wollen. Erkenne, dass du in der Ruhe die wahre Kraft findest, um von selbst in deine Wahrheit, die die Liebe ist, zu gelangen.

Tanne 3 Engelbotschaft: Schutz

In der Wahrnehmung der erhabenen Schutzkraft des Nadelwaldes erinnerst du dich, dass alles, was dir widerfährt, ein Geschenk der Liebe ist, um dich zu ergänzen und zu stärken. Es ist für dich da, damit du in Leichtigkeit deine Herzensziele erreichst.

Tanne 4 Engelbotschaft: Selbstsicherheit

Manchmal wagst du es vielleicht nicht, dein Verhalten zu ändern. Dann empfindest du möglicherweise Angst oder Ohnmacht, fühlst dich bestimmten Abhängigkeiten und Süchten ausgeliefert. Du bindest dich an die Reaktionen anderer und hältst deine Impulse in Schach. Erkenne in solchen Momenten, dass du verantwortlich bist für diese Situation und sie selbst erzeugt hast. Bitte mich, den Engel der Tanne, dich zu unterstützen, um dich geradlinig aufzurichten in deine Selbstständigkeit.

Tanne 5 Engelbotschaft: Spannkraft

Der kraftvolle Duft der Tanne lässt dich aufatmen, wenn du Spannungen nur schlecht aushältst und dir Harmonie über alles geht. Dann hältst du dich an einer Handlungsseite fest und verhinderst die andere. Bitte mich, den Engel der Tanne, dich über den Graben deiner Angst hinwegzuheben, damit du es wagst, gegensätzliche Impulse zu leben, wie Kommen und Gehen, Geben und Nehmen. Erinnere dich mit mir an die freudige und lustvolle Spannkraft, wenn du deinen Zielen folgst und dabei deine Impulse in die Tat umsetzt.

Tanne 6 Engelbotschaft: Strahlkraft

Ich, der Engel der Tanne, bestärke dich mit meinen Regenbogenfarben darin, zur Wahrheit deiner Liebe und zu deinen Impulsen zu stehen. Erinnere dich mit mir an die freudige und lustvolle Spannkraft, wenn du deinen Zielen folgst und dabei deine Impulse in die Tat umsetzt. Wisse, dass du damit dein Leben und das anderer erhellst, erleichterst, aufheiterst, erleuchtest und neu belebst.

Tanne 7 Engelbotschaft: Freiheit

Mit meinem Tannenduft erinnere ich dich daran, dass du frei sein und das Festhalten an einer Handlungsseite aufgeben willst. Erlebe die Freiheit, an dich und an deine Impulse zu glauben und diese als Geschenk der Liebe spontan in die Tat umzusetzen.

Tanne 8 Engelbotschaft: Glück

Verbinde dich über den Tannenduft mit der Geborgenheit in der Natur und dem Netz der Liebe. Erinnere dich dabei an dein Ziel, glücklich sein zu wollen. Du kommst tief in dir in Kontakt mit dem Wissen, wie du dieses Ziel erreichen kannst. Indem du spontan deinen Impulsen folgst, bist du zum richtigen Zeitpunkt am rechten Ort und erlebst beglückenden Einklang im Innen und Außen. Während du deine Impulse spontan in die Tat umsetzt, gibst du das Geschenk der Liebe weiter und wirst selbst zum Engel auf Erden.

Tanne 9 Engelbotschaft: Eintracht

Indem du mit dem Geruch der Tanne aufatmest, verbindest du dich mit ihrem geradlinigen Aufgerichtetsein. Du weißt, dass es nichts anderes zu tun gibt, als ehrlich aus dem Herzen zu leben, um einträchtig und im Frieden zu sein. Du nimmst und gibst Liebe. Als Engel auf Erden bist du im Austausch mit anderen

Engeln. Du meinst es gut mit dem Leben, und das Leben meint es gut mit dir.

Der Engel der Rose

Kapitel: Der Kristallisationspunkt

Die Rose ist die Königin der Blumen. Sie verbindet dich über ihren intensiven Duft mit deiner großartigen Möglichkeit, aus dem Kristallisationspunkt der Liebe in deinem Herzen eine neue Wirklichkeit zu erschaffen. Du erinnerst dich daran, dass du mit deinem Denken und Handeln Schöpfer bist und dein Leben selbst kreierst. Gleichzeitig bist du das Geschöpf Gottes, das wie die Rose nichts anderes zu tun hat, als die wunderbare Schönheit des Lebens zum Ausdruck zu bringen.

Öffne nun über das Wahrnehmen meines Duftes den Wissensspeicher deiner Erinnerungen. Denn du bist Liebe und kennst das Gesetz der Liebe. Ich liebe dich und segne dich mit Schönheit und Selbstverwirklichung.

Rose 1 Engelbotschaft: Segen

Indem du den Rosenduft wahrnimmst, erinnerst du dich daran, dass du dein Leben selbst in der Hand hast, und beschließt, mit deinem Denken und Handeln die Welt zu kreieren, die du dir wünschst. Damit möchtest du ein Segen sein, ein Mensch, der sich und andere in Liebe achtet, stärkt und beglückt.

Rose 2 Engelbotschaft: Liebe

Über die Süße des Rosenduftes kommst du in Resonanz mit der Liebe, die du bist. Ganz gleich, was du gerade denkst und tust, um deine Herzensstimme zu behindern, du entscheidest dich dafür, wieder zurückzukehren in die entspannte Bedingungslosigkeit der Liebe.

Rose 3 Engelbotschaft: Lebenslust

Die Schönheit der Rose erinnert dich an die Regungen deiner Seele. Sie lässt sich anziehen von deinen Impulsen, damit du dich lebendig, beschwingt und lustvoll fühlst und die Schönheit des Lebens genießt.

Rose 4 Engelbotschaft: Leichtigkeit

Der intensive Duft der Rose lässt dich innehalten, wenn du in den Wiederholungen deiner Alltagshandlungen gefangen bist. Du erinnerst dich daran, dass du dich aufrichten möchtest, um stark und geradlinig wie die Rose neu auf die Welt zuzugehen und deinem nächsten Impuls zu vertrauen.

Rose 5 Engelbotschaft: Licht

Die klare Schönheit der Rose erinnert dich daran, dass du aus dem Schatten negativer Glaubenssätze heraustreten möchtest in das Licht deiner Strahlkraft. Du willst an dich selbst glauben, dass du so, wie du bist, richtig bist, und aus der Liebe und der Wahrheit heraus leben.

Rose 6 Engelbotschaft: Erneuerung

Der Rosenduft bringt dich in Kontakt mit der Erkenntnis, dass du ein Thema klären möchtest, bei dem du vielleicht nicht weiterweißt. Das Wissen steigt in dir auf, dass du dazu deine Beziehungen klären möchtest. Bitte mich, den Engel der Rose, dich zu beflügeln, um zurückzukehren zu einem achtsamen und liebevollen Umgang mit anderen und dir selbst.

Der Engel des Lavendels

Kapitel: Die sieben Einweihungspfade

Der Geruch des Lavendels vermittelt Reinheit, Harmonie und Frieden. Er bringt dich in Resonanz mit der Harmonie in dir. Sie entsteht, wenn du dich leicht zwischen gegensätzlichen Handlungen bewegst, wie Geben und Nehmen, Kommen und Gehen, Anspannen und Entspannen.

Diese Harmonie zwischen deiner männlichen und weiblichen Seite spiegelt sich in deinen Energiezentren, den Chakren, wider. Ich, der Engel des Lavendels, füge diese Gegensätze mit meinen Flügeln harmonisch zusammen. Indem du meinen Duft wahrnimmst, erinnerst du dich daran, dass du selbst zum Engel auf Erden wirst, wenn du das Festhalten an einem bestimmten Verhalten aufgibst und beschwingt beide Seiten lebst. Ich liebe dich und segne dich mit Beschwingtheit und Leichtigkeit.

Lavendel 1 Kapitel: Der Pfad des Wissens
Engelbotschaft: Wurzelchakra

Komme über den Duft des Lavendels tief in dir in Kontakt mit dem Wissen darüber, wie du deine Impulse erkennen und ihnen folgen kannst. Du bist im Frieden mit dir und schöpfst aus der Quelle deiner Lebenskraft.

Lavendel 2 Kapitel: Der Pfad der Schönheit
Engelbotschaft: Sexualchakra

Der Duft des Lavendels verbindet dich mit deiner Freude, Kreativität und Lebenslust. Du lebst beschwingt und begeistert deine Impulse, sagst klar Ja und Nein und genießt deine Sexualität harmonisch und lustvoll.

Lavendel 3 Kapitel: Der Pfad der Kraft
Engelbotschaft: Nabelchakra

Der reine und harmonische Duft des Lavendels erinnert dich daran, dass du deine Beziehungen bereinigst, indem du dich für deine eigenen Impulse entscheidest und anderen gegenüber klar deine ehrlichen Empfindungen und Regungen zeigst. So fühlst du dich kraftvoll, froh und beschwingt.

Lavendel 4 Kapitel: Der Pfad des Einklangs
Engelbotschaft: Herzchakra

Der sanfte, harmonische Duft des Lavendels bringt dich in Resonanz mit deinem Herzen. Du fühlst Sanftheit, Mitgefühl, Vergebung, Selbstvertrauen und Vertrauen in andere.

Lavendel 5 Kapitel: Der Pfad der Kommunikation
Engelbotschaft: Halschakra

Der harmonische Duft des Lavendels erinnert dich an die Harmonie der Stimme. Der Klang deiner Stimme spiegelt dein inneres Befinden wider. Du weißt, dass in dir die Kraft enthalten ist, auch in schwierigen Situationen die Dinge zur Sprache zu bringen und alles mit deinen Mitmenschen zu bereinigen.

Lavendel 6 Kapitel: Der Pfad der Partnerschaft
Engelbotschaft: Stirnchakra

Der reine, harmonische Lavendelgeruch erinnert dich an deine Fähigkeit, dich zu konzentrieren und gedanklich flexibel zu bleiben. Du weißt, dass du dich auf deine Intuition verlassen, den Kopf leer machen und meditieren kannst.

Lavendel 7 Kapitel: Der Pfad der Manifestation
Engelbotschaft: Scheitelchakra

Lass dich auf meinen Flügeln emporheben. Du erinnerst dich daran, dass du in der Verbindung zu Gott in der Lage bist, deine Situation von außen anzuschauen. Das macht dich in deiner Reaktion frei. Du fühlst dich wohl und sicher in deiner Zielorientierung und Selbstverantwortung.

Die Siebenmeilenstiefel

Das Engel-Körpergebet

Dieses Körpergebet zeigt dir, wie du mit dem Update der Seele jedes Mal einen Engel bildest: aus der Einheit Gottes von oben - deine Mitte entlang - nach unten, hin zu deiner Seele und deinen Impulsen - nach außen zur Entfaltung deiner Flügel - wieder nach oben, zurück in die Einheit mit Gott. Gleichzeitig entsprechen die verschiedenen Stationen den sieben Einweihungspfaden sowie den sieben großen Chakren.

Jeder der in den folgenden Kapiteln dargestellten Einweihungspfade steht für sich allein. Zusätzlich ergänzen sich die sieben Pfade untereinander: Sie erzeugen die Manifestation des Lichtes aus deinem Seelenfeuer der Begeisterung für das Einssein in der Liebe, die du bist.

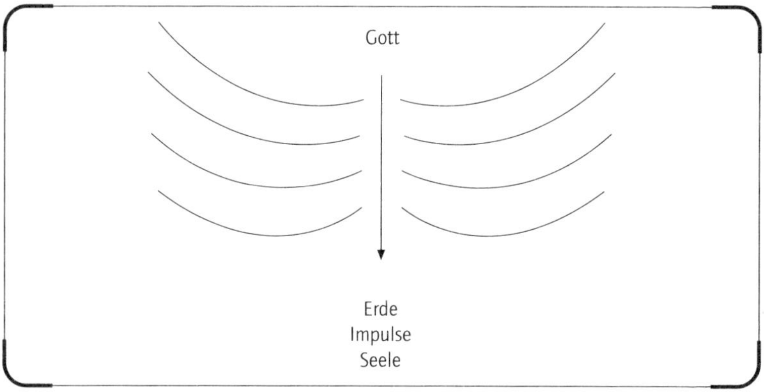

Die einzelnen Stationen des Körpergebetes kannst du mit je einem Ein- bzw. Ausatem durchführen, oder du verlangsamst es, indem du zum Beispiel bei dem 1. Einatem sieben ganze Atemzüge lang verweilst. Dann bei dem 1. Ausatem wieder sieben ganze Atemzüge und so weiter ...

Der 1. Einatem

Führe die Hände über dem Kopf wie zum Gebet zusammen, und atme das goldene Licht Gottes ein, aus dem gerade eine neue Schöpfungsidee entstanden ist. Der Engel erscheint, der diese Idee auf die Erde bringt.

Der 1. Ausatem

Führe nun die Hände entlang deiner Körpermitte bis auf Herzhöhe. Du entscheidest dich, in Übereinstimmung mit Gott zu leben. Lass jetzt alle Bedingungen los. Fühle, wie das weiße Christuslicht der bedingungslosen Liebe in deinem Herzchakra leuchtet. Dein Herzzentrum ist nun ganz und gar von Liebe erfüllt.

Bewege die Hände weiter nach unten bis zu dem Punkt, an dem sie sich von alleine trennen wollen. Damit bringst du die Schöpferidee als Impuls auf die Erde.

Der Moment der Leere

Du führst die Hände zusammen, so dass sie ein offenes Gefäß bilden, indem die linke Hand mit der Innenfläche nach oben auf der rechten ruht. Das ist der neutrale Augenblick, in dem du den Impuls in dem Bewusstsein empfängst, dass du die Schöpfung zur Freude aller Wesen ergänzt. Das ist der 1. Einweihungspfad des Wissens. Du öffnest damit dein Wurzelchakra für das Wissen um die göttlichen Gesetze und verbindest es mit dem Herzchakra.

Das Netz der Liebe ordnet sich, um deinen Impuls zum Wohle der ganzen Schöpfung in das Gesamtgeschehen einzupassen. Jetzt und hier entsteht der Moment, in dem alles Sein Ja sagt zu deinem Impuls und bereit ist, ihn zu empfangen. Die Situation entsteht, in der andere mit ihren Impulsen passend auf dich reagieren im freudvollen Tanz der gesamten Schöpfung. Der Engel des Wissens ist erschienen.

Der 2. Einatem

Nun bewegst du die Arme unten seitlich auseinander, wobei der Handrücken nach außen zeigt. Du betest mit deiner Seele die Schönheit des Zusammenklangs aller Wesen an. Das ist der 2. Einweihungspfad der Schönheit. Er öffnet dein Sexualchakra für die Kraft der Anbetung.

Der 2. Ausatem

Du begeisterst dich für deinen Impuls und betest ihn zusammen mit deiner Seele an. Du hast dein Seelenfeuer für deinen Impuls entfacht. Dabei entstehen Lust, Freude und Kreativität. Auch dein Sexualchakra ist nun verbunden mit dem Herzzentrum. Der Engel der Schönheit ist auf der Erde angekommen.

Der 3. Einatem

Hebe nun die Arme seitlich weiter nach oben bis auf die Höhe deines Nabels. Du bist angekommen im Zentrum deiner Kraft, wo du aus deinem eigenen Willen deine Welt gestaltest. Das ist der 3. Einweihungspfad der Kraft. Er öffnet dein Nabelchakra, um aus dir heraus ganz und gar Ja zu sagen zu deinem Impuls. Dein Nabelchakra verbindet sich mit dem Herzen, und du entscheidest dich klar für deinen Impuls.

Der 3. Ausatem

Anregende Unterstützung fließt dir aus dem Netz der Liebe zu, die dich bestärkt, deinen Impuls in die Tat umzusetzen. Falls dabei unangenehme Gefühle entstehen, erlaube ihnen, da zu sein, ohne dich davon in deiner Entscheidung behindern zu lassen. Die störenden Gefühle werden sich während deines Handelns auflösen und sich in positive Energie umwandeln, die dich beflügelt, zu deinem Impuls zu stehen. Der Engel der Kraft ist mit dir.

Der 4. Einatem

Führe die Arme weiter nach oben bis auf Herzhöhe. Du erreichst mit deinem Impuls dein Herz und nimmst deine Entscheidung bedingungslos in Liebe an.

Der 4. Ausatem

Du weißt, dass du mit dem vibrierenden Ton deines Impulses Zusammenklang in der Schöpfung erzeugst und willst dich damit verschenken. Das ist der 4. Einweihungspfad des Einklangs, und dein Herzchakra wird zum Zentrum des Friedens, während du nun deinen Impuls in die Tat umsetzt. Der Engel des Einklangs singt in dir sein Lied.

Der 5. Einatem

Bringe dann die Arme weiter nach oben bis zur Höhe deines Halses. Du bist angekommen in der Macht des Wortes. Mache die bewusst: Mit allem, was du denkst und sagst, erzeugst du deine Wirklichkeit. Auch dein Halschakra verbindet sich mit dem Herzen, und du teilst dich mit deinem Impuls voll und ganz mit. Verändere ihn nicht, um bei anderen damit etwas Bestimmtes zu erreichen. Das ist der 5. Einweihungspfad der Kommunikation. Er öffnet dein Halschakra für gefühlsklare, offene Kommunikation.

Der 5. Ausatem

Die Begeisterung für dein neues Handeln gibt deiner Stimme die volle Kraft der Wahrheit, die die Liebe ist. Der Engel der Kommunikation spricht aus dir.

Der 6. Einatem

Bewege nun deine Arme weiter nach oben bis auf Stirnhöhe. Mache dir bewusst, dass du mit deinem Verstand dem Herzen folgen willst. Du gibst mit deinem Impuls dein Bestes, um dich mit anderen Wesen partnerschaftlich zu ergänzen und damit deine Beziehungen Liebesbeziehungen werden. Das ist der 6. Einweihungspfad der Partnerschaft. Er öffnet dein Stirnchakra für die Ausrichtung deiner Gedanken auf Ergänzung in Liebe.

Der 6. Ausatem

Stelle dir eine positive Zukunft vor, in der sich dein Handeln schon erfüllt hat. Nun ist auch dein Stirnchakra verbunden mit deinem Herzzentrum, und du empfindest Freude bei der Vorstellung, wie du dein Ziel erreichst. Falls sich negative Gedanken einstellen, die dich in deine Verhaltensmuster zurückziehen und dich abhalten wollen von der Durchführung deines Impulses, lasse sie in dein Herz fließen. Dort lösen sie sich auf in dem weißen Licht der bedingungslosen Liebe.

Der 7. Einatem

Führe deine Hände zum Abschluss über dem Kopf wieder zum Gebet zusammen. Stelle dir vor, dass deine zusammengelegten Hände die Flamme einer Kerze darstellen ... dein göttliches Licht, das du mit deinem Handeln aus bedingungsloser Liebe sowie mit deinen Impulsen erzeugst. Auch das Scheitelchakra erlebst du in Verbindung mit dem Herzen. Das ist der 7. Einweihungspfad der Manifestation. Er öffnet dieses Energiezentrum für das Erleben der Engelwelt.

Die Pause nach dem 7. Einatem

Bete mit deiner Seele die volle Pracht deines Impulses an, der das Netz der Liebe zum Strahlen bringt ... alle deine Chakren ... alle deine Zellen ... alle Wesen. Genieße ausgelassen das Fest der Freude darüber. Du hast mit deinem Impuls aus dem Kristallisationspunkt deines Herzens zusammen mit Gott, den Engeln und deiner Seele eine neue Wirklichkeit erschaffen. Du bist zum leuchtenden Engel auf Erden geworden, dem Engel der Manifestation, der das Licht der bedingungslosen Liebe erstrahlen lässt zu einem Stern.

Der 7. Ausatem

Der Impuls ist beendet. Lasse ihn nun los und eingehen in das Licht des Einsseins mit Gott.
Damit gibst du alles an Gott ab, was du erreichen möchtest.

Der Moment der Leere

Fühle dich eins mit Gott.

Der nächste Einatem

Eine neue Schöpfungsidee entsteht. Der Engel erscheint, der diese Idee auf die Erde bringt.

Der Kreis schließt sich

Wiederhole den Ablauf einige Male. Jede deiner Zellen kann sich damit an die Wahrheit erinnern, dass du mit deinen Impulsen die Liebe Gottes auf die Erde bringst und auf diese Weise selbst zum Engel wirst.

Ein Segen für die Sternenreise

Ich bewundere gerade das kraftvolle Licht der untergehenden Sonne und wie sich die Bäume kristallklar davor abheben.

So segne ich dich, lieber Leser, mit kraftvollen, kristallklaren Handlungen dank deiner Impulse, die dich jedes Mal neu zum Stern erstrahlen lassen.

Merksatz

Sage dir häufig Folgendes: "Ich glaube an mich und an meinen Impuls. Sobald ich beginne, ihn in die Tat umzusetzen, bin ich gehalten im Licht der Liebe Gottes."

Servus

Wann ist ein Impuls beendet, lieber Leser? Er ist dann fertig, wenn er leise "Servus" sagt. Er geht auf leisen Sohlen, so wie er gekommen ist. Der Impuls hat dir, deiner Selbstverwirklichung und gleichzeitig deinen konkreten Zielen gedient. Es gibt jetzt nichts mehr dafür zu tun. Du beendest den Impuls aus freien Stücken, genauso wie du ihn begonnen hast.

Du spürst das als Frieden in deinem Herzen und fühlst dich mit deinem Handeln "rund" ... Du bist glücklich und erlebst, dass auch andere Menschen, die daran beteiligt sind, ebenso beschwingt und beglückt sind. Aus dem Kristallisationspunkt deines Herzens hast du allem Sein der Schöpfung das Licht der Liebe gebracht.

Aus der Fülle, die du mit deiner neuen Handlung erfahren hast, gelangst du nun wieder in die Leere ... in den Moment des Innehaltens nach dem Einatem ... zurück zu Gott ... zu dem alle Schöpfung zurückkehrt.

Wo du aus der Leere den nächsten Impuls erschaffst ... mit dem du dich, die Liebe, die du bist, in völliger Übereinstimmung mit der ganzen Schöpfung nun wieder neu gebierst ... im Moment der Leere nach dem Ausatem.

Oft übergeht man den richtigen Moment, um die Dinge klar zu beenden, und glaubt, noch nicht aufhören zu dürfen. Man braucht irgendeinen triftigen Grund, um Nein zu sagen, denn man ist noch nicht fertig ... nicht gut genug. Man muss es noch jemandem recht machen ... Man weiß noch nicht, was man danach tun könnte ... Oder man fühlt sich dem Neuen nicht gewachsen.

Lieber Leser, beende einen Impuls so, dass nichts daran haftet. Keine Erwartungshaltungen und Festlegungen, mit denen du dich für dein Handeln entschuldigst, dein Werk ab- oder aufwertest. Du hast bedingungslos aus Liebe gehandelt. Nun gilt es, nichts zu erwarten und gleichzeitig alles zu wünschen und zu ermöglichen. Das gleichzeitige Erleben von allem und nichts ist die Welt der Engel, die du nun mit deinen Einweihungserfahrungen immer wieder neu betreten kannst.

Ich wünsche dir ein wunderschönes Leben, in dem du freudig und staunend als der Engel erkannt wirst, der du bist. Ich wünsche dir, dass du dich und andere ebenso als Engel erkennst.

Die Siebenmeilenstiefel

Einen Impuls beenden

Vertraue dir und deiner Wahrnehmung, lieber Leser. Orientiere dich an dir selbst, statt andere zu fragen. Fühle, wie die Engel der sieben Einweihungspfade dich mit ihren Flügeln berühren und dir damit Halt geben und es dir ermöglichen, deiner Wahrheit zu folgen, eine Handlung zu beenden.

- Der Engel des Einklangs: Wenn irgendetwas nicht stimmt, komm in Einklang mit dir selbst. Statt dir oder anderen die Schuld zu geben, beende deine momentane Handlung, und kehre zurück zu Gott ... in die Leere. Dort stimmst du dich neu ein und kommst neugeboren mit einem neuen Impuls zurück in deinen Alltag.

- Der Engel des Wissens: Weißt du gerade nicht mehr weiter? Erkenne, dass du zu lange an einer bestimmten Handlung festgehalten hast. Entspanne dich ... Erlaube dir, dich in der

Leere zu regenerieren ... Vertraue, dass der nächste Impuls auftaucht ... und wisse, dass er dich in Leichtigkeit zum Ziel deiner Wünsche bringen wird.

- Der Engel der Schönheit: Wenn es gerade nicht schön für dich ist, verändere deine Wirklichkeit, und mach es dir schön. Deine Seele weiß, wie es geht. Gib deine unschönen Gedanken, Gefühle und Handlungen auf. Bete zusammen mit deiner Seele die Schönheit des Zusammenklangs der Schöpfung im Kristallisationspunkt des Herzens an.

- Der Engel der Kraft: Wirst du gerade kraftloser? Entscheide dich, deinen Impuls jetzt zu beenden. Sei sicher, du verlierst dein Ziel damit nicht aus den Augen. Entspanne dich, konzentriere dich auf das Zentrum deiner Kraft und genieße die Leere. Es wird der Impuls auftauchen, der dich begeistert und deine Lebenskraft lustvoll und beschwingt anregt. Mit diesem Impuls wirst du dein Ziel mit neuem Schwung und mit Leichtigkeit erreichen.

- Der Engel der Kommunikation: Wenn du äußerlich nicht von der Stelle kommst, bring dein Inneres nach außen, und sprich die Dinge aus, die dir auf dem Herzen liegen. Damit machst du dich leer und bereit, aus Gott neu anfangen.

- Der Engel der Partnerschaft: Kämpfst du gerade gegen dich und die Welt? Gib auf. Erkenne, dass in Gott alles eins ist ... dass du das alles bist. Erkenne deine Würde in Gott – und ebenso die der anderen. Ermögliche dir, aus der Leere den Impuls zu erschaffen, der deine Liebe erstrahlen lässt.

- Der Engel der Manifestation: Wenn dein Leben grau und dunkel erscheint, beende das, was du gerade tust, sinke in das Zentrum deiner Gottessonne. Bringe aus der Leere den neuen Impuls hervor, der ein Feuer der Begeisterung in deiner Seele entzündet und dein Leben hell erleuchtet.

Es gibt unzählige weitere Engel. Diese sieben entstammen meinem Impuls, im Schutze Michaels und in der Wiederauferstehungskraft Gabriels einen Selbsteinweihungsweg in die Engelwelt zu erschaffen. Ich bin dankbar und froh, mit ihnen meinen Weg gegangen zu sein. Es gab keine rationalen Gründe, aus denen ich diese bestimmten Engel wählte, sondern ich erkannte sie aus meinem Herzen in meinen Interviewpartnern und staunte immer wieder darüber, wie sich die Zusammenhänge gefügt und Einklang erzeugt haben. Danke allen Interviewpartnern. Danke den sieben Engeln der sieben Einweihungspfade.

Meditation: Einssein in Gott

Lege dich entspannt hin, schließe die Augen und konzentriere dich auf deinen Atem. Entspanne dich, indem du mit jedem Ausatem die Kontaktstellen deines Körpers zur Unterlage und zum Boden spürst. Mit jedem Einatem nimmst du neue, frische Energie in dich auf, mit jedem Ausatmen gibst du die verbrauchte Kraft ab in die Erde.

Nun konzentriere dich auf dein Zentrum ... auf den Bereich deines inneren Gottseins im Oberbauch. Während du einatmest und dein Bauchraum sich hebt, fühle, wie sich dieser Bereich ausdehnt. Wenn du ausatmest, zieht er sich zusammen. Mache dir bewusst, dass du nun heilsame Leere erzeugen möchtest ... die Rückkehr in das Einssein mit Gott.

Bleibe während der Meditation konzentriert auf deinen Ein- und Ausatem in der Körpermitte. Stelle dir vor, dass du mit deinem Einatem ein Möbelstück in deiner Umgebung erfasst und es mit dem nächsten Ausatem in deiner Mitte verschwindet. Tue dies so lange, bis du dein Zimmer gänzlich leer geräumt hast. Auch deine Unterlage verschwindet in deinem Zentrum, und du schwebst frei im Raum.

Nun gehe genauso mit der weiteren Umgebung vor. Atme die Zimmerwände in deinen Nabel ein ... das Haus, in dem du wohnst ... deinen Wohnort ... die Menschen, mit denen du dich verbunden fühlst ... das Land, in dem du lebst ... die ganze Erde ... das Universum.

Nun bereite dich auf den Moment des Einsseins mit Gott vor ... auf den Augenblick der nächsten Pause nach dem Ausatem ... wenn du nun auch deinen Körper in deiner Mitte verschwinden lässt.

Ruhe in Gott ... im reinen Bewusstsein ...

Nun kehre die Übung um. Mit deinem nächsten Einatem erscheint dein Körper wieder aus deinem Oberbauch. Du fühlst ihn wieder erneuert und kraftvoll während des Ausatems. Lasse nun das Universum wieder erstehen ... die Erde ... das Land ... deinen Wohnort. Mit jedem Einatem holst du etwas aus deiner Mitte hervor ... Mit jedem Ausatem nimmt es wieder Raum ein.

Nun lasse auch wieder die Menschen erscheinen ... das Haus, in dem du lebst ... den Raum, in dem du dich befindest ... die Möbel und andere Einzelteile ... und deine Unterlage.

Alles strahlt reingewaschen von Bedingungen ... erneuert und voller Energie. Beende die Meditation, indem du die Auflagefläche entlang deines Körpers spürst und tief ein- und ausatmest. Nimm die frische Kraft der Erneuerung mit in deinen Tag.

Ein Segen für deine Lebensreise

Zum Abschluss habe ich für dich, lieber Leser, ein altes irisches Segensgebet ausgewählt. Mögest du dich mit dem Segen behütet und beschützt fühlen auf deiner Lebensreise:

Reisesegen

Sei gesegnet von Gott.
Er gehe dir voraus, und zeige dir den rechten Weg.
Gott sei nahe bei dir, und lege seinen Arm um dich.
Gott sei hinter dir, dich gegen alle dunkle Macht zu bewahren.
Gott sei unter dir, dich aufzufangen, wenn du fällst.
Er sei neben dir, dich zu trösten, wenn du traurig bist.
Gott sei in dir, dich zu heilen.
Es sei um dich her, dich zu schützen in der Angst.
Es sei über dir wie die Sonne am Himmel, und stärke dich mit seiner Kraft.
Gottes Kraft stärke deinen Rücken, so dass du aufrecht stehen kannst, wo man dich beugen will.
Gottes Zärtlichkeit bewahre deine Schultern, so dass Lasten, die du trägst, dich nicht niederdrücken.
Gottes Weisheit bewege deinen Nacken, so dass du deinen Kopf frei heben kannst, wo deine Zuneigung vonnöten ist.
Segen sei mit dir.

Danke

Ich danke dir, lieber Leser, allen Menschen und Wesen der Schöpfung, die mir während des Prozesses des Schreibens begegnet sind, mich tatkräftig und begeistert unterstützt und mir auch die andere Seite gezeigt haben, wenn ich mich einseitig festgelegt hatte. Vor allem danke ich meinem Mann, meinen Kindern, meiner Mutter, meinen Mitarbeiterinnen und den Freunden für ihre Anregungen, ihre Unterstützung und tatkräftige Mithilfe. Und ich danke dem Verlag und seinen Mitarbeitern für die partnerschaftliche Ergänzung.

Ich danke Gott, Jesus Christus, dem Heiligen Geist, Mutter Maria, Michael, Gabriel und allen Engeln, in euch habe ich immer wieder Halt und Klarheit gefunden.

Ich danke auch mir selbst, meiner Seele, die mich mit ihrem besonderen Humor jeden Tag neu aufforderte, meinen Impulsen zu folgen. Und ich danke meinem Körper und meinem Geist, dass sie all ihre Kraft zum Gelingen beisteuerten.

Lieber Leser, sage häufig danke, und zeige damit allem Sein deine Wertschätzung. Es spiegelt sich und kehrt zu dir in Form von wunderbaren, strahlenden Geschenken der Liebe zurück.

Servus hört man als Begrüßung wie auch als Abschiedsgruß ... ein Engelgruß also, der die Gegensätze von Begrüßen und Abschiednehmen mit seinen Flügeln zusammenfügt.

Servus, lieber Leser.

Über die Autorin

Gabriele Weck, Jahrgang 57, Gesundheitspädagogin und spirituelle Lehrerin, lebt mit ihrer Familie inmitten von Natur im lieblichen Taubertal. Sie entwickelte einen besonderen Weg des Verzeihens und des Auffindens eigener Lebensimpulse. Am eigenen Leib erfuhr sie, dass Selbstheilung und glückliche Beziehungen entstehen, wenn man an sich selbst und seine Impulse glaubt. In Bad Mergentheim führt sie das Praxiszentrum für Lebensimpulse, sie ist Autorin von Büchern und CDs, gibt Kurse und hält Vorträge. Ihre besondere Fähigkeit ist es, im Menschen das Feuer der Begeisterung für sich selbst zu entfachen und ihn zusammen mit den Engeln auf seinem persönlichen Weg zu stärken und zu begleiten. Nähere Informationen finden Sie auf ihrer Homepage
www.lebensimpulse.de

128 Seiten, broschiert
ISBN 978-3-89845-049-2
€ [D] 6,95

Elizabeth Clare Prophet

Mit Engeln arbeiten

Dieses Buch bringt einem bei, wie man mit Engeln Freundschaft schließt, so dass diese bereit sind, uns ihre Hilfe zukommen zu lassen. Denn wir haben sie um ihre Hilfe zu bitten. Erst dann dürfen sie uns helfend zur Seite stehen. Hier werden die praktischen Schritte in einem Zehn-Punkte-Programm aufgezeigt, wie man sich mit Engeln in Verbindung setzt, sich weiterhin ihrer Hilfe vergewissert und in Zusammenarbeit mit ihnen viel Gutes für sich und andere bewirkt.
Dieses Büchlein ist nicht nur ein Ratgeber, sondern vor allem eine praktische Anleitung, seinem Leben mit Hilfe der Engel eine höhere Qualität zu geben.

136 Seiten, broschiert
ISBN 978-3-89845-175-8
€ [D] 6,95

Jörg A. Zimmermann

So treffen Sie Ihren Schutzengel

Begegnung mit dem inneren Lehrer

Dieses Buch zeigt Ihnen konkret drei Wege auf, auf denen Sie Ihren Schutzengel treffen können, und erläutert in anschaulicher sowie humorvoller Schreibweise genau, wie diese Wege beschritten werden können. Möge dieses Buch Sie näher zu Ihrem Schutzengel bringen, denn die Freundschaft mit ihm ist so kostbar wie das Leben selbst ...

240 Seiten, broschiert
ISBN 978-3-89845-230-4
€ [D] 12,90

Jörg A. Zimmermann

Engel – Deine inneren Heiler

Heilen mit der Kraft des Geistes

Dass Engel nicht nur irgendwelche feinstoffliche Wesen sind, die auf den Gemälden der großen Meister körperliche Formen annehmen, sondern in uns als subtile Helfer präsent sind, wenn wir mit ihnen Kontakt aufzunehmen wissen, haben schon viele Menschen bewusst oder unbewusst erfahren.
Nach seinem Erfolgstitel »So treffen Sie Ihren Schutzengel« geht es Jörg Zimmermann hier erneut um eine Begegnung – um die mit dem inneren Heiler.
Ein reiches Erfahrungsbuch als Wegweiser zu verborgenen Kräften in uns...

160 Seiten, brosch., 2-fbg
ISBN 978-3-89845-302-8
€ [D] 14,90

Petra Schmidt-Decker

52 Verträge mit mir selbst

Das Geheimnis der Gewinner

52 VERTRÄGE MIT MIR SELBST wirken wie eine unerwartet positive Nachricht: Sie bekommen bereits beim Lesen gute Laune, werden zuversichtlich, strahlen aus, dass auch Sie das Gewinner-Gen in sich tragen. Dieses Buch zeigt Ihnen, wie Sie es aktivieren können. Das lang gehütete Geheimnis, wie man Angst, Unsicherheit, Niedergeschlagenheit in Zuversicht, Optimismus, Lebensfreude, in Mut, Energie und Anerkennung umwandelt, wird hier zum ersten Mal gelüftet.

232 Seiten, Klappenbroschur
ISBN 978-3-89845-288-5
€ [D] 14,90

Eileen Caddy & David Earl Platts

Die Tore zur Liebe öffnen

Ein Findhorn-Buch

Wir alle sind mit der Fähigkeit geboren, uns selbst und andere zu lieben. Schmerzvolle Erfahrungen haben jedoch dafür gesorgt, dass viele von uns innere Schutzwälle errichtet und Ängste, Überzeugungen und Verhaltensweisen entwickelt haben, um diese inneren Barrieren aufrechtzuerhalten. Die wichtigste Lektion im Leben ist es daher, wieder lieben zu lernen ... Dieses Buch lädt Sie ein, die freie Entscheidung zu treffen, mehr Liebe in Ihr Leben zu bringen, und es hilft Ihnen, diese Entscheidung Schritt für Schritt klar und entschlossen umzusetzen.

64 Seiten, gebunden
mit Illustrationen
ISBN 978-3-89845-013-3
€ [D] 9,90

Isabella Monti

Ein himmlischer Dialog

Eine neugierige Seele spricht mit Gott über unsere Welt

Eine kleine Seele trifft Gott bei einem Spaziergang im Himmel. Zwischen den beiden beginnt ein »himmlischer« Dialog – über Liebe und Angst, Schuld und Unschuld, Krankheit und Tod, Sucht und Eifersucht, über Religion und den Sinn unseres Erdendaseins. Gott antwortet geduldig auf alle Fragen, einfach und klar.

Die Geschichte der kleinen Seele ist ein wertvoller Wegweiser, der Mut macht und neue Perspektiven eröffnet.

Guido Ernst Hannig

Lebe deine wirkliche Berufung

Der spirituelle Weg

Spirituelles Berufscoaching ist der Schlüssel, um zur wahren Berufung zu finden. Doch zu einem erfüllenden Arbeitsleben gehört neben der Entdeckung auch die Umsetzung der Berufung.
Dieser spirituelle Berufscoach illustriert anhand von realen Coachingfällen, wie man lernt, seine beruflichen Wünsche zu entdecken. Das anvisierte Ziel ist die Verwirklichung unserer Träume und ein erfüllteres Leben.

192 Seiten, broschiert
ISBN 978-3-89845-294-6
€ [D] 12,90

Denise Linn

Soul Coaching – Ihr persönliches Seelen-Programm

Wenn Sie tatsächlich imstande wären, eine Botschaft von Ihrer Seele zu vernehmen, was würde sie Ihnen mitteilen wollen?
Soul Coaching ist ein 28-Tage-Programm, das sich damit befasst, in verschiedenen Bereichen Ihres Lebens Ordnung zu schaffen und sich von mentalem, emotionalem und physischem Ballast zu befreien, um so die geheime spirituelle Botschaft der Seele zu vernehmen.

232 Seiten, broschiert
ISBN 978-3-89845-303-5
€ [D] 16,90

Myra

Saint Germains Vermächtnis

Ein westlich-abendländischer Einweihungsweg

Saint Germain, Aufgestiegener Meister und Menschheitslehrer, unterrichtete in den Neunzigerjahren des 20. Jahrhunderts einige Jahre einen Kreis von Personen. Ein Teil dieses einzigartigen Wissens ist hier erstmals in Buchform zusammengestellt.
Saint Germain weist uns hier einen westlich-abendländischen Einweihungsweg, der eine Umwandlung des Lebens ermöglicht – eine Heilung im Sinne von Ganzheit.
Zudem eröffnet uns das Buch einen Zugang zum mystischen Christentum und zu unserer eigenen keltischen Urtradition. Ein Buch, das uns wieder mit unseren Wurzeln verbindet ...

256 Seiten, Klappenbrosch.
ISBN 978-3-89845-307-3
€ [D] 16,90